本书受"高水平地方高校建设计划"资助

"玻璃屋"里的纷争

电视真人秀中的戏剧性

包磊 著

上海书店出版社
SHANGHAI BOOKSTORE PUBLISHING HOUSE

序 ｜ "戏剧性因素"的背后

李建平

　　包磊是个很有趣的人，曾经有一段时间我们的办公室分别在楼上楼下，我们每天低头不见抬头见。他从事电视主持人的教学工作，可在他身上除了教学认真以外，从来没有主持人常有的那种高台教化式的居高临下，语言也没有那种咄咄逼人的尖锐犀利，他待人接物和善优雅，很像温良恭俭让的旧时文人，我就从没见他发过火。但是一旦下课，他就变了一个人，肩背羽毛球袋，着短裤短衫、球鞋球袜，额上还会缠一条挡汗头巾，虎虎生风往健身房跑，下楼梯的脚步声急促而有弹性，一副要把对手干趴下的感觉，遇到我还会充满激情喊一声："李老师，打球去啊！"说完不等我应答，一步几个台阶地跑没影了，我哪里是他的对手，球友正等着他大战三百回。有时回去得晚，还可以看见他满脸红润、大汗淋漓，一副志得意满的模样在校园里慢慢踱步，我知道，他肯定又赢了。后来他考了我的博士研究生，我们由同事成了师生。身份变了可关系没变，我们依旧是交心的好朋友，只不过谈话中涉及的专业内容更多了。

　　包磊也是个认真做学问的人，他的这本书不同于一般的理论专著，他提出了一个很少有人涉及的课题，即这些年新兴起的电视真人秀节目里面展现出来的戏剧性因素。"戏剧性"是戏剧的专业名词，我将其解释为"在人物关系和情节发展中产生的合乎情理的有机的不可逆转的突变，这种突变导致人物关系发生了质的改变，舞台上出现了使观众产生更大兴趣的戏剧情境"。中国式解释也可以简约表述为"情理之中、意料之外的情节发展"。如果电视真人秀节目按照这样的解释，安排一些符合戏剧性要求的突变和陡转并不困难，但肯定不能够符合时代对真人秀节目的更高要求，因为我们会发现，那些具有强烈戏剧性因素的真人秀节目背后还隐藏着更重要的东西，因此包磊在书的开篇就将真人秀节目的戏剧性因素表述为"一个将普遍存在于生活中的一般性事件进行艺术加工产生戏剧性的过程"。在这种生产过程里，将常见事件的"一般"化为"不一般"，是作品能够吸引观看者，并将其从传播学意义的"受众"转变为艺术学含义上的欣赏者的关键。包磊看到了许多人没有看到的，真正支撑电视真人秀节目戏剧性因素的那些东西，这种"不一般"就是从普通生活中提炼出来，导致节目产生戏剧性效果的社会历史原因，而不是仅仅具有观赏性的戏剧性因素，这是包磊这本著作的重要价值所在。

我们几十年如一日，一直把电视节目作为娱乐或是宣传，精彩好看或者思想正确就是我们的评判标准，尤其是真人秀一类属于舶来品的节目，我们看中的多是它的高收视率，以及它可以给业者带来更多的广告收益，这些节目产生的社会背景和社会性因素，常常不在我们从业者的视野中，而这些恰恰是真人秀这类节目产生的最重要的社会学动因。社会学的学科发展在我国曾经经历了许多波折，它一度被认为是西方的产物，不符合我们的特殊国情，专业在大学被取消，教师也被合并到其他不相干的专业去任教，直到改革开放后大家意识到许多问题仅靠一些旧有的理论概念无法解决，社会学才开始重建。毕竟是又要从头开始，许多社会学的思想概念对国人而言很生疏，20世纪80年代社会学的拓荒者之一顾晓鸣教授就曾半是无奈半是谐谑地说："社会学就是把人人都懂的事情变成人人都不懂的概念。"确实如此，多年来靠直觉和感性行事的国人，一旦将直觉感性上升到形而上的哲理概念，自然就会有人觉得不懂了，而这正是我们社会发展长期的"缺环"，更是一些电视节目只追求表面效果，不能具有更高思想价值的根本原因。

包磊曾经向我介绍过一些优秀电视真人秀节目的戏剧性因素，我开始也只是把它们当作一种电视编导刻意安排的戏剧性情节陡转，很有点不以为然。直到看了这本书稿，我才知道真人秀节目的背后居然有那么多不可控的生活真实，一个小小的戏剧性因素背后也许就隐藏着一个深刻的社会历史原因，于是我对这样的节目产生了浓厚的兴趣。恰巧电视上在放一个真人秀节目，而男嘉宾曾经是我的学生，在一个特殊场合他与离婚多年的前妻重逢。双方没有了婚姻的约束，在完全不设防的情境下，在没有过去恩怨的干扰下，两人相处了几天，平心静气地了解了对方在过去婚姻生活里的所思所想，真正从对方的角度去重新认识了自己。由于他是我的学生，我可以看出他在节目里的语言习惯、待人接物的态度都与平时无异，甚至连他语言之间的停顿、语塞、尴尬、犹豫和内心波澜都是我熟悉的，节目没有任何修饰和预设，也不是当事者可以预料的，里面的戏剧性因素和悬念全部来自两颗心的碰撞。节目结束了，尽管彼此不可能复合，但两人对过去的婚姻生活有了新的认识，精神有了质的升华，那种充满遗憾、真诚的自责许多人都曾有过。对那个节目每个人都会有不同看法，而我觉得，即使是你再熟识、再了解的人，也有你不曾知道的另一面；在当初你竭力想摆脱的某种关系里也许就有让你难舍的东西。生活中有很多误会可以消除，有许多瘢痕可以修补，更有无数破裂的关系通过努力有可能弥合，但也许一切都已经晚了。

　　一般来说，理论专著由于阐述得深邃而容易导致阅读障碍，我们常常需要硬着头皮才能读下去，最后多数被放在书架上落灰。但包磊的这本书有很大的不同，他采用了一种通俗易懂的方式进行表述，写作语言流畅并具有很好的阅读感，一些很深奥的理论也被他叙述得生动有趣，让我有一口气读完的欲望。包磊的视野非常开阔，并有广博的社会学理论知识，他从真人秀节目出现伊始开始分析，有描述、有解释、有分析，更有理论的梳理，除了对电视业者有很强的启示作用，对专业之外的普通读者也会有很强的吸引力。尤其是他揭示了那些著名真人秀节目台前幕后的"丝丝缕缕"，让我看到了隐藏在其后的诸多社会历史人文的大背景，我想，今后我看类似的电视真人秀节目会换一种眼光，就像包磊那样，透过节目的戏剧性因素看到隐藏在背后的那些更重要、更有价值的东西。

（本文作者系上海戏剧学院导演系教授）

目录

前言

　　每一种媒介的出现都会带来文化形式的更迭以及人类社会生活方式的改变。电视文化就其本质来说，是人类创造性的艺术生产活动中主体价值观念及其历史与现状在现代电子影像媒介中的一种呈现方式，是人类文明成果的结晶。它的出现不仅仅是传媒形式的变革、娱乐形式的创新，更是人类文化生活形态的可视化升级，开启了全方位展示社会生活的"玻璃屋"时代。

　　21世纪初以降，曾经炙手可热的电视在网络视频网站等新媒体的挤压下，广告收入逐年减少，整体规模日益收缩。2014年，我国网络媒体的广告收入达到1 500亿元，首次超过了电视广告，在随后的几年里，这种差距持续扩大。[1] 全国两千余家电视台在濒临倒闭的压力下，不得不压缩节目，裁减频道，继而提出"媒体融合"，开拓基于内容制作优势的"全媒体"业务。即便如此，各家省级卫视保持对电视真人秀节目的全力扶持，把这类节目看作自身制作实力的代表，而这些以举台之力投入的真人秀也大多不负众望，实现丰厚的市场回报，不但支撑了这些传统媒体的勉力生存，更通过"台网互动"等形式向网络媒体渗透，成为传统媒体向新媒

---

1 《2014年中国网络广告收入1 500亿元　首超电视广告》，《中国有线电视》2015年第5期，第597页。

体成功移植的典范。如果仅仅从传播学的视角来看，很难让人理解这种节目能够具有如此旺盛生命力的缘由所在：作为真人秀前身的"真实电视"在20世纪50年代便已崭露头角，但此后并无太大作为，为什么直到21世纪之初，这种经过改头换面的节目形态能够在全球范围内掀起一股浪潮，并在网络媒体崛起后试图力挽狂澜？"纪录+剧情"对于电视节目而言是常用手段，并未更换播出平台和底层技术，何以能够迸发出如此巨大的吸引力？在新媒体日益侵蚀传统媒体生存空间的今天，这些节目强势"刷屏"的"制胜法宝"到底是什么？究竟是什么元素激发了观众观看乃至参与这些"秀"的热情？这是笔者自20世纪90年代初从事电视节目一线创作以来，在经历了电视业的成长、繁盛、衰落等不同时期之后，不断思考的问题。

一、真人秀的吸引力

从1983年第一次播出《春节联欢晚会》，到1990年推出《综艺大观》《正大综艺》，我国电视节目从舞台、灯光、画面的质量到包装、制作水平在改革开放后稳步提高，一些大型综艺晚会在宏大场面、集体表演、奇观视效等方面甚至超越了欧美同类型节目。然而，除了极个别出于文化交流而"量身定制"的如《飞越太平洋》等作品，我国销往海外的电视节目并不多，外销的综艺节目更少，大多是从国外购入版权后加上字幕与配音"内销"，如《美国家庭滑稽录像》《超级变变变》等，或者加上自己的主持人等本土元素进行本土化复制，如《正大综艺》。在相对缺乏资金也缺乏版权意识的地方电视台，也不乏"参照"周边日、韩等国家和我国港、台地区的成功节目进行"改编"的现象。这些与业内流行趋势"接轨"的节目与《曲苑杂谈》之类的本土原创，构成了中国电视观众20世纪八九十年代的荧屏记忆，在这段记忆里，大多是"他人"的影像。

电视自诞生以来虽然逐步占据千家万户的客厅，但其具有鲜明的"单向"传播特征：在20世纪，电视观众付出收视费和注意力，却很少有选择权和话语权，为了确定是否有值得蹲守在电视机前等待的节目，他们需要提前订阅一份《每周广播电视》。对于绝大多数人而言，荧屏内的种种热闹与己无关，他们是这个传播链条中的最后一环，也是沉默的大多数。与之形成鲜明对比的是，频繁在荧屏上亮相的人能够获得明显的"好处"，越是在这个收视链的"上层"，能够左右节目录制的内容或者决定节目参与者的利益分配，就越能获得注意力经济的利好，尤其是位于收视率顶端的《春节联欢晚会》等热门节目，成为演员与商家追逐"一夜成名"的首选。相反，如果想要快速吸引观众的注意力，邀请名人、名家参加节目录制也是取得事半功倍效果的"法宝"，譬如邀请演艺明星在节目中露脸，可以稳定地吸引他（她）的拥趸作为收视保障。在我国，电视节目的宣传教育功能长期被放在首位，并未形成如定制剧领域那种消费者主导的"买方市场"，这导致电视观众普遍缺乏存在感。然而，这种精英文化主导的"游戏规则"随着真人秀的崛起被彻底打破。在这种新型综艺模式下，不但制作方要竭力吸引普通人来参与、收看节目，签约节目录制的"明星"们也被以"素人"的要求平等对待，不啻为对传统电视制作生态的一次重大颠覆。剥离"明星效应"后的真人秀靠什么来获得收视保障，并取得巨大的商业成功，引人深思。

在真人秀节目的"场域"下，电视观众既是鉴赏者，也可以成为"参与者"，他们自主完成身份的双向转换，从而为自己的人生增添一抹戏剧性。具体表现为，为了能够满足消费主义诱导下的节目可看性，进一步依赖现有技术手段为节目"制造"出更多的戏剧性元素，电视真人秀通过"拟态"把现实生活中的"后台"和舞台上的"后台"一起赤裸裸地放到了荧屏之上，进行精心设置的"真实记录"，在满足观众的窥私心理的同时也扩大了戏剧性细节与戏剧性场面发生的范围和可能性。真人秀将其记录特性和戏剧性融合并丰富乃至放大，以产生一种不同于影视戏剧的"真实的戏剧"。

如果跳出广播电视的行业约束，以更广阔范围的视野来观察电视真人秀，会发现这一新兴节目类型的成长轨迹与我国的国民经济发展曲线和社会文化政策导向高度吻合。2001年11月，改革开放多年的中国加入WTO，这堪称是经济上的"地理大发现"，是新中国成立以来人们第一次为适应国际自由贸易大家庭而面对经济、思想、文化等全方位冲击。从国家经济改革的宏观角度来看，外来的文化、价值观、生活方式与本土的"传统文化"和生活理念从此展开更深度的交流、融合、摩擦。从微观的传媒业角度来看，微博、小红书、快手、抖音等陆续出现的新媒体与"因循守旧"的电视等传统媒体不时碰撞出新的火花。2002年，湖南经视开始尝试性录制《完美假期》等类真人秀节目；2003年，湖南电视台录制的《超级女声》轰动全国，选秀赢家李宇春的照片被印上美国《时代周刊》（*Time*），这是中国普通百姓在媒体上第一次享受到与著名政界人士相同的待遇，这一年也被称为我国真人秀节目的"荧屏元年"；2004年，上海电视台的《莱卡我型我秀》以及中央电视台的《梦想中国》等节目迎头赶上，继承了这种以"普通人"为录制对象的"全民参与"节目宗旨。跳出业界技术层面的评判，这种模仿竞技类游戏制订绵密赛制的电视节目既是商业上的极大成功，也是普通人开始"秀自己"的个体化诉求觉醒的发端。根据中国广视索福瑞（CSM）《中国电视综艺娱乐节目市场报告（2006—2007）》的统计，仅2005年，在我国电视节目播出时间占14%的真人秀收视份额达到了30%。它的受欢迎程度可见一斑。2012年，浙江电视台与上海灿星传媒通过购买外国版权合作录制的《中国好声音》独占收视鳌头，社会上各家企事业单位也争相模仿，组织单位内部的"好声音比赛"，堪称外来电视文化对于国民日常生活产生重要影响的现象之作。2015年，由"爱奇艺"出品的时尚真人秀节目《爱上超模》以小成本制作在网络播出获得成功，打开了真人秀的跨平台的"融媒体时代"。根据浙江传媒学院受众满意度研究团队近年来的跟踪调查显示，全国22个地方卫视和6个央视频道的177档综艺节目中，真人秀类的综艺节目占比逐年提高，仅2018年度较2017年度就增长了近10个百分点。[1]甚至有一些节目由于话题敏感性较强，在受到广泛关注后引起激烈的网络舆论攻击，成为社会矛盾在媒体平台显现的典型代表。抨击本身也可以被视为一种极度关注的表达。

1　浙江传媒学院受众满意度研究团队：《中国影视产品网络满意度研究（2018）》，中国社会科学出版社2018年版，第100页。

真人秀的兴起不仅体现经济与科技的发展进步，也折射了社会心理及行为习惯的变化。美国传播学者沃尔特·李普曼（Walter Lippmann）在他的代表作《公众舆论》（*Public Opinion*）中指出："表达自我意志是人的无法抑制的欲望，主宰自身命运的愿望是一种强烈的愿望。"[1]在我国电视行业的发展初期，荧屏上呈现的普通人往往显得十分"内向"，这带有一定的迷惑性。从我国古代对于理想化人格的叙述来看，无论自诩"方今天下，舍我其谁哉，而吾何为不豫"的孟子、秉笔直书"崔杼弑其君"的太史公三兄弟、长叹"纵江东父兄怜而王我，我何面目见之？"的项羽、不为后人所熟知的《新唐书·文苑传》中记录的那个"喜纵横术，击剑，为任侠"的李白，形象都十分活泼而自信。陈寅恪先生认为，"华夏民族之文化，历数千载之演进，造极于赵宋之世"，而赵宋一代，正是我国历史上少有的重文轻武，经济发达，臣子与皇帝之间人格上相对平等，具有了"君主立宪制"雏形的时代。这可能是中国古代历史上最为接近现代文明的时期。在留存至今的宋代绘画作品上，已经不再有固定贸易区域的限制，许多百姓临街而贩，商业繁荣，而文学作品中反映出当时的人身迁徙也相对比较自由。对于自由生活的向往是历代众多文学作品的一个重要表现内容。胡适先生曾于1949年3月27日在台北中山堂的演讲中谈道，"自由"可说是一个倒转语法，可把它倒转回来为"由自"，就是"由于自己"，就是"由自己做主"，不受外来压迫的意

---

1 ［美］沃尔特·李普曼：《公众舆论》，阎克文、江红译，上海人民出版社2006年版，第223页。

思。[1]他举例宋朝王安石的白话诗："风吹屋顶瓦，正打破我头。我终不恨瓦，此瓦不自由"，从而得出古代人对于自由的意义之理解，就是"自己做主"。他还认为老子提倡"无为而治"，孟子说出"富贵不能淫，贫贱不能移，威武不能屈"，都是可贵的、具有自由主义思想的表现。

可见，所谓国人的"讷于言"并非基于发自内心的选择，更不是语言能力的缺失，而是在一种不能够率性而为的社会条件下逐渐形成的退让与妥协。从人类发展的大历史观来看，"天下为公，选贤与能，讲信修睦，故人不独亲其亲，不独子其子，使老有所终"的社会环境，追求拓宽表达自我的生存空间，贯穿了各民族的发展历程。王国维对于读书人所要求的"士之读书治学，盖将以脱心志于俗谛之桎梏"，也适用于治学以外的绝大多数场景。由此看来，我国古代基于农耕社会的"自给自足"虽然在一定程度上限制了与人沟通交往的动力和必要，但对于个体自由的追求与其他民族是一致的。东方将大多数的"人心私欲"控制在相对模糊的"道德"范畴，要求人人由内而外做到自律，以"去其气质之偏，物欲之蔽，以复其性，以尽其伦"，带有浓厚的理想主义色彩，难以量化和执行，"法"与"情"的界限争执也经常通过文艺形式得以体现。在外部压力减小的环境中，这种"人心私欲"必然会以某种"相对安全"的形式"溢出"。"娱乐"的需求正是这种个体诉求的一项较为直观的表现。

可见，真人秀不仅是电视综艺节目发展到工业化生产阶段的新形式，也是人类追求自由生活与自我表达的影像化

1　胡适：《胡适文集》，北京大学出版社1998年版，第682页。

尝试。马克思曾经指出，"自由的有意识的活动恰恰就是人类的特性"[1]，"它所表征的就是自我实现"[2]。真人秀的出现并不只是简单的电视节目创新改版，而是一种基于影像技术进步和严谨规则设定所带来的人类自由意志和存在意识的娱乐化表达。具体来说，它"看上去很真实"，却有着与影视剧相仿的戏剧性，在形式上参与感极强，内容上又可以包罗万象，呈现了人们日常的方方面面，不但打破了精英文化的圈层门槛，更为大众提供了精神上的"解压阀"，是一种电视技术与艺术达到高度融合，能够深度满足人类自我实现需求的时代产物。也有人将"真人秀"看成是"元宇宙"成熟之前技术与艺术结合的一种预演：人们不只希望看到完全的真实或虚构，也愿意看到一些有别于常态生活的东西——譬如一种"亦真亦幻"的中间态。不仅如此，拓展至网络平台的真人秀节目具有显著的后现代电视文化特征，正由于这种文化消费上的成功"嫁接"，故事化、游戏化成为此类节目生产的一种泛文化背景。在这种创作需求下，真人秀被融入社会学、戏剧学、心理学、游戏学等多种学科以丰富其选题与内容，这种特点造就了它在被指责"泛娱乐"的同时，也主动或被动地承载了"社会实验室"的功能，它是一种依托于"戏剧性呈现"的"被设计的真实"。

可以说，大多数当下炙手可热的网络直播和表演类短视频也是电视真人秀极度商业化、个体化、扁平化、草根化、粗俗化、简洁化之后的一种跨平台移植。无论外部形态还是

---

1 曹洪军、叶贵梅：《论马克思自由观的共同体向度及其时代价值》，《马克思主义与现实》2021年第5期，第73页。

2 张合营、王结发：《论马克思自由观的基本蕴涵》，《理论界》2017年第7期，第21页。

选题类型，它们中的成功作品都拥有一个共同的特点：引人入胜的戏剧性。在我国，这种戏剧性因素怎样被嵌入真人秀，又如何影响了国民，是本书研究的主要内容。

二、真人秀的戏剧性

从真人秀在我国的发展状况来看，"戏剧化"是创作中常见的做法，它的选材优劣及完成度的高低，往往决定了节目的成败。真人秀的策划、拍摄、制作就是一个将普遍存在于生活中的一般性事件进行艺术加工产生戏剧性的过程。在这种生产过程里，将常见事件的"一般"化为"不一般"，是作品能够吸引观看者，并将其从传播学意义上的"受众"转变为艺术学含义上的欣赏者的关键。举例来说，电视观众在收看新闻节目，特别是节目中播报负面报道的时候，出于对其中叙述性资讯的关注，不会产生"开心"的感受。然而，当新闻播报变换为一种接近"脱口秀"形式的"说新闻"，连那些负面事件也用一种"嬉笑怒骂，皆成文章"的态度讲述出来，观众就能够从信息的接受状态转换为对一种颇有趣味性的娱乐节目的欣赏。在这里，这种"脱口秀"的播报形式，就赋予了一档原本平庸的柔性新闻节目些许"戏剧性"，即便只是这么一点点表述方式上的"戏剧性"变化，也会让一档原本枯燥无味的寻常节目焕发出光彩。

在电子媒介产生以前的传统文化传播中，美的创造者大多不必考虑接收端的情况，只需要接收者具备相应的感知能力，自有能够欣赏的人群，如绘画与音乐。反之，如果目的性太明确，反而容易为人诟病，譬如创作一些"应景之作""应试之作""命题作文",容易让艺术家因为过于迎合而"掉了身价",甚至沾染上"匠气",沦于平庸。但以媒介为传播平台的文化艺术作品恰恰需要适当"迎合"受众,为了吸引他们,酌情加入让人喜闻乐见的元素。与略显肤浅的传统电视综艺节目相比,戏剧艺术是一种兼具知觉之美与思维之趣的复合体,将它"编码"和"解码"的过程是一种更高级的精神活动,只具备初级感官知觉的观众是无法理解作品的深层意义的,而善于思辨的观众也无法接受创作者对于作品的浅薄化。在我国电视节目产生和完善的前三十多年的时间里,电视机构以严肃媒体的形象示人,少量的综艺、社教节目以教育民众的目的出发,多多少少地移植一些曲艺、游戏、实验,丰富了荧屏。思想性与娱乐性长期对立,成为"不可兼得"的"鱼"与"熊掌",不断在对立与统一之间徘徊。为了两全其美,电视工作者尝试将戏剧作品中的善于通过娱乐的形式表达思想性的戏剧性元素移植到电视节目,被证明是提升电视节目创作水平的必须手段和必由之路。

我国电视综艺节目的发展过程就是一部由浅入深借鉴、应用戏剧性手段的发展史。对于电视节目制作来说,"戏剧性"的挖掘与接受比一般性艺术审美复杂,其中不乏失败的案例。在20世纪90年代,我们的电视工作者曾经尝试一种叫做"电视散文"的节目,把优秀散文的旁白简单配以意象化的电视画面,效果不佳。直至将近20年后,朗诵表演类真人秀《朗读者》在同样的思路上加入了戏剧化演绎的现场表演,才取得成功。从德国学者汉斯·罗伯特·姚斯(Hans Robert Jauss)的接受理论观点来看,电视观众与书籍读者对于散文的接受程度是不完全相同的,电视观众的文化接受水平相对更低，更适合运用富于娱乐性的内容吸引他们。作为大众传媒产品，电视文艺节目更有必要按照观众的需求和理解水平来决定主题与内容。譬如，给儿童看的节目，不可以有性暗示、凶杀暴力等内容；给家庭主妇看的影视剧，可以有家长里短絮絮叨叨，但"小三"最好不要获胜，丈夫犯错也要悔改。因此，"戏剧化"遵从的并非普适原则，而是"量体裁衣"，要针对节目需求、观众需求、社会需求创作不同的内容。对于电视节目来说，由于内容类型多样，分寸的拿捏适宜比剧情类作品更加精细，即便是以娱乐大众为目的的综艺节目也要注意应用戏剧元素的尺度，不可以过于"狗血"，必须符合社会的公序良俗。反之，新闻节目也可以加入恰到好处的戏剧性元素以增添吸引力。

在真人秀出现之前，许多电视节目从业人员在策划、制作节目过程中，乐于谈社会效益，羞于谈戏剧性，仿佛戏剧性就是"夸张""作假""不良导向"的代名词，只能在影视剧等虚构作品中出现。其实，所有类型的电视节目都已经自觉或者不自觉地运用了戏剧化的手法，这种努力从我国广播电视业的发展初期就已经初露端倪。从《一口菜饼子》开始，最初的尝试是直接把舞台作品进行电视直播（早期限于技术只能直播），其后，在模仿、学习电影创作的艺术手法的同时，不断研究如何将戏剧艺术移植到荧屏，并与之融为一体。如前文所述，在娱乐类"软新闻"中进行"调侃式"诙谐播报，几乎已经成为各地电视台此类节目的"标配"。即便在"硬新闻"节目中，适当加入一点戏剧性元素也可以让节目变得更加轻松有趣。在较好反映了美国新闻业情况的行业剧《早间新闻》（*The Morning Show*）中，新闻节目主持人在每日的播报中总是想方设法插入一点带有"小惊喜"的花絮，以取得能让观众感到惊喜的效果，反映的就是带有这种理念的制作手法。其实，作为一名"受人欢迎"的电视主持人，每回出镜都等同于完成一次"真人秀"：他们总有一种不同于他人的"风格化"特质，从而让自己的主持工作带上些社会表演的个体化特征。

笔者发现，与电视真人秀的一线创作状况相呼应，对于它的研究同样大多停留在节目策划与摄制技术层面。截至本书落笔之时，知网上可查以"真人秀"为主题的论文为中文11 083篇，外文2 112篇，大多是对成功案例的分析及节目制作层面的思考；而以"真人秀中的戏剧性"为主题搜索，只剩下41篇；继续以"真人秀的戏剧性"为主题搜索，还是只有101条结果；再改以"真人秀节目的戏剧性"为主题搜索，结果稍稍增至179条；如更换"真人秀"与"戏剧性"这两个关键词的组合方式查询，相关文章仍然只有223篇。总的来说，这些文章的主题相似性和内容重复度较大。其中，虽然也有戏剧手段是否存在并适用于所有"真人秀"，以及新出现的"慢综艺"类真人秀是否仍需要注重戏剧性之类有价值的思考，如郭修远发表于2018年第4期《中国电视》的《慢综艺的价值传导与艺术表达》，对戏剧性逻辑的整合与构建进行了有益的探讨，但总的来说质量高的并不多。

笔者进一步缩小搜索范围，以发表于核心期刊（包含扩展版）的文章来看，毕啸南和肖俏于2015年、2016年先后在《现代传播》发表的《电视真人秀的人造情境研究》《平面欢愉与颠覆价值——真人秀节目"戏仿"现象的美学之思》，在与戏剧性的相关度上，算是打了一点擦边球，其他文章基本上对戏剧性完全没有涉及。

那么，是不是在出版的专著方面会有所补充呢？笔者以我国第一个现象级真人秀《超级女声》面世的2004年为起点，以出版时间为顺序，对以真人秀为研究对象的学术书籍进行梳理。其中，华东师范大学的陈虹以2006年1月出版的《娱乐旋风：认识电视真人秀——CCTV电视新视野》（尹鸿、冉儒学、陈虹），和2007年9月出版的《真人秀节目：理论、形态和创新》（谢耘耕、陈虹）两本著述排在前列，尤其是与谢耘耕合作的这本《真人秀节目：理论、形态和创新》，对真人秀节目的形态特征到发展历程进行了整理，迄今为止都堪称研究真人秀节目的经典之作。可惜的是，作者在第四章"叙事策略"中已经提出了"故事""情节""人物""冲突""悬念"等要素，却局限于"叙事学"角度，未能更进一步，挖掘戏剧学的应用；其后，有苗棣与毕啸南师生合作于2015年2月出版的《解密真人秀》，这本专著面面俱到地对真人秀进行了同样全面的分析与界定，其中第二章所论述的"人造情境"涉及戏剧理论，与毕啸南在《现代传播》发表的论文内容基本一致；此后宫承波、张君昌、王甫于2015年8月出版的《真人秀在中国》局限于一般性介绍；李绍元出版于2016年11月的《消费时代的电视真人秀研究——基于表演学视角》找到了真人秀的表演角度研究方向，却受限于缺乏一线实践，从一个理论论述到另一个理论，自我限制于媒介与文献研究领域；此外，吕琪于2016年11月出版的《真实的建构与消解——美国电视真人秀中的身体与社会》，王小娟于2017年5月出版的《电视综艺节目的平民公共领域建设研究——以当代中国电视真人秀为例》，李翔于2017年6月出版的《电视真人秀体验式传播研究》，张贞贞于2018年3月出版的《互为与互动的镜像——中国电视真人秀研究》，李群于2019年1月出版的《中国电视明星真人秀节目研究》，张玲玲于2019年10月出版的《批判的观众：真人秀节目真实吗?》，张洁于2021年9月出版的《游戏与综艺真人秀》，董冰玉于2021年11月出版的《真人秀模式本土化研究》，李灿于2021年12月出版的《电视真人秀节目创制》等著述，分别从哲学、社会学、游戏学、传播学等不同切入点着手，为我国当代电视真人秀的研究提供了可贵的分析与参考。

三、创新与难点

电视真人秀不仅是传播媒介发展到工业化生产的产物，更是人类社会发展到一定阶段的产物。它是戏剧艺术在电视等媒介上的一种嫁接形式。它的成功具有必然性和可复制性。研究并分析戏剧等多学科元素在电视真人秀中的设置、发生、发展，选择并研究这一课题，对整个产业的健康发展有着重要意义。况且，在学科细分化的今天，如果囿于某一学科的界限研究问题，容易缚住手脚，任何一个问题的产生都离不开复杂的社会背景和研究环境，脱离了纷繁芜杂的多种因素来研究人文领域的现象，容易变成主题先行的按图索骥。尤其是对于电视节目这类受技术、艺术等多种因素影响的研究对象，不跳出原有学科领域，很容易人云亦云、拾人牙慧，而跨学科的全新视角，容易发现新的因素，得出全新的结论。由此，本书力图跳出传播学主导下的节目生产理论，透过节目形态发展的表象，尝试从人类内心深处的娱乐需求出发，结合戏剧学原理，寻觅其成功因素。笔者认为，真人秀中的戏剧性构成并不仅限于类似传统戏剧创作的情节性设置，还来自哲学、社会学、心理学、游戏学等多种人文学科相关理论的融入，这些原本与艺术无关学科的有意识应用激发了真人秀中的更具思考深度的戏剧性场面的产生，它们中的翘楚之作能够让观众在感官娱乐之外获得与其他优秀视像作品相似的思辨快感。

　　优秀的真人秀作品本身就是一场具有娱乐性的人类社会的实验。早在1902年，梁启超就曾在他的《近世文明初祖二大家之学说》中提到，"是故人欲求得一真理当先即一物而频频观察，反复试验"[1]，指出培根的"实验之法"就是把观察作为实验法的前提。这个说法显示了朴素的实证主义端倪，展露出我国最早的社会观察思想启蒙。然而，目前国内关于真人秀的研究大多停留在娱乐层面，对于其间戏剧性的分析视角单一。笔者以国内引用频次较高的主流文献，尤其以真人秀在20世纪90年代的萌芽阶段、标志性节目出现的2002—2003年，以及出现高峰的2012—2016年这三个阶段的文献资料作为研究的重点对象。通过对现有文献及数据资料进行搜集和梳理，可以清晰看到真人秀作为电视节目发展过程中的重要阶段性产物，具有重要的研究价值，有助于了解本选题的意义。必须说明的是，限于篇幅，更出于国情的不同以及真人秀本土化后的适应性改变造成的差异，本研

1　张亚东、杜瑶瑶：《梁启超文学研究的"观察法"》，《文艺评论》2016年第6期，第40页。

究对于西方在真人秀研发、分析方面的文献不作过多参考，主要引用相关史料。

并且，由于近三年来的持续疫情造成整个行业的大型户外录制骤减，高投入的真人秀项目减少，没有形成之前那种多个优秀节目以竞争态势引爆市场的现象，本书尽量以更具有代表性的2019年及之前的经典案例为研究对象。

本书的具体研究框架如下：

一、第一章为电视真人秀的渊薮及其戏剧性特征。通过对电视真人秀节目的兴起及发展的梳理与分析，阐明其作为电视文化工业化产物给人类生活带来的满足与诱惑。提出电视真人秀节目的兴起与戏剧化，以及真人秀戏剧性元素的功能与缺憾。

二、第二章是具体分析电视真人秀中的戏剧性创作手段。以成功的真人秀作品为案例进行本质特征、结构模式、特殊功能、生产方式、文化背景，以及相应的理论性解读，提出在消费主义驱动下的隐私公开、优胜劣汰式的冲突设置、貌似"真实"的情境是真人秀触发戏剧性的要素，也是强化、刺激观众欲望的"潘多拉魔盒"。

三、第三章阐述真人秀的戏剧化创作应当设置易于产生戏剧性的情境、设定能够带来戏剧性的角色、制定保障戏剧性效果出现的规则、确保戏剧性元素完美呈现的细节。

四、第四章是针对业界容易混淆的真人秀与纪录片在渊源、异同上进行比较分析，提出电视真人秀的"真"与"假"共同构建戏剧性。从电视真人秀的"真"与"假"共同构建戏剧性、"纪实性"与"戏剧性"的平衡这两个角度来分别展开阐述。

五、第五章阐述多学科支撑下"真人秀"的戏剧性因素。补充论述真人秀的戏剧性并不是如以往大多数研究所称的只作为电视媒介的一种无足轻重的点缀，或者仅仅局限于戏剧学的编剧、导演范畴的手法应用，而是多学科相关理论研究的一种影像化应用，具有深层次的社会学、心理学等人文科学的研究价值，很多具有强烈戏剧性的电视真人秀本身就是人文科学实验的一种荧屏呈现。

六、最后是结论部分，总结在真人秀达到巅峰时期所表现出的强烈的戏剧性，这种戏剧性的构成与表现具有隐私公开现在进行时、优胜劣汰式的极端冲突、真实情境下的时空统一与制播同步、规则设定严谨缜密、观众期待心理浓厚、具有一定的社会科学实验价值等显著特点，是戏剧化、消费化、工业化在我国文化领域的尝试和初步发展的成果。

最后，本书存在两个难点：

一、虽然本书题为《"玻璃屋"里的纷争——电视真人秀中的戏剧性》，但对于什么是"真人秀"的说法不一，业界甚至存在凡是有节目制作人员以外的人上镜的节目都算作真人秀的"泛真人秀"现象。本书倾向于缩小范围，严格界定。

首先，华东师范大学的陈虹教授和东方卫视的谢耘耕先生归结出真人秀节目的特征为"纪实性、原生态、拟态性、冲突性、叙事性、参与性"[1]。在这个分类中，"纪实性"与"原生态"有很大的重叠。作者所指的"原生态"是指保留了选手在台前幕后"行动"的完整过程，展示了拍摄的真实性与连贯性。然而，这种特性完全可以收入"纪实性"范

---

[1] 谢耘耕、陈虹：《真人秀节目：理论、形态和创新》，复旦大学出版社2007年版，第1—5页。

围之中，而"叙事性"则在剧情类的电视片等节目类型中更具有代表性。此外，"参与性"作为某一类型的电视节目的特性总结并不典型，大多数的电视综艺节目都具有"参与性"，一些严肃的新闻类节目在调查中也会提供"热线参与"，社教类节目也会邀请"嘉宾"，音乐类节目更可以用"点歌""歌会"等形式扩大参与度。因此，这个总结至少可以去掉三个特性。

其次，中国传媒大学的苗棣教授在2008年发表的论文《真人秀与"现场追述"》中认为，"真人秀的基本特质在于虚拟情境和真实记录相结合"[1]。2015年，他又在《解密真人秀：规则、模式与创作技巧》一书中补充为人造情境、自由时空和真实记录构成了电视真人秀的三大特征。[2]这个完善后的理论与陈虹提出的"拟态性"有一定的相似度。不同的是，陈虹所引用的沃尔特·李普曼的"拟态说"来自传播学的概念，它涵盖了参与者有意识与无意识的状态，是人脑对于真实世界的"仿真"，这种"仿真"易受信息环境的限制和干扰，从而产生歪曲和变形。譬如，他在《公众舆论》（Public opinion）一书的开篇讲述了一个1914年聚居在荒僻海岛上的英、法、德居民由于信息滞后，各自所属国交战还必须继续"共处一岛"，但平静的生活已就此被打破的案例。[3]这种由于信息的获取渠道、时间、真伪差异所造成的真实与感受上的"错位"常常造成猜忌、矛盾、争斗、杀戮

---

1 苗棣、常佩昳：《真人秀与"现场追述"》，《现代传播》2008年第6期，第48页。

2 苗棣、毕啸南：《解密真人秀：规则、模式与创作技巧》，中国广播影视出版社2015年版，第61页。

3 ［美］沃尔特·李普曼：《舆论》，常江、肖寒译，北京大学出版社2018年版，第3页。

等戏剧性事件，并被搬上舞台和屏幕。苗棣所提出的"人造情境"则直接借用了戏剧创作中"假定情境"的概念，以重建真实环境下的规则刺激和目标激励进行"戏仿"，从而产生非虚构的戏剧性。相同的是，二位学者都提及的"虚拟环境"正是真人秀节目的重要特征，也正是戏剧性产生的重要条件。略有不同的是，"人造情境"更适合用于参与者清楚所参加的社会活动内容是"被展示"的状况，譬如戏剧表演；而"拟态"游戏（pseudo environment）的参与者并不一定清楚自己"正在戏拟之中"或者"会面临什么"，甚至连节目的录制方都不知道将要获得的结果是否会偏离预期甚至推翻预测。这种模拟含有实验性质，比较符合真人秀技术上的"失控"要素，是一种现实世界与虚拟世界之间的互相"泄露"（leak out）。它经常被应用于具有一定危险性的不可重复的训练或展示之中。譬如，飞行员的模拟飞行训练，必须严格按照实际情况进行环境模拟，但加入变量后的结果如何，并不在设计者的可控范围之内。展现美联航1549航班真实事件的电影《萨利机长》（Sully）在剧情中就展示了这种"拟态"，模拟结果的变化对剧情的推动起到了重要作用。又如，在电影《异次元骇客》（The Thirteenth Floor）中，生活在1999年的游戏制作者重现了1937年的洛杉矶，主人公在探寻真相的过程中意外发现原来自己生活的世界也是被虚拟出来的，到底"元宇宙"（Metaverse）[1]存在于人类时间线的哪个节点成为一个谜，极大地增添了影片的惊悚气息。电视真人秀节目尽可能地去除了"拟态"中会

---

1 意指"真正的宇宙"，与VR概念中"超越现实的宇宙"的概念有所不同，由作家尼尔·斯蒂芬森（Neal Stephenson）在1992年的小说《雪崩》中创造。

产生不良后果的元素，譬如对参与者容易产生心理和身体伤害的部分，保留了富有可看性的桥段，是一种对真实生活有选择的戏剧性"拟态"。

再次，清华大学的尹鸿教授认为："电视真人秀作为一种电视节目，是对自愿参与者在规定情境中，为了预先给定的目的，按照特定的规则所进行的竞争行为的真实纪录和艺术加工。"[1] 他把真人秀节目分解为七个基本元素：

1. 作为故事主体和观众观看客体的人物元素——参与者；

2. 推动节目、观众和故事发展的动力元素——悬念；

3. 形成人物关系和情节变化的结构元素——竞争；

4. 标志人物命运戏剧性转折的环节元素——淘汰与选拔规则；

5. 形成故事假定性的情境元素——时空规定；

6. 形成节目基本过程的细节元素——现场记录；

7. 强化故事的感染元素——艺术加工。[2]

虽然看上去比较复杂，但如前所述，"参与者"并非真人秀所专有，"悬念"与"艺术加工"更是剧情类节目的要素，"淘汰与选拔规则"更多地呈现在体育竞技节目中，更适用于其他类型的节目特征，均可合并同类项。

最后，上海戏剧学院的吴保和教授在2019年出版的《电视文艺节目策划与创作》一书中，把真人秀的特性归结为"拟真性、纪实性、戏剧性"三个方面。[3] 由于这个观点

---

1 尹鸿：《娱乐旋风——认识电视真人秀》，中国广播电视出版社2006年版，第6页。

2 尹鸿、陆虹、冉儒学：《电视真人秀的节目元素分析》，《现代传播》2005年第5期，第47页。

3 吴保和：《电视文艺节目策划与创作》，中国戏剧出版社2019年版，第119—121页。

成书较晚，经历了更长时间节目变迁的总结与考验，摄取了众多观点中较为统一的内容，显得更具有代表性。尤其是关于"戏剧性"的归纳，囊括了"游戏性""悬念""淘汰与选拔规则""时空规定""冲突性"以及一部分"虚拟情境"等其他学者提炼的特性，不但指出了"戏剧性"的重要作用，也显得更加简明扼要。这一归纳白璧微瑕的是，唯有"拟真性"似不若"拟态性"涵盖更广。如前文所述，电视真人秀的"拟真"中更重要的是"真"，它已经包括在"纪实"元素中，所拟情境既有仿真性，亦有"假定性"，为表达清晰考虑，使用"拟态"似乎更为妥帖。这里的"拟态"并不是仅仅停留在生物学概念上的外形拟态，而是指人们对于周遭环境所给予的信息刺激的反应，这可以被看作人对于客观环境及其变化的一种自我保护和适应。事实上，传统传播体系中的大众媒介正是通过创造这种信息的"拟态环境"对受众施加影响，而受众也根据现实状况对于这种刺激予以反应，由此形成了二者之间的互动与交流。上海政法学院纪录片学院的邢虹文教授在她的《电视与社会——电视社会学引论》中提出，"现代社会，电视等媒体是人们接触超越视野以外环境的主要工具，媒体的种种信息成为人们了解外部世界的主要渠道。但是电视本身创造的是一个'拟态环境'，与现实社会具有明显的差异。因此，电视社会互动的产生既离不开现实社会生活，同时又与这种'拟态环境'存在密切的关系，这在某种程度上也造就了电视社会互动的复杂性"[1]，从社会学的角度支持了这种观点。

1 邢虹文：《电视与社会——电视社会学引论》，学林出版社2004年版，第228—229页。

由此，本书将电视真人秀节目的基本特性概括为戏剧性、拟态性、纪实性，这三种特性共同融合，彼此依托，互相支撑。必须着重说明的是，笔者认为，蕴含于这种节目类型中的拟态性、纪实性与戏剧性的地位并不平等，它们服务于后者，为后者的多样性打下了基础，提供了支撑。

二、既有文献对于"戏剧性"的界定不甚统一，尚存模糊之处。本书撷取其中获得普遍承认的部分以为圭臬。

南京大学的董健教授认为，"戏剧性"具有文学性和舞台性双重特性：一个是亚里士多德在《诗学》中指出的，戏剧性存在于人的动作之中，戏剧性就是动作性；另一个是黑格尔总结的，认为戏剧性来自人的意志冲突，普遍的说法是"没有冲突就没有戏"。[1]他进一步把戏剧性的艺术特征总结为集中性、紧张性、曲折性这三个方面，并认为舞台呈现的戏剧性源于"观"与"演"的关系，它具有以下三个特征："第一是距离感所带来的公开性与突显性。第二是赋予表情、动作以恰如其分的夸张性。第三是合乎规律的变形性。"[2]这个论述比较全面，但对于舞台表导演艺术的针对性较强，对于影视艺术中延后产生"观演关系"的情况没有涉及。

南京大学戏剧研究所的博士生张时民反对董健教授在《戏剧性简论》中将"文学性"与"舞台性"并置为对等关系的阐述，他认为这两种"戏剧性"表面表现为一种包含与被包含的关系，其内在则表现为"舞台呈现中的戏剧性"，实质上是"文学构成中的戏剧性"的舞台实现这一更为微妙的艺术创作关系。这个论述对于"戏剧性"本身仍然没有阐明。

---

1 董健：《戏剧性简论》，《戏剧艺术》2003年第6期，第4—7页。

2 董健：《戏剧性简论》，《戏剧艺术》2003年第6期，第15—16页。

　　中央戏剧学院的谭霈生教授在1981年出版、2009年再版的《论戏剧性》一书中，在一开始指出"戏剧性"即动作，称戏剧为"动作的艺术"[1]，最后又补充了"性格冲突"和戏剧情境及其包含着的悬念也是"戏剧性"这个审美概念的基本内涵[2]。这个定义相对比较完整，可以涵盖影视剧创作中的需求。

　　复旦大学的赵英晖先生从"戏剧性"一词在西方语言学演绎过程中的流变，对这个词汇的语义做出了重新整理归纳。他提出，"戏剧性"（dramatism 或 dramatic）这个词在西方戏剧实践和研究话语系统中有着明晰且稳定的含义："通过扮演而不是叙事来模仿，由一系列事件构成情节，这些事件由情境、人物性格和目的引发，不同人物因性格和目的不同而必然形成冲突，事件之间因果相继，冲突不断升级，但最终必须化解，秩序重新建立。"[3]这个定义排除了叙事本身的戏剧性可能，并局限于"扮演"。

　　上海戏剧学院的濮波博士提出："戏剧性就是推翻僵化的现实脉动的一种灵动：戏剧性就是一种事物'反向的律动'性质。广义的戏剧性就是一种戏剧中对常态的反拨，一种对于世界万物（包括情感、伦理、道德、秩序、气候、季节、冷热更替）之有机波动的逆向。"[4]这种提法归结得过于抽象，但拓展了"戏剧性"的适用范围，视野较广阔。

　　上海戏剧学院的李建平教授认为："戏剧性是一种在人物

1　谭霈生：《论戏剧性》，北京大学出版社2009年版，第7页。

2　谭霈生：《论戏剧性》，北京大学出版社2009年版，第315页。

3　赵英晖：《也论"戏剧性"——与董健先生、谭霈生先生商榷》，《戏剧艺术》2019年第4期，第12页。

4　濮波：《简论戏剧性在当代的演绎和嬗变》，《剧作家》2010年第1期，第119页。

关系和情节发展中产生的合乎情理的有机的不可逆转的'突变',这种突变导致人物关系发生了质的改变,从而使舞台上发生了使观众感到更大兴趣的戏剧情境。"[1]这个定义对于以"剧情"为主要表现内容的大部分电视艺术同样适用,同样涵盖电视真人秀节目。它的难得在于在实践中的可操作性较强,易于理解。

综上所述,本书所适用的"戏剧性"的定义,以选用谭霈生、李建平二位专家的论述为准。本书尝试以我国电视业的发展背景为脉络,以窥私、拟态、戏仿、场域等社会学、心理学、传播学、戏剧学等人文科学理论为依托,用文献研究、参与式观察以及文本案例研究等方法,结合笔者自身多年来于戏剧影视行业一线创作的实践经验,以人类社会发展的广阔视野,对电视真人秀的发生、发展、泛滥以及对人类有意识文化活动的深入发掘来进行重新梳理和再研究,探究这些节目中的"共同魅力"——戏剧性。

---

1 李建平:《戏剧导演别论》,上海书店出版社2011年版,第81页。

第一章

电视真人秀的渊薮及其戏剧性因素

"真人秀"这个名称源于对美国派拉蒙影业在1998年拍摄的电影 *The Truman Show*（《楚门的世界》）的直译。这部电影讲述了一位叫做"楚门"（Truman）的孤儿，从小被收养在一个伪装成小城的巨大摄影棚内直播成长过程，直到有一天他发现自己身边的每个人原来都是在围着他转，都在对他说谎，包括他的至亲好友，从而决然逃出监控奔向自由的故事。这部电影以喜剧的形式呈现，上映之后广受欢迎，之后又不断引发知识界关于"人类本身是否被观测""乌托邦式的世界是否完美""人和人之间的控制欲太强是否会适得其反""媒体暴力的尺度""怀疑精神的可贵性"等一系列思考，可谓影响广泛。因此，国内在引入"真人秀"这个概念时，并没有用国际上比较通用的"Reality Show"这个名称，而是用了"楚门"（Truman）这个音译，叫做"楚门秀"，字面直译，就是"真人秀"。因此，尽管它的细分类型在美国被冠以"reality competition shows"（"有竞演环节"的秀）、"makeover shows"（改造节目）、"reality televisiwon shows"（非扮演的真人实境秀）、"reality game shows"（"有游戏环节"的秀）、"celebrity competition shows"（名人竞演节目）、"talents shows"（"达人"秀）、"reality TV"（电视真人秀）等不同名称，为了便于叙述，我们在本书中还是统一称之为大家熟悉的"真人秀"。

在我国，自2004年《超级女声》"唱"响荧屏以来，真人秀作为电视节目类型的"宠儿"被大量生产，理论研究亦汗牛充栋，成果颇丰。其中，以谢耘耕、陈虹合著的《真人秀节目：理论、形态和创新》一书总结得较为周翔而中肯，书中对于真人秀节目作了以下界定："所谓真人秀节目，就是指由普通人而非扮演者，在规定情境中按照制定的游戏规则展现完整的表演过程，展示自我个性，并被纪录或者制作播出的节目。"[1]需要特别说明的是，参加录制节目的演员同样是以"普通人"的身份被对待，即使参与者的知名度比较高，也并不违反他们之间作为游戏参与者的平等竞争关系。在这个定义中所指称的"表演"并非狭义上的戏剧影视表演，而是泛指一般社会性表演，严格来说，它是一种"表现"。然而，在之后漫长的电视发展历程中，这种节目形式并未清晰地从其他节目类型中独立出来。究其原因，可能有以下三点。

第一，20世纪50年代以来，电视业尤其是欧美发达国家的电视业蓬勃发展。在美国，战后的民众将业余时间的注意力从剧院等公共空间转移到了家庭的客厅、餐厅这些私人空间。在家庭空间里，大多数的留守者是女性，她们需要在干家务的同时消磨时光，如果这种解闷的渠道能够多一点趣味性则最佳。因此，在电视还只是"旧时王谢堂前燕"的阶段，电台就已经在努力吸引这部分"受众"。在今天看来，

1　谢耘耕、陈虹：《真人秀节目：理论、形态和创新》，复旦大学出版社2007年版，第1页。

以下的陈述就像是一个幽默段子：当时的制作人员努力地在广告中插入有趣的内容，以使得他们的销售宣传更好地引起听众的注意，并植入他们的潜意识。当然，愿意这么做的广告商的产品大多和目标人群的需求息息相关，譬如肥皂等生活用品的制造商从来都是这类"剧"或者"节目"的重要赞助者。在他们的共同策划下，诞生了以消耗时间著称的电台版"肥皂剧"（Soap Opera），如《海伦·特伦特浪漫史》（*The Romance of Helen Trent*）、《玛丽诺布尔》（*Mary Noble*）以及《我们的少女星期天》（*Our Gal Sunday*）等。对于以视觉作为获取信息的主要感官手段的人类来说，电视显然比电台显得更有诱惑力。在1950年，只有9%的美国家庭拥有电视机，但在过了短短9年后，86%的美国家庭已经拥有了电视机，他们平均每天看电视5个小时，而这一观看数据的主要贡献者大多是家庭妇女，以至于广告商殚精竭虑在电视台投放针对这个收视群体的产品广告，由于洗涤用品的投放量比较大，那些家庭妇女们赖以在家务劳动中打发无聊时光的电视剧被戏称为"肥皂剧"。《一日女王》（*Queen for a Day*）这个节目的赞助商就是从电台转移"战场"过来的宝洁公司（Procter and Gamble）。由于当时的受众大多"播什么看什么"，广告商当然大加青睐，如影随形保障节目经费，在这样的环境下，从业人员无论制作什么内容都可以轻易获得极高的收视率，也就失去了进一步深挖节目吸引力的动力和必要。

第二，当时的电视摄制设备尚未实现轻型化，不适合进行跟踪拍摄，而"记录"是具有纪实外表的真人秀节目的一个重要特征。电视真人秀节目的一个重要特征就是有"记录"的形式，而"记录"的成本和自由度受到器材的制约。早期的电视摄录设备极其笨重，不但难以进行机器位移的运动跟拍，也难以完成固定机位的镜头内部"推、拉"（zoom in，zoom out）动作以及镜头外部"摇、甩"等动作。电视在艺术表现手段上与电影高度同质，但又由于荧屏尺寸的窄小无法实现电影标准的高清晰度和大画幅。我们今天常见的电视景别切换以及"推、拉、摇"等镜头运动是在出现了变焦镜头和灵活的云台结构之后实现的，"跟、甩、移"等摄法更是在电视摄录器材轻量化后才得到普及。电视一体化摄像机的出现是在20世纪90年代，以索尼公司出品的Beta系列摄像机为代表，推动了"ENG"这种电子单机采集拍摄方式在专业电视机构的普及。其他诸如续航时间更长、重量更轻的锂电池对于早期镍铬等电池的取代；高清晰度、低照度、隐蔽性、微型化的录像技术的发展，使得户外灵活拍摄成为可能；与此同时，能够长时间记录的磁记录媒介从录制重播体育节目的上班族需求的痛点出发，不断迭代完善，为电视节目的制作与复制提供了方便。电视技术发展从一开始就对电视节目内容及其艺术表现形式表现出极大的制约和引导。

　　第三，电视作为当时的"新媒体"，有即使裹足不前亦可获得胜利的实力和资本。犹如"电视"（Television）这一名称本身所传递的信息——"看到远方的图像"，电视的"可视"拓展了人们的眼界，迎合了人类的"读图快感"，造就了它在传媒领域的一枝独秀。1969年，全世界通过电视看到了来自外太空的登月直播。对于观众来说，这是电视这一传播媒介出现之前从未体验过的"咫尺天涯"的美妙感受。电视从业人员不需要作太多努力进行"来料加工",只需要让人们能够看到"活生生的影像"就可以轻松"跑赢"其他媒体,拥有可以暂时"不思进取"的资本和实力。近年来,传统媒体先后在面临网络媒体和自媒体的冲击下惊呼"狼来了",其实,在20世纪50年代,电视的崛起带给报纸、广播的压力比今天网络媒体所带来的竞争压力更大。在当年,电视相对于当时的"传统媒体"就是"新媒体",而后来的广播、电视、报纸的媒体合并,也完全可以看作当年的"融媒体"。在我国,这种媒体迭代的影响滞后了二十余年才逐渐显现,表现之一便是当年相当部分的从业人员是广播行业出身。直到今天,在电视领域还能够看到一些当年广播节目转型的痕迹。譬如,在体育解说领域,由于足球比赛的转播受到电视屏幕尺寸和转播技术限制,很难看到特写和近景,缺少实时回放,电视体育解说员在很长时期内都保留了广播节目解说中"口头描述"现场情况的"惯性",以至于在电视机屏幕迭代到大屏幕的阶段后,这一技能的展示纯粹为了模仿前辈的"业务功底"而进行。总的来说,在电视发展的早期,电视节目出于技术和成本两个方面的制约,极少从内容上进行革新。

相较于传统节目,依托于电子工业时代的真人秀节目具有文化产业版权规范化、工业流程化、可复制化和资本集中化等显著时代特征。相对于不甚注重"知识产权"和规模效应的传统综艺节目,真人秀是工业文明在文化领域的实力体现。它与网络时代综艺的碎片化、草根化、反精英化既有交集,又形成两极映衬,具体表现为以下几点。

第一,电视艺术的"混血"身份决定了电视真人秀在艺术与技术之间游移的尴尬和浮躁。传统电视文艺是电视和文艺结合所产生的一种新的文艺样式，是舞台等独立文艺门类通过电子影像化改造、加工之后的新的观赏方式。它的审美特征首先表现为，在其艺术本体的基础上增加了作为大众传播媒体的电视的要素；其次表现为将立体固定视点的四维时空嫁接在平面二维影像之上。在真人秀诞生之前，这种文艺形态在艺术上依托于电影理论，在形态上应用传播理论。总体来说，艺术的成分偏低，传播的权重较高，以至于从业人员常常自嘲，说自己是"艺术工作者"，成不了"艺术家"。作品播出后的版权都是归供职单位所有，拷贝出来要付费使用。然而，对于早期的电视观众来说，电视又不仅是一种文艺的载体，它更多的作用是传递信息。从它强大的传播能力来看，在电视机上看文艺表演，也不过是利用它的"工具性"，而非"艺术性"。事实上，在电视上看话剧、戏曲、相声、舞蹈远远没有在剧场里欣赏得更让人投入、愉悦，人们选择电视手段是基于"经济选择"的结果。

　　第二，真人秀是我国贯彻维护知识产权的商业化产物。真人秀自诞生以来，经历了数年"小抄"与"正版"之间的角逐。在国际节目"掮客"的不断"斗争"下，国内的电视综艺逐渐和影视剧一样树立了严谨的"版权"概念。有趣的是，正版与"盗版"之间的争斗并不总是正版获胜。2005年，上海的东方卫视购买曾经获得"艾美奖"的创业真人秀《学徒》（The Apprentice）的节目版权，制作了《创智赢家》，并安排在每周六《新闻联播》后的"黄金时间"进行播出，收视率却输给了中央电视台相似题材的本土原创节目《赢在中国》。2006年，东方卫视模仿国外舞蹈秀的理念，全台主持人作为"选手"参赛的《舞林大会》，收视率也超越了正式购买英国广播公司（BBC）的 *Strictly Come Dancing* 原版版权并且同样于晚间19:35播出的《舞动奇迹》（湖南电视台）。无论是否具有"纯正血统"，真人秀所具备的强烈的文化商品属性，为中国电视界带来了不再以外部的形态去粗略区分节目性质，而是以一整套的"宝典"（具有缜密实施方案的策划书）为核心机密的节目生产机制，不但把电视制作意义上的"包装"从"后期"贯穿到了前期策划阶段，更在整个业界改变了"软件"的价值和地位。真人秀在商业制作方面的"规范化"和我国主管部门当时勤力推行的"制播分离"一起，夯实了电视节目的商业属性。

第三，需要密集型的资本投入，以及各"工种"协调合作的电视真人秀节目具有鲜明的工业文明特征。电视节目的发端、发展、商业化的过程与电影的商业化历程有几分相似，投入与产出都超出一般电视节目的体量。以2013年我国真人秀冠名价格为例，《中国好声音》《中国梦想秀》《梦想合唱团》《中国好功夫》《舞出我人生》《中国达人秀》等都超过了一个亿，其中江苏卫视的《非诚勿扰》和中央电视台的《星光大道》超过了3亿元。[1]电视节目的商业价值竟然可以和优秀的影视产品相媲美，这在以前是不可想象的。这种巨大的利益诱惑加速了电视节目体制上"制播分离"的改革。与此同时，跳出体制束缚的制作公司、艺人经纪公司、节目版权公司也为规范市场、分工合作奠定了基础。

第四，真人秀作为客观世界在人脑中投射的"镜像"，

---

1 史学东：《电视大片的真相——解码〈中国好声音〉&〈中国达人秀〉》，东方出版中心2013年版，第211页。

代表了即便是最"世俗"的人类文化活动在人文科学领域的实验价值。"在电视荧屏上，真人秀节目就像是现实生活的一个映像，或者说缩微版的现实世界。人物来自现实世界，话题是生活中人们视线的焦点，其节目中折射出的价值观、人生观、道德观无一不与现实世界关联着。"[1]正因为如此，观众作为"主体"在专注于节目进展之时，已经不仅是对于选手、嘉宾本人的关注，而是对于自身所投射"客体"的思考、证实和想象。这种思维活动过程已经超越了感官娱乐所带来的愉悦，而具有一定的"认知快感"。也就是说，在图像、音乐音响、参与节目的嘉宾没有发生实质性"升级"的前提下，真人秀有一只紧紧抓住观众注意力的"手"——雅克·拉康（Jacques Lacan）的"镜像理论"所讲的"潜意识"。这种潜意识促动下的疯狂参与和追逐观赏的行为让我们不得不反思现实世界中的缺憾与拘谨。当然，也有人把这种"实验性"归结为"游戏性"。

第五，真人秀是网络时代通过电子信息技术实现时空压缩后"层级压缩"的体现，是传媒从"大众传播"进入"草根"时代的标志和过渡。在真人秀流行之前，即便是在"素人"[2]与明星一起互动做游戏的综艺节目里，现场观众也很少会把自己与明星等同对待，总是以仰望的姿态，在心理与语言、行为上自觉划分出"分寸感"。真人秀的阶层扁平化努力消弭了这种鸿沟，甚至竭力降低了参与者的知名度带来的"不认同"感。观众即便不参加节目的录制，也能够通过线上的"票选"等方式决定"偶像"们的命运，体会到"权

1　张贞贞：《互为与互动的镜像——中国电视真人秀研究》，中国文联出版社2018年版，第27页。
2　真人秀节目用语，普通人的意思。

力"的快感。相反，这种偶像崇拜上的"祛魅"也煽动了"彼可取而代之"的积极性，支撑起广告商的投放热情，形成一种良性循环。美国传播学者沃尔特·李普曼提出："表达自我意志是人的无法抑制的欲望，主宰自身命运的愿望是一种强烈的愿望。"[1] 有人把这种现象称作"草根文化"。草根文化是一种从属阶级的文化。"草根"一词源于英文"grass roots"，意为像草根一样弱势却又具有顽强生命力的社会底层。战国时《韩非子·说难》中就有"虑事广肆，则曰草野而倨侮"的说法。[2] 可见，它具有"去精英化"和"强生命力"的特征。

因此，如果要清晰可辨地将真人秀从一般性电视综艺节目中分离出来，最明显的特征就是看是否以"普通人"作为拍摄"主角"，而且被要求完成任务，并全程记录参与过程。也就是说，即便在一部分以"名人"为主要拍摄对象的节目中，只要将这些观众熟悉的演员、专家、政客等作为普通人来无差别对待，使其在规则允许范围内行动，而不是作为意见领袖来发表看法、示范甚至作秀，就是一种电视真人秀节目。

第一节　电视真人秀节目的兴起与戏剧化

"真人秀"的形式源自希特勒治下的纳粹德国。由于技术限制，早期电视节目的播放形式是直播。由于无法剪辑，

1　[美] 沃尔特·李普曼：《公众舆论》，阎克文、江红译，上海人民出版社2018年版，第223页。

2　张廉：《草根群体在短视频中的自我呈现——以快手用户为例》，西北大学硕士学位论文，2018年，第2页。

这个阶段的电视节目可谓形式多样的"朴素真人秀"。1936年8月，柏林成功举办了夏季奥运会。在这次历时半个月的体育盛会上，德国人使用了4台巨大的摄像机，这些摄像机仅镜头就长达2.2米，焦距达到1.6米，重量足足有45公斤，活脱脱是4门攫取影像的"加农炮"（"CANON"相机的品牌命名源于这一单词）。每天，柏林城中有25块大银幕进行连续8小时的直播，16万人通过电视这一新事物观看比赛，世界各国也进行了转播，反响空前。象征着和平、友谊与团结的奥运会在电视媒介的助力下，用"体育真人秀"展示了一个充满活力、健康向上的德国，成为当时野心勃勃的纳粹最好的烟幕弹。

从1945年开始，在战场上节节败退的德国纳粹又在街头广场等公共场所安装了一些银幕，用来放映一些"电视节目"，比如播放对背叛纳粹的人执行死刑的全过程。这样做的目的不是为了发展广播电视事业，而是为了震慑民众，维护其统治。当然，也有正面宣传的内容，比如《家庭历险记：与德国人的一晚》节目用镜头记录了一对德国年轻夫妻的全部生活，以期把他们作为其他德国民众的榜样。对于普通民众来说，电视机在当时还属于奢侈品，集体观看使得他们获得了能够像观看电影那样欣赏到电视画面的机会，这种做法得到了远在大洋彼岸的美国人的效仿。20世纪50年代，一位长期为福特基金会制作电视节目的美国人艾伦·方特（Allen Funt）创作了一部隐藏相机秀《偷拍相机》（*Candid Camera*）受到欢迎。他随后于1954年制作了一个名为《联合国儿童》（*Children of the U.N.*）的节目，以采访和观察来自世界各地的孩子在纽约的一所国际学校的生活情况为节目内容。

1955年1月1日，一部叫做《一日女王》的游戏节目在美国好莱坞夜总会的红磨坊开播，主持人杰克·贝利（Jack Bailey）在主题音乐 *Hey Look Me Over* 的渲染中面对镜头大喊"你想当一天的女王吗？"诱惑着那些勉强糊口的中下阶层妇女成为"新时代的灰姑娘"。事实上，电视自进入美国寻常百姓的客厅之后，便成为一种中下阶层的"精神鸦片"，为期待改变命运的人们提供幻想。喜爱《一日女王》的女性大多经济状况窘迫，她们占据了当时美国总人口的四分之一，是电视节目的主要收视群体，也是节目取之不竭的内容来源。每期节目从填写了"愿望卡"的观众中挑选25名"幸运儿"，从中选取"最有故事"的5人上节目，根据观众的鼓掌记录来选出所谓的"女王"。她们被迫签下承诺书，如果她们提供的悲惨故事有作假的成分，则会被收回赢得的奖金。这个节目其实从1945年就已经在电台播出，1955年开始制作的只是它的电视版。主持人杰克·贝利也是从一名商场里的售货员转型为在电波里和荧屏上做"直销"的，这与今天我国网络直播媒体上"李佳琦"们的经历极其相似。根据节目制片人霍华德·布莱克（Howard Blake）的回忆，节目大部分时间都是广告宣传，留给嘉宾讲述的时间只有15分钟左右，可以称之为"伪装成电视节目的巨型电视广告"。虽然如此，这个电视节目版的《一日女王》还是从每天只有13个人观看的"边角料节目"，迅速发展成为有1 300万人观看的排名第一的收视热门节目。表面上看，大家似乎关心节目中的女性们要通过种种可怕的考验让人同情，但吸引人们关注的其实还是最后谁能赢取那些作为奖品的皮草大衣和家用电器。这个节目虽然简单，但已经包含了游戏竞赛、记录窥私、表演作秀等元素，被认为是初具雏形的电视真人秀。

如果说《一日女王》游戏的特征比较明显，而"记录"的元素太少，那么1973年美国公共广播公司（PBS）制作的《一个美国家庭》（*An American Family*）从形式到内容恰好弥补了这方面的缺失。这个总共12集的节目，用大半年的时间追踪拍摄了美国加利福尼亚圣巴巴拉市一个中产家庭三百多个小时的真实生活，把它看作一部剧情连续的系列电视纪录片也不为过。片中的主人公比尔·劳德有一个与之关系紧张的妻子帕特和五个不省心的孩子，其中大儿子兰斯性格叛逆，与母亲矛盾尖锐，最后面对镜头坦陈自己的同性恋身份，这在当时是非常大胆的行为。节目以新生命的出生开始，最后以比尔·劳德婚姻破裂、搬离自己的家庭为结尾，给观众们留下了一个永远的遗憾。用今天的眼光来看，《一个美国家庭》无疑已经同时具备了"记录"与"悬念"等现代真人秀的重要特征，因此，也有学者认为这个节目才是真正意义上的真人秀。无论如何，它的播出代表了真人秀节目的兴起。

1992年5月，美国有线音乐台（MTV）在前人尝试的基础上推出了《真实世界》（*Real Word*），节目邀请了7名二十多岁的青年男女，把他们"幽禁"于阁楼里一起"生活"，用摄像机24小时不间断地跟踪拍摄他们的起居生活。这些以出卖自己的隐私获得酬劳的陌生人最初还保持礼貌和社交距离，随着时间的推移开始不再避讳自己的真实态度和想法。此时的节目已经开始有意识地利用人性的弱点，进行周密的策划和充分的前期准备，具备了现代真人秀的所有特征。1994年，英国制片人查理·帕森在总结前人经验的基础上，保留了《真实世界》中的记录形式，重新引入20世纪50年代《一日女王》的游戏竞技元素。

2000年5月，美国哥伦比亚广播公司（CBS）于每周四推出了《幸存者》（*Survivor*）。节目中，16名参赛选手被分成两队，在荒野中展开生存竞争，竞赛夺取"豁免权"，失败的一组采取内部投票的方式选出一个淘汰者。剩下10人时两队合并，由团体比赛变成个体竞赛争夺个人"豁免权"，失败者要全体投票选出淘汰者。最终由已经被淘汰的参赛者在留至最后的两个人中选举产生"幸存者"获100万美元的大奖。节目第一季播出的第二周即一跃成为全美收视率第一名的节目，而最后一集更创下收视奇迹。根据AC尼尔森媒介调查公司的统计数据显示，全美有5 100万人收看了该集节目，家庭收视率28.2%，频道占有率20%。这个节目第一次通过缜密的游戏"流程设计"来展示"戏剧设置"上的"技术主义"，成为业界圭臬，其成功做法三十多年来也一直被学界不断引用。2002年8月，我国的中央电视台曾在二套《地球故事》栏目进行了引进播出，同年6月，我国的广东电视台进行了模仿制作《生存大挑战》。这个节目于2007年制作播出了它的最后一季——第15季，在这一季的9月20日播出了"中国篇"，仍然取得了9.0%的收视率，排名仅次于全美橄榄球联赛和电视剧《犯罪现场调查》（*CSI: Crime Scene Investigation*），收视人口达到153.5万。

1997年，瑞典电视制片人查理·帕森斯制作的《罗宾森远征》（*Expedition: Robinson*）是最早被称为真人秀的电视节目。真人秀节目作为一种独立的节目样式，是从1999

年荷兰Veronica电视台播出的《老大哥》（*Big Brother*）开始。这个节目的名字出自乔治·奥威尔（George Orwell）的小说《1984》（*Nineteen Eighty-Four*），是社会实验类的游戏真人秀。它挑选出10名选手，把他们封闭在被命名为"Big Brother House"的别墅里，完全与外部世界隔离。每一季的节目选择拥有不同职业背景、不同生活地域的陌生人，让他们共处一室，进行为期3个月的"同居生活"，并且在屋子里布满了录音、录像设备。他们的"生活"中充满了难题和戏剧性的事件，稍有处理不当就会影响表现，遭到淘汰。在每一周的节目中，他们一天内的全部行动都被47台摄像机和76支麦克风忠实地记录下来，并在经过剪辑处理之后予以播出，选手们在比赛规定的时间内进行提名、比赛、投票、淘汰，最终能够留下来的人将赢得100万美元大奖。从节目首映的1999年9月16日开始到10月30日，《老大哥》迅速占领了包括荷兰在内的欧洲各家电视公司收视率统计的第一名。节目的制作方荷兰恩德莫（Endmol）公司把节目版权输出至法国、德国、澳大利亚、美国等国家，出现了十余个不同的语言版本，堪称电视业的奇迹。

总的来说，创作生产《一日女王》的20世纪90年代是西方娱乐电视产业飞速发展的时代，也是我国电视事业腾飞的开始。随着电视技术的进步和节目内容的拓展，在电视新闻领域，以《东方时空》为代表的一大批深度报道节目崛起；在电视文艺领域，带有"合家欢"性质的传统曲艺节目开始让位于带有游戏竞技特征的新型综艺节目，它们中的一部分吸取了国外成功节目的经验，以"真人秀"的形式迎来了"娱乐的狂欢"。受政治、经济、科技等方面因素的制约，更受到电视机普及率的影响，我国的电视事业起步比较晚，但电视真人秀节目的发端和发展几乎与世界同步。

1958年5月1日，我国成立了第一家电视台——北京电视台（中央电视台的前身），面向仅有的几十台电视机进行了实验性播出，但覆盖范围仅限于北京地区，之后每周播出两次，每次2—3个小时，节目内容以新闻纪录片、电影、简单的文艺演出为主。随后成立的上海电视台、哈尔滨电视台（黑龙江电视台的前身）、广州电视台（广东电视台的前身）的情况与之十分相似，播出时间不长，而且基本是"直播"（上海电视台早于北京电视台进行了播出试验，但正式播出刻意安排在晚于其5个月后的国庆日）。由于当时电视设备庞大、稀缺，电视接收终端保有量有限（1958年仿照苏联"旗帜"牌电视研制成功第一台国产"北京"牌电视机），电视无法像广播那样成为"宣传阵地"的主力。在这个阶段，大多数普通民众如同看电影一样买票"集体观看"电视节目，而所谓的"电视节目"，也基本上是《新闻简报》之类的新闻。事实上，当1978年1月1日《全国电视台新闻联播》（后更名为《新闻联播》）开播的时候，各家电视台还是以新闻播报、文艺演出和影片放映为主。改革开放以后，随着经济发展，电视机进一步普及，电视的"娱乐"内容有所增加。

1960年，北京电视台建成了600平方米的演播室，提高了演播条件和艺术加工的能力，以电视手段重新处理了戏曲片段《梁山伯与祝英台》《半把剪刀》、舞蹈片段《赵青独舞》以及话剧《七十二家房客》的片段，对这些作品以电视的思维和手段进行了电视艺术呈现上的再创造；排练和播出了第一次电视春节联欢晚会。随后，三次组织了以相声和小品为主的《笑的晚会》；1964年底，录制了豫剧《朝阳沟》第二场和《红灯记》中的《智斗鸠山》。[1]可惜的是，这种艺术形式与内容上的探索进程被"文革"打断。直到1980年，中央电视台"三八"节晚会的成功转播，标志着我国电视文艺迎来了快速发展时期。在这一时期，原本流行于各单位内部的联欢晚会成为中央电视台的标志性节目；全国先后举办了一系列电视文艺比赛，电视作为艺术的表现平台不断试错，用栏目的形式将文学、音乐、舞蹈、绘画、摄影等多种艺术形式融合在一起，出现了"电视音乐"（MTV）、"电视散文"等具有浓郁时代特征的电视片，它们无论成败都有一个共同的特点——去戏剧化。同年，中央电视台组织拍摄了9集电视连续剧《敌营十八年》，虽然在内容上没有跳出敌我斗争的窠臼，但在形式上开启了不同于电影和话剧、戏曲的全新样式，即使以今天的眼光来看，这部片子也充满了戏剧张力，被不断翻拍。从此，富于"戏剧性"的电视连续剧与"去戏剧化""寓教于乐"的电视文艺节目平行发展。

　　1979年8月开播的《为您服务》第一次设置了固定的电视节目主持人。看到从来只作为"喉舌""传声筒"的播音员转向"平视"观众，用正常人说话的方式发声，脸上多了微笑等生活状态下的表情，成为富有亲和力的主持人，让习惯于如施拉姆比喻中的"子弹标靶"接收信息的观众耳目一新，也标志着我国的电视内容从原先的"宣传工具"向生活、娱乐"服务"转化的开始。1983年3月，第十一次全国

1　何丹：《电视文艺》，中国广播电视出版社2001年版，第75—77页。

广播电视工作会议在北京举行。这次会议确定了我国广播电视事业的奋斗目标："到本世纪末，要在我国建成一个具有社会主义中国特色的，中央和地方、无线和有线相结合的，广播和电视、城市和农村、对内和对外并重的广播电视现代化宣传网。这个宣传网，要与我国经济和社会发展相适应，与我国国际地位相称，使我国广播电视事业，无论在事业规模和技术水平方面都进入世界先进行列。"[1]这次会议还提出了"三步走"和"四级办电视"的战略。以今天的眼光来看，当时提出的这个目标停留在"新闻宣传"功能的层面，还没有充分认识到电视的娱乐价值。纵然如此，电视业伴随着经济的复苏，日益健康发展。但"四级办电视"引起地方电视台数量的井喷，造成了重复建设，从1982年的不足20个非正式市级电视台一举增加到1985年的172个市、县级电视台。[2]然而，电视机构的增多并没有带来内容的繁荣。各地电视台的节目原创能力比较弱，生产的内容大同小异，很多站、台只是转播站。1992年可以被视为促使我国电视事业从内容到形式与国际接轨，驶上快速发展轨道的"奇点"。这一年的6月，中共中央、国务院颁发《关于加快发展第三产业的决定》，把广播电视归入了"服务业"[3]，给广播电视的"松绑"提供了政策依据。电视台作为"国家队"开始与社会机构、民营公司合作，从节目制作、体制改革到内容研发都紧跟世界潮流。在新闻领域，1993年成立的《东方时空》等栏目借

1　覃榕、覃信刚：《新中国70年广播电视发展理念的演进历程与主要特征》，《中国广播电视学刊》2019年第10期，第8页。

2　郭镇之：《电视传播史》，北京师范大学出版社2000年版，第394页。

3　郭镇之：《电视传播史》，北京师范大学出版社2000年版，第398页。

鉴了欧美杂志型新闻节目的编排方式；在电视剧领域，模仿美式肥皂剧形式的《编辑部的故事》等电视连续剧获得了观众们的喜爱；在综艺节目领域，更从内容模仿到版权引进，出现了从播出形式到内容几乎与世界同步的节目样式。

　　1993年5月1日，原本拟作《新太阳60分》的《东方时空》开播。这档分为人物、新闻、生活服务、音乐四大"版块"的杂志型新闻节目，在深度报道中运用了"讲故事"的手法，娓娓道来，令见惯了电视新闻居高临下"端着说话"的电视观众耳目一新，他们评价，"看完《东方时空》就像从市场上拎回一条扑腾的活鱼，一捆绿油油的青菜"[1]。次年，以上海电视台的《案件聚焦》为代表的一大批"讲故事"的新闻节目开播。这些节目采用讲述、访谈、设问、情景再现等手段，细致入微地展现事件的情节和细节，用戏剧化的叙事手法凸显事件中蕴含的能够让人产生兴奋感、富有戏剧性的元素，从而产生"故事感"，在不违背新闻采编"5个'W'""1个'H'"的真实性前提下，把电视新闻中电视台与观众之间原本单纯的"播—受"关系改变为"演绎—欣赏"。1998年6月1日，中央电视台的科普节目《走近科学》开播，第一次试图用充满悬疑的叙事手法，有意识地将科学现象戏剧化。节目对开播日期的选择似乎昭示了将目标人群定位于未成年群体的"初心"，却由于对制造悬念的尺度拿捏不准，"噱头"太足而答案过于简单明了，显得"虎头蛇尾"，造成了故弄玄虚的节目效果。许多人多年后还能说出节目中那句经典的设问："是人性的扭曲？还是道德的

1　8字路口：《那年的中央电视台，有一群疯狂的年轻人》，2021年9月2日，https://www.163.com/dy/article/GITRFPPP0523VNBL.html。

沦丧?"笑称这个节目是陪伴自己度过青春年华的快乐源泉。无论如何，这个长寿的节目为非文艺类节目的戏剧化实践提供了超过20年的实验样本，证明了观众对它的努力尝试的认可。其后，各地电视台先后开播了各种以文献纪实记录为基础的"纯故事"节目，如北京电视台的《档案》节目、辽宁电视台的《王刚讲故事》、江西电视台的《传奇故事》以及安徽电视台的《天天故事会》等。

在《走近科学》之后，有不少节目继续进行了增强节目戏剧性的尝试，它们吸取先行者的教训，在非剧情类节目的"生活的戏剧化"与剧情类节目的"戏剧的生活化"这两方面取得了进展。通过这些节目的策划制作过程，我们似乎可以总结出一个"规律"，就是要把先天的矛盾加工放大，没有矛盾的要提炼矛盾。从讲故事的角度来说，就是不要满足于讲了一个故事，而是要精彩地讲好一个故事。这符合人类进化与社会发展的需求。这种做法在真人秀的构思、拍摄、后期制作中得到了加强——在策划阶段，一般会与影视创作一样，首先明确节目的主题，也就是说，这是一个什么故事，究竟是"麻雀变凤凰"的故事，还是"勇闯夺命岛"的故事，抑或贫民窟里出了个百万富翁的故事。一般来说，一个好的影视故事都可以用很简短的一句话概括，而成功的真人秀同样适用。目前的真人秀多半以故事为中心，以演出者的行动为主轴来进行。

20世纪90年代，我国电视真人秀的萌芽与发展带来了电视文化工业化的繁荣。由于对电视真人秀节目的界定标准参差不齐，业界对于谁是真人秀节目的"第一个吃螃蟹的人"看法不一，大多数人比较能够接受的说法是，我国第一个真人秀节目是对我国香港亚洲电视与日本电视台联合制作的《前进吧！电波少年》进行简单模仿的《生存大挑战》。1995年，日本电视台推出了《前进吧！电波少年》节目，每次选择两位素昧平生的年轻人，如同绑架人质一般将他们蒙面，带到一个他们完全陌生的国家，共同完成一个艰难但又是力所能及的任务。1998年，这家电视台与香港亚洲电视合作，以提供在日本艺能界（演艺界）发展机会的诱人条件，在香港地区招募作为节目选手的"电波少年"。颇具戏剧性的是，一位叫做谢昭仁的年轻人刚刚进入香港商业电台当实习主持人，以为这是一场骗局，在与同事协商后抱着"打假"的心态冒险报名参加面试，并秘密录音，结果竟然被节目组录取，歪打正着地参与了录制。另一位梦想成为演员的日本年轻人伊藤高史同样稀里糊涂地被公司安排来到非洲最南端的南非好望角，与谢昭仁会合。二人以按当时的吃、住、行成本标准来说极少的十万日元为差旅成本徒步出发，历经九个多月的艰苦跋涉，终于来到坐落在欧洲最北端的斯莱特尼斯灯塔。节目显然具备了类似于电影类型中"公路片"和戏剧创作心理中对于"人物命运"关注等重要元素，旅途中不可预测事件的诱惑比有剧本的电影更让人欲罢不能。跟踪拍摄的全程吸引了大量观众，不少人多年后仍然津津乐道，也为演艺经纪公司与电视台合作捧红新人找到了一条"捷径"。

受日本同行的启发，广东电视台最早于1996年开始在《青春热浪》节目中尝试这种"西天取经"式的跟踪拍摄，取得了此类节目策划、录制的第一手经验，并在此基础上，于2000年6月正式推出了第一期《生存大挑战》。"这档节目依葫芦画瓢从全国五百多名应征者中挑选出3名互不相识的'挑战者'，要求他们每人在长达半年的时间里仅仅携带一个背囊、一双运动鞋、一些药品及地图、指南针、水壶、帐篷和4 000元的交通食宿费用，走完广西、云南、西藏、新疆、内蒙古、黑龙江、吉林、辽宁等八省和自治区的38 000公里边境地带的旅途，整个过程历时195天。"[1]这个节目已经完全体现了真人秀节目的制作原则：制定必须严格遵守的规则，由普通人自愿报名参与，全程跟踪录制，拒绝"扮演"，摄制组以及参与者的亲朋好友均不可以在食宿、交通、通讯等方面提供任何帮助，摄制组与观众一同成为不能干扰活动进程和比赛结果的"旁观者"。后期的《生存大挑战》继续学习了《幸存者》的缜密任务策划与实施，不断完善，节目获得成功后被竞相模仿。其中，"近在咫尺"的深圳卫视于2003年底推出的儿童真人秀《饭没了秀》较为成功，直到主持人史强（强子）因工作调动离开，节目才停止制作更新，成为陪伴相当部分深圳人成长的青春记忆。虽然这一年同类型的美国哥伦比亚广播公司（CBS）的《幸存者》几乎同时在美国开播，但由于语言及节目落地中国未实现等原因并未对本土节目产生冲击，为萌芽阶段的本土真人秀留出了可贵的完善契机。

1998年11月，中央电视台斥资逾400万元人民币购买的英国广播公司（BBC）老牌博彩竞猜节目*GO BINGO*（《宾果游戏》）以《幸运52》的新名字重新包装制作后开播。[2]虽然节目将2万英镑纸钞洒向获胜者等刺激性元素一一剔除，但紧张有趣的节目进程还是获得了出人意料的收视效果，以

---

1 谢耘耕、陈虹：《真人秀节目：理论、形态和创新》，复旦大学出版社2007年版，第20页。

2 庄言：《幸运52"真给东西"》，《新财经》2001年第1期，第24—26页。

至于各地电视台纷纷模仿推出了《财富大考场》《无敌智多星》《步步为赢》《超级英雄》等雷同的节目。2000年7月，这家电视台又推出了引进自英国第一家商业电视台——独立电视台（Independent Television, ITV）制作的 *Who Wants to Be a Millionaire?*（《谁想成为百万富翁》）[1]，取名《开心辞典》。虽然节目冠以"益智"的名义，但参与者基本上都是冲着"赢"和"过关获奖"，与《幸运52》如出一辙，严格来说，也是一种真人秀节目。

2002年，湖南经视模仿法国电视六台的《阁楼故事》（*Loft Story*）以及荷兰Veronica电视台的《老大哥》，推出了我国第一档体验类室内真人秀《完美假期》。这个节目挑选湖南省内12位自愿报名的青年男女在长沙烈士公园附近小区的一幢别墅内与世隔绝70天，用36台摄像机连续记录他们的生活。每周，选手之间通过互相投票淘汰一人，随后，节目组加入观众投票环节增大变数，并规定人气最高的选手可以使用"免死"的豁免权进一步提高变量的权重，以期产生"出人意料"的戏剧性结果。在最终奖品为市值50万元房产的激励下，以湖南大学硕士生、湖南师范大学本科生与外企白领为首的"新生代"选手在节目里展开的联盟与反联盟、表里不一、趋利避害与非道德交易等一系列理性算计行为，以及对奉行"美德游戏"的"中生代"参与者的"驱逐"出局，生动地再现了亚当·斯密笔下经典的依据效益最大化原则行事的理性个体，即"经济人"形象。[2]

1　参见https://www.itv.com。

2　吴畅畅：《浅议当前普通群众参与的（电视）真人秀节目的生存现状与发展趋势》，《新闻大学》2016年第4期，第52页。

　　《完美假期》第一次把欧美真人秀那种鼓励参与者暴露其人性阴暗面的实验特质赤裸裸地展示在观众面前，引发了舆论热议。一位网名叫做"汪午"的市民于当年8月26日在湖南省官方网站"红网"《百姓呼声》栏目上写了一封题为《致湖南经视总编辑——关于〈完美假期〉》的公开信，他愤怒地控诉："贵台的《完美假期》播出后，社会舆论一片哗然。可你们却充耳不闻，仍在自鸣得意，以为是创举。请你们别忘了，你们手中掌管的是国家巨额投资的宣传媒体，除了要宣传国家的方针政策之外，还要给人民以艺术享受和提高人民的审美水平。社会中的不同群体，既需要阳春白雪，也需要下里巴人。可你们这个《完美假期》算是什么？你们宣传的是什么情趣？如此低俗、浅薄，无病呻吟。这和时尚、奋进、开拓、健康完全风马牛不相及。"[1]这封观众来信大致反映出了当时湖南观众对于这个新节目的排斥和厌恶情绪。由于反对的声音很高，也引起了管理部门的重视，在播出30期后，这档计划"原汁原味"模仿西方真人秀的节目被迫停播。虽然节目的制片人龙丹妮将节目关停的缘由归结为自己的"先锋"和"大胆"，并于2015年8月联合芒果TV重新制作播出，但仍然引起极大争议。[2]

　　2010年1月，江苏卫视的相亲真人秀《非诚勿扰》节目开播，一位名叫马诺的北京籍女青年在一期节目中抛出了"我宁愿坐在宝马车里哭，也不愿坐在自行车上笑"的"金

1　参见https://people.rednet.cn/front/messages/detail?id=5187。

2　徐瑞青：《电视文化形态论兼议消费社会的文化逻辑》，中国社会科学出版社2007年版，第40页。

句"，掀起了全社会关于正确爱情观的大讨论。抛开社会舆论对节目道德层面的诟病，这类出人意料的戏剧性语言安排往往能够创造出戏剧性的场面，引发思考与争论，从而收获全社会的注意力。成为话题人物的马诺本人不但没有受到唾弃，反而赚足了人气，以其出位言论提升的"身价"而被多家演艺公司追签，尝到了迅速走红的滋味。[1]节目播出后，《人民日报》接连发表了以《相亲节目，谁在玩"火"》等为标题的评论予以抨击，特别是在6月22日的文章里，就媚俗影视作品、文学作品对社会的不良影响展开更进一步的采访调查，强烈批评这种"唯收视率"节目的低俗化。《光明日报》于次年8月再次以就当前文艺现象对话的形式，借文艺评论家曾庆瑞教授之口，呼吁电视节目不能为了制造戏剧效果而刻意怂恿参与者发布低俗、浅薄、大胆的言论，并指出"一个多元文化的格局中，我们不反对娱乐，也需要娱乐，可是娱乐并不应该是满足当下即刻的感官冲动，快乐愉悦也不应该成为第一原则"。[2]《非诚勿扰》所代表的娱乐化倾向并非个案，中国电视业在这一时期迎来了追求过度戏剧化的高潮，在这种创作思维的引领下，为博取观众的注意，现场突然"求婚""拜师""爆料"等各种低劣"策划"无所不用其极，在迎来"戏剧化"的狂潮的同时，也引起了全社会的普遍反感。

从电视真人秀的萌芽和成长的整个历程来看，戏剧化手法的广泛使用有其社会环境的培育和需求。这种戏剧化的发生、发展也是电视节目在其信息传递、情感沟通功能之外，

1　尹晓宇、任姗姗、黄筱：《相亲节目低俗化，当止！》，《人民日报》2010年6月22日。

2　李春利、赵宇：《"过度娱乐化"亟须匡正》，《光明日报》2011年8月8日。

强化其娱乐功能，成为娱乐消费产品的过程。消费时代大众文化的主体是一种娱乐流行文化，而电视娱乐节目正是特定社会风貌和文化价值选择在这种文化中的映射。电视真人秀节目作为娱乐消费文化和大众媒介"联姻"的一种典型文本形式，天然地契合了消费时代的需求，具有消费文化所具有的符号化、复制化、快感化等属性。同时，电视真人秀节目作为一种文化产品，秉持"收视率崇拜"的"眼球经济"规律，"以制造各种影像符号盛宴诱导大众消费为目标，从中寻求文化资本的利益最大化"[1]。我国电视界在学习、引入这类节目丰富了荧屏的同时，也未能逃离西方消费主义文化的影响。

第二节　真人秀戏剧性元素的功能与缺憾

电视出现在客厅中，宛如家庭中一个不可或缺的组成部分，不但传达着世界大事和街巷杂闻，也营造了"想象共同体"。即使到了今天，在移动网络媒体的打压之下，多数家庭布置新房还免不了留出电视机的摆放位置，可见它的存在对于一个家庭而言，早已超越了寻常电子电器的功能性意义。当然，也不乏精英人士在它的鼎盛时期就将它刻意遮挡、隐藏起来，以避免沾惹"俗气"。无论褒贬臧否，电视俨然成为现代社会里联系公共与私人领域的纽带和桥梁，它随着时代的变化不断进行着内涵、外延的更新。真人秀的崛起，就是电视跨越传播功能，适应社会思想潮流变化的一种

1　欧阳友权、刘谭明：《真人秀节目之于生活文本的消费逻辑》，《求是学刊》2017年第5期，第135页。

由内而外的表现形式。它的出现为经济发展中的我国社会提供了一个参与特定社会活动、在一定框架内充分自由表达的渠道。

古今中外，娱乐从来与国民的社会心理需求息息相关。但凡国民保有较多尊严的时代，娱乐场所的数量和样式便较多，而在管束繁缛严苛的环境下，这种需求便大体仅作为一种补偿反映在文艺作品之中——"社会生活中缺失什么样的美好图景，艺术就提供什么样的美好图景；人在社会生活中是怎样不如意，艺术就表现怎样的如意"[1]。在古代，这种作品无非"小说""传奇""志怪"等"妄诞之作"。以易中天先生的话来总结，这些作品中的"清官""明君"时代应该统统归属黑暗时代，是人们对于现实失望后的创作补偿。"以歌舞演故事"的传统戏曲是其中的典型代表，它将世间的"悲欢离合"进行理想化润色后的提炼与加工，成为落拓文人施展才华的最后港湾。譬如，在元代的高压政策下，关汉卿等汉族知识分子纵有满腹经纶，也只能编排市井故事维持生活，创作一些没文化的底层百姓也能够看得懂的剧目，其间"夹带私货"，将自己的真心话，假托剧中角色之口说出；又如，青年时期的海宁文士查良镛先生生逢乱世，失意于"江湖"，却在武侠文学领域开一代文风，无意间为当时面对各种欺侮、霸凌而不得不忍辱吞声的普通人提供了精神麻醉，从而大获成功，这正是"失之东隅，收之桑榆"的现实写照。曾有人对于这些从严肃文学角度看来"不入流"的"金大侠"们竟然能够有如此众多的拥趸而感到诧

1　王云：《消极补偿：中国特色的艺术观念和艺术实践》，载王云主编《欲采蘋花不自由》，上海百家出版社2009年版，第187页。

异，这是忽视了"武侠"背后民众对于"改变现实"的渴望。其实，诸如《燕丹子》等优秀的武侠作品之于读者不仅是跌宕的剧情、精彩的对决、奇幻的招式，更重要的是对于"善恶""正邪""美丑""爱恨""因果"等朴素价值观的实现和普及。这种情况与具有教化功能的《精忠记》《金印记》《二进宫》《鲛绡记》《十义记》《武家坡》《打金枝》《陈州粜米》《十五贯》《赵氏孤儿》等传统戏曲剧目相似。清朝中叶，"花雅之争"以及"折子戏"的流行，表面上是戏曲门类之争，其实也是因为文字狱兴起，思想管制趋紧，剧作家减少，那些形式上更热闹、内容上更"去文人化"、思想性上更有利于清廷统治的戏种或片段更适宜于存活。

影视作品的创作倾向正是这种文学与文艺补偿的影像版。在今天的荧屏上，经济落后地区亟待扶助脱贫，《绿水青山带笑颜》《最美的乡村》《山海情》等作品便应运而生；民众痛恨社会上的腐败现象，《黑洞》《扫黑》《国家公诉》《人民的名义》等反腐剧引发热播；普通人在职场、家庭、住房等方面的压力大，作为清宫版"杜拉拉升职记"的《延禧攻略》以及讲述婆媳关系的《双面胶》、反映年轻人扎根大城市为"安居乐业"而努力的《蜗居》《浮沉》《安家》《奋斗》《北京爱情故事》《我的青春谁做主》等作品便广受欢迎；疫情期间"年味儿"变淡，不少家庭难以团聚，除了《在一起》等应景之作，呼唤亲情的《你好，李焕英》等轻喜剧广受欢迎，即便是临时改为线上放映的平庸之作《囧妈》也成为人们打发隔离生活的一味不错的调剂品。从影视创作的发展史来看，"艺术反映生活"是文艺创作的重要规律。不同的历史时期，就有不同的影视作品或鼓舞人心，或启发民智，或针砭时弊，即便仅仅疏浚家庭矛盾、情感郁结，也大受欢迎，成为建设健康社会的重要推手。

相对于停留于艺术虚构层面的影视作品，电视真人秀的"真实记录"对于观众来说具有更强的生活质感和时空真实感，它兼具了电视文化的教育功能、娱乐功能、艺术补偿功能，也是电视用户在社会活动中实现情绪价值满足的重要途径。然而，正如我国在改革开放过程中接受西方文化冲击所带来的阵痛与快感并存，电视节目在模仿、跟随外来文化的过程中不断"探底"，成为社会文化生活发展与变化的一面"镜子"，真人秀是其中的代表节目类型。

"真人秀"在我国社会的"水土不服"，从一开始就通过"拟真"的尺度与"价值观冲突"的接受度以及体制的冲撞表现出来，主要体现在以下几个方面。

一、戏剧化的真人秀放大了"言行不一"等人性缺陷，为"窥私欲"的泛滥推波助澜，与我国倡导的社会道德风尚相悖。这一点在2015年播出的新版《完美假期》里表现得非常明显。"节目组通过对16位房客的日常生活中隐私和奇观的展示来满足受众窥视的快感，《完美假期》已成为观众窥视他人的窗口，房客们的衣食住行、情感生活、个人隐私等大量属于私人情境的内容通过屏幕展示给观众，堂而皇之地成为公众视野中合法的窥视对象。节目对观众窥视快感的满足，是通过揭示房客们日常生活中被隐藏和被遮蔽的场景、个人生活中的隐私和行为来实现的。这种原本私密的生活内容通过127个镜头暴露在众目睽睽之下，通过展示人生活交往中私密的一面来满足观众的窥视欲，从而获得高收视率和商业利润，这实际上是在兜售各位房客私生活的隐秘。"[1]根据社会学原理，人的社会行为遵循一种"有利原则"，也就是首先选择保护自己，而这种原则有时会和"求真"产生矛盾。特别是对于成年人而言，坦陈真实的观点容易增加生存的阻力，隐藏自己的观点则有利于保护自己。这和动物界的"贝茨氏拟态"[2]相似，是一种生存竞争的结果。因此，人类要做到"知行合一"是一件很难的事。特别在我国，老一辈的箴言是"做得说不得""闷声发大财"，历史上甚至有"声东击西""尔虞我诈"这种不甚光彩的记载。这种言行分道而驰的行为习惯被当作"东方智慧"的组成部分。"真人秀"恰恰是一种把每一个参与者的一言一行都放到屏幕上供人仔细玩味、认真推敲的号称"公开竞争"的形式，而生活的诸多细节是经不起这种放大镜式的大众审核的。生活里从来就不缺乏职场倾轧、友朋反目、始乱终弃、阳奉阴违这些所谓"负能量"的桥段，它们也正是编剧们创作的素材来源。即便是古装剧、年代戏、科幻电影，也往往借用时代背景的迁移、模糊来实现对受众所处时代的思想隐喻和心理投射。有人笑谈，身着古装的《延禧攻略》看着是清宫戏，却俨然是"霸道总裁爱上我"窠臼下的《杜拉拉升职记》，这讽刺的就是这种创作模式。但这些社会黑暗面不是以"戏说"的面目作为"故事"登堂入室，而是以"拟真"的姿态让人混淆了"真"与"假"的边界，同样尺度，甚至更小尺度的"内容"便容易让人感到难以接受。从这个

---

1 杜婵：《全景直播真人秀节目〈完美假期〉的反思——基于文化批评视角》，《现代视听》2016年第5期，第50页。

2 1862年，英国博物学家H. W. 贝茨首次以假警戒色假说解释昆虫界的模拟行为，这种生物的伪装现象就被称作贝茨氏拟态。

角度来说，《阁楼故事》的制作团队将西方社会尚且不能完全接受的大尺度展示人性黑暗面的节目原汁原味地引进到了国内的电视荧屏上，能够播出30期已然是奇迹。

二、这种以曝露隐私为交换条件赢得"一夜成名"的做法，虽然具有强烈的戏剧性，却有悖于我们的传统价值观。在大多数国民的认知中，我们的"东方文化"倡导"向内"，这种个体的"向内"历久弥坚，演变成民族性的整体"内向"，表现为整个社会排斥外向展示。但一个长期崇尚"君子敏于行而讷于言"的社会，很难进行创新性的探索。那种敢于"合纵连横"以弱敌强，生活中勇于"毛遂自荐"，文化领域百家争鸣的状况大多出现在缺乏外力约束的"分裂时期"，并互为因果。然而，正所谓人无完人，这些"君子"未必事事经得住考验，每个人都有自己或大或小的缺陷。也正因为这一点，演员在表演中塑造角色的时候，才会不断地去寻找这些角色的另一面，如英雄人物的怯懦、奸佞小人的痴情等，只有如此，这个角色才"立体"，像是个活生生的"人"，这也是体现在一个人身上的"戏剧性"。同理，真人秀节目的参与者们都是有缺点的"平凡人"，并不能坚持以"君子"的一面展示自己，在无时无刻不在的摄像机镜头前常常把"不良"的一面曝了光，虽然容易被人诟病，但只有如此节目才能在参与者的行动中找到相左的力量，形成戏剧张力。然而，在节目制作竞争日趋激烈之后，这种"挖掘"开始走上歪路，以人物的负面表现为噱头，违背了戏剧冲突营造的初衷。在我国真人秀史上具有里程碑意义的节目《完美假期》就曾经以"揭开人性伪装"的口号，行捕风捉影之实，通过剪辑手段放大人性的阴暗面，节目中呈现的人物负面细节并非人物生活中的常态，而是"编剧团队"的"建构"。近年来，在主管部门和观众的监督与要求下，那些易于暴露出人性缺陷，不符合我国优良传统展示的，不利于"主旋律"的弘扬和"社会主义价值观"呈现的节目有所减少，但净化荧屏的同时也削弱了节目的深刻程度，如何达到正面示范与深刻挖掘相统一，是一个值得探索的课题。

三、长期的集体主义教育与西方自由主义的个体展示相悖。参加真人秀的选手在事实上成为一种"参照群体"。按照美国社会学家赫伯特·H.海曼的说法，参照群体有两种功能，即规范功能和比较功能。在我国，从来以重视"榜样的力量"来实现这种"规范功能"。从新闻到综艺，大众媒体一直以正面典型或者被拍摄者的正面形象作为曝光着眼点，而这与真人秀的参与者"个体反差"存在矛盾。在节目的进行过程中，只有每个参与者在容貌、性格、爱好、专长、身体素质、社会地位、行为习惯等方面存在显著反差，才更容易出现"对比"，从而产生矛盾冲突。在网络媒体出现之前，不少年轻观众已经对"不允许有纰漏"的严肃节目逐渐产生了逆反心理；在网络媒体普及之后，不时制作解构这些官方媒体影像权威的"穿帮集锦"，甚至花费一定精力使用"鬼畜""局部放大""箭头强调"等特效和后期包装。这种表现反过来引起了电视制作者的注意，他们在娱乐节目中刻意迎合年轻人的这种喜好，以彰显节目的自由与包容。有时候，这种按部就班的节目和张扬个性的节目在同一家电视媒体中先后出现，也会让人"转不过弯来"。作为我国最早的播音员之一的赵忠祥就是在退休以后出现在《舞林大会》等各个综艺节目里"耍宝"，特别是在天津卫视的《王者归来》

真人秀里跳起了迈克尔·杰克逊的舞蹈，让"看他的播报成长起来的几代人"都感觉难以接受。然而，正是这样的形象"反差"形成了节目中强烈的戏剧性，获得了全社会的高度关注，拉高了节目的收视率。其实，对于一位一辈子扮演了单一人物形象，成为他人"喉舌"的七十多岁的老人来说，没什么比能够率真地"从心所欲"，说真心想说的话，做真心想做的事，来一次"老夫聊发少年狂"的率性而为，更对得起自己的人生了。

　　四、目标定位的游移造成节目制作理念的撕裂。其实，我国各级电视台的最初定位是非常明确的，就是要"发挥联系人民群众的桥梁和纽带作用"。作为大众传媒，电视台天然承载教育民众的职责。在古代，民间的"善恶观"来自知识分子的"教化"。譬如，传统戏曲教会了目不识丁的底层百姓"糟糠之妻不下堂""抬头三尺有神明""善有善报恶有恶报"等朴素的价值观，而这些思想的来源，正是知识分子寄身市井之际的文艺创作。在当代，这种"三观"的传递除了以家庭为单位的代代口传身授，学校里教师的言传身教，最重要的恐怕就是文化精英通过电视等这些大众传媒进行的普及教育了。然而，事业单位改革使电视台逐步"企业化"：新闻部门以提供新闻等对大众有教益，能够提高国民素质的公共文化产品为目标；综艺、体育等部门则"制播分离"，以市场规律为准绳，以"美国式"的商业精神把观众当作"消费者"来"满足"。以真人秀为例，不少电视台在综艺类频道因迎合"暗战""倾轧""偷窥"等人性之恶制造收视狂欢的同时，新闻类频道在宣传"团结""友爱""奉献"等"正能量"，不但造成"台格"分裂，也彻底拥抱了本不为知识精英阶层所齿的"大众文化"。当然，在网络媒体不断蚕食传统媒体的时代背景下，逐步告别了稳居"体制内"吃预算这种"好日子"的电视台的境况更是雪上加霜，不得不有限度地迎合观众的喜好，这也是无奈之举。在"创收求生存"与"当好喉舌"之间徘徊的各家卫视在制造"一夜成名"等急功近利的"神话"的同时，在一部分观众的愈来愈强烈的抗议下，特别是面临管理部门的批评和处罚的威慑下，转向制作了一些展示"岁月静好"内容的节目，但达到理想效果的凤毛麟角。

根据中国广视索福瑞（CSM）的统计，湖南卫视、江苏卫视、浙江卫视、北京卫视、东方卫视这五家卫视制作的真人秀节目几乎占据了2014年省级卫视自制晚间节目排行榜的前50名。这些节目虽然在各个卫视宣传推广中的归类和划分各不相同，但是从其题材和类型看，均采取了侧重商业化运营的运营模式。这种身份与职能上的错位不断造成制作过程中的纠结。更危险的是，在网络媒体对传统媒体形成碾压式优势的今天，许多广告机构和商业客户并非出于真正的商业目的继续在电视台进行广告投放，而是基于电视台的"国家队"身份的可信度，甚至是为了在"出事的时候"能够进行有效"公关"——电视台毕竟会对自己的"衣食父母"投鼠忌器，这就出现了自身的定位撕裂。在公共电视台与商业电视台剥离的欧洲，这两类电视台的目标非常明确，就是公共电视台要做好公共服务，商业电视台要做好"商品提供"，值得借鉴。当然，度过了野蛮生长期后，这几年的节目策划人员已经进行了一些有效的尝试。譬如，改变"竞争"的定义，不以简单的输赢论英雄，更多地考虑社会公义和道德评判，倡导勇做强者的同时也要起到先锋模范作用，鼓励扶贫帮困，展示真挚友情。"一些游戏节目对规则进行调整，允许挑战者将自己的积分进行转移，对最弱环节的挑战者进行人道救援。为了比赛的客观公正性，积分转移后，曾获转移积分的挑战者，其总积分中相应扣除所转移部分。在这样的对抗中不只是强者才能胜出，弱者也有机会。"[1]弱者如果品行、道德表现出众，人际关系处理良好，也可能成为赢家。这样的规则设置不仅更符合中国传统伦理道德标准，更契合观众的欣赏心理，而且让游戏有了更多的悬念。

五、由于知识产权保护意识淡薄与法律法规的滞后，我国的电视业经历了"拷贝不走样"的野蛮生长阶段，不但造成了内容重复和资源浪费，也打击了原创作品的积极性，不利于行业的健康发展。在改革开放之初，我国企业曾经大量"模仿"国外优秀产品、知名品牌，比较著名的如"温州假鞋"事件。1987年，杭州市下城区（现属拱墅区）工商局将查获的五千余双温州劣质鞋当众付之一炬，对温州政商界产生极大震撼，温州从此开始整顿企业，整饬市场，十余年后终于摘掉了"假冒伪劣"的帽子，一跃成为真正的"鞋都"。温州鞋商的故事是我国许多行业的缩影。在广播电视电影领域，认为"窃书不算偷"的"盗版"思想迄今不能彻底清除。即便在电视业发展已臻高峰的20世纪90年代末，中央电视台、湖南电视台等具有一定号召力的大型电视台策划的节目一旦走红，立马就会有题材与之高度相似的节目出现在各地各级电视台的荧屏之上。以相亲类节目为例，高

1　方方：《解析国内的"真人秀"——兼评〈生存大挑战〉节目》，《中国广播电视学刊》2004年第3期，第59页。

度雷同的可以列出《相约星期六》《非诚勿扰》《非常完美》《转角遇到爱》《我们约会吧》《百里挑一》等一串名字。毋庸讳言，国际上对于电视节目的保护遵从"二分法"，即保护形式而不保护思想，我国的《著作权法》也沿用了这个思路，但在实际操作中很难判断和落到实处。比较典型的案例是第一个购买了国外版权的《梦想成真》节目，因为"无法可依"，竟然无法申请专利及版权保护。

2012年7月，伴随着第一季《中国好声音》的开机，将它的原版 *The Voice* 引进中国的IPCN（International Program Content Network）国际传媒模式中介代表杨媛草女士与各家电视制作机构的歌唱类真人秀的版权之争也同步开启，甚至出现了与合作方灿星传媒发生龃龉、对簿公堂的插曲。自2012年以来，我国的海外电视综艺迎来了版权交易的"美好时代"，仅当年引自国外的综艺节目就多达30档。尤其夸张的是，有近十家卫视推出了同质化严重的音乐真人秀节目，其中四家启用了海外正版 *The Voice* 的创意点——"盲听转椅"。"一方面，明星和学院资源告急，一方面，节目模式的卖点正被提前消费。"[1]此外，在真人秀节目录制过程中不断暴露出来的诸如"医疗保障不到位"引起的艺人猝死、为吸引眼球不顾道德底线的"下跪事件"、"宁愿坐在宝马车里哭，也不愿坐在自行车上笑"的价值观扭曲等，也暴露了我国相关法律法规不完善以及行业操守准则的缺失。

"罗马不是一天建成的"，西方发达国家在电视版权保护方面的实践也并非一蹴而就。1990年，英国试图通过

1　史学东：《电视大片的真相——解码〈中国好声音〉&〈中国达人秀〉》，东方出版中心2013年版，第5页。

《1990年广播电视法》（*Broadcasting Act 1990*）修订草案就曾经遭到失败。1994年，英国工商部正式提议将电视节目模板作为文学作品的一种归入知识产权保护体系。2000年，国际电视节目模板认证和保护协会（FRAPA）在法国戛纳成立，它建立了全球电视节目模板数据库和行业标准，推广电视节目模板的开发与使用，获得了多数西方国家的认可。在我国，电视台由于"公有"身份，不是真正意义上的市场主体，造成在法律上不适用《反不正当竞争法》等法律法规，如何按国际通行规则建立一个公平、公开、平稳、有序的节目市场，任重而道远。

六、较之普通综艺节目，引进版权的真人秀节目更需要进行恰当的本土化改造。电视版权模式是文化产品高度工业化后的生产形式。世界各地自然条件、政治经济、法律法规、民俗民风有差异，需要产品进行适应当地情况的产品转化，电视节目不能"水土不服"。海外节目的"落地"一方面仰赖于相对完备的商业环境，另一方面又要依靠各个制作环节的专业化合作。"中国电视综艺节目，尤其是真人秀这种模式的引进，体现了电视行业经营理念上的转变，也是中国电视人学习国外先进制作经验，推动中国电视节目向工业化生产和商业化运营阶段转变的手段。"[1]眼下，我国的海外版权节目游移于两个极端：一是购买相关版权，对参与者、节目场景、整体文宣包装等进行较少必要的本土化修改，如《中国达人秀》就是原汁原味引进了英国独立电视台的 *Britain's Got Talent*（《英国达人秀》）；二是直接抄袭，如

---

1 张立峰：《论电视节目模板的法律保护机制》，《九江学院学报（社会科学版）》2018年第3期，第126页。

浙江卫视的《人生第一次》与湖南电视台的《爸爸去哪儿》就高度雷同，但究竟哪家拥有韩国MBC电视台原版节目的版权，观众心知肚明。这种赤裸裸的"致敬"在20世纪90年代也许会被观众认为模仿得"到位"，但在2012年开始的版权纠纷之后，经过媒体的广泛报道，电视版权意识也得到普及，反过来对节目方产生影响，这是一个进步。虽然纠纷不断，2013年可谓版权引进年，全国节目版权费支出占国内节目制作经费的将近五分之一，但存活率不到十分之一。究其缘由，还是在于本土化改造不得当，要么"伤筋动骨"改变了关键细节，破坏了原作设计的戏剧性要素，要么照抄作业，把违背我国公序良俗的糟粕一并抄了。如何在保留节目"灵魂"和关键环节的基础上，按照当地社会的法律环境、宗教土壤、文化审美、生活习惯等进行必要的修改，使其成为建构有我国特色的社会主义健康文化的有机组成部分，是各家电视机构的一个越来越紧迫的课题。

七、部分节目游走在低俗、情色的边缘。大众媒体总是通过满足人们的某种心理预期来获得传播效果。特别是电视综艺类节目，可以通过游戏、竞技、访谈、歌舞、婚恋等形式对现实生活中的不如意给予弥补，特别是对人类的各种欲望进行弥补，使观众得到某种心理满足。婚恋真人秀就是针对观众和参与者制作的一种性心理驱动下的社交满足。譬如，《非诚勿扰》获得极高关注之后，各地卫视纷纷策划、复制相似节目。在巨大的竞争压力下，各家制作单位大量招募社会上的临时演员参与节目，不但使用虚假身份，支付可观的"出场费"，更为她们设计能够引起轰动的台词，试探道德空间的底线，对社会风气起到了极大的破坏作用。法国哲学家鲍德里亚（Jean Baudrillard）曾提出："后现代媒体社会围绕着一条'淫秽法则'来运转，这条法则可以解释不受管束的商业社会中文化产品招徕顾客的手段，在公共领域一般是性隐喻，而在私域往往是色情信息。"[1]以平面出版物为例，"根据美国联邦政府出版总局统计，即便在纸媒低迷的今天，美国登记注册色情刊物或成人刊物也有大约超过2 000种，这些刊物的每期发行总额可高达2亿多册之多，每个月的营业额也可达3亿多美元"[2]。相对于精英掌握话语权的平面媒体，电视作为大众娱乐载体具有更多的娱乐特性，呈现为对崇高的消解和价值的怀疑。这种由影像所带来的"祛魅"给个体带来释放束缚的快感。在电视存在的大多数生活场景里，人们并不乐于或热衷于思考，如《娱乐至死》的作者尼尔·波兹曼（Neil Postman）所提出的，电视传媒的娱乐特性决定了非娱乐性的信息不得不在"声光影电"方面包装自己，最终导致这些信息具有越来越多的作秀成分，在真正的内涵上缩水。

　　这种思维浅层化的外在表象之一是"人设化"。表面上看，"人设"是艺术创作中的人物设定的简称，是一个中性词，但在真人秀的录制过程中，参与者被"标签化"，甚至节目为了体现这个人的特征去"刻意创作"一些台词、行动、事件，这就容易模糊真人秀与影视产品的界限，带来"下沉式"的不良影响。如今，在于真人秀节目、肥皂剧、《王者荣耀》游戏、迪士尼主题乐园等现代文化产品熏陶下成长起来的年轻一代的语言体系里，已经充斥着"禁欲系男

1　杜晓红：《电视文化中的"快感"问题研究》，苏州大学博士学位论文，2011年，第70页。
2　鲍玉珩：《性文化学研究——性与媒体》，《中国性科学》2016年第2期，第159页。

神""高冷的贵族少年""霸道总裁""阳光小奶狗""温柔学长""招黑体质"等浅薄称谓，这种"简单粗暴"的所谓"人设"不但对社会风气的良性发展起到了负面作用，也对拜金主义和消费主义推波助澜。它正体现了德国当代哲学家尤尔根·哈贝马斯（Jürgen Habermas）所批判的大众传媒被商业化操控的担忧。

八、真人秀参与者经常用出格言行吸引注意力，为社会上的不良风气推波助澜。电视普及后，将资讯供求模式化、文化交流产品化、日常生活娱乐化，不但占据了观众大量的业余时间，也容易产生"导向绑架"。根据替代理论，这种对生存时间的"霸占"所形成的"威权"，为电视内容传递到客厅、眼前、脑海，提供了可能。[1] 快捷、高效的"影音灌输"代替了缓慢、安静的阅读，压缩了观众的思考空间，剥夺了他们的思考能力。网络新媒体取代电视的霸主地位后，手机等新媒体以其不必受限于空间和时间的束缚而获得青睐。但电视作为"半官方发布机构"仍然保持着优于网络媒体的这种"威权"。特别是作为电视节目新宠的真人秀，裹挟了新兴媒体的技术优势和电视媒体的传统权威性，具有强势传播能力，使其成为一个能把"素人"包装为"红人"的"造星工厂"。即便是原先已经成名的人物，也热衷于通过真人秀来"梅开二度"或"保持关注度"，甚至能够令有负面新闻或者本已淡出观众视野的"咸鱼""翻身"。

演艺界人士通过强势媒体参加当红节目扩大知名度本身无可非议，但这种维持"曝光"的具体措施往往利用的是

---

1 马相彬：《权威理论视野下"威权媒体"的媒介属性与权威特性》，《西部学刊》2016年第7期，第31页。

人性的弱点，比如以出格的言行和"低俗化"的内容博人眼球。2011年6月，石家庄电视台第三频道与社会机构合作摄制的《情感密码》节目播出了《我给儿子当孙子》，片子雇佣非专业演员扮演侮辱亲生老父亲的不孝子，造成极坏的社会影响；2012年11月，江苏教育电视台的《棒棒棒》播出了"三观"不正的"干露露母女"辱骂现场观众和工作人员的污言秽语，并且不作任何后期处理，引发了观众的投诉热潮，被广电总局责令停播。尤其是近年来出现了以"追星"为目标的"饭圈"[1]文化，使一部分年轻人在最适合学习、富有创造力的年龄成为缺乏理想和追求的"粉丝"[2]。在这种以偶像言行为圭臬的浮躁环境下，是非被漠视，正邪被模糊，甚至出现了粉丝团聚众闹事等恶性抗法事件。随着一系列艺人失德事件发酵，一部分"饭圈"成员违规违法，演艺行业出现一系列歪风邪气，并且愈演愈烈。2015年7月22日，国家广电总局出台《关于加强真人秀节目管理的通知》，要求各大电视机构及网络媒体制作的真人秀要努力转型升级，丰富思想内涵，弘扬真善美，传递正能量，实现积极的教育作用和社会意义。2021年8月25日，网络媒体"爱奇艺"第一个发布通告取消偶像选秀节目。两天后，中央网信办公布《关于进一步加强"饭圈"乱象治理的通知》，提出取消明星艺人榜单、优化调整排行规则、严管明星经纪公司等十项措施。数日后，国家广电总局再次发布通知，要求进一步加强文艺节目及其人员管理，从严整治艺人违法失德、"饭

1　指"fans"圈子的意思，是形成分工明确的组织形态的粉丝群体。

2　英文"fans"的音译，指追星族。

圈"乱象等问题。[1]至此，真人秀行业的乱象得到了一定的约束和治理。

真人秀作为一种电视娱乐节目类型，必然受到相关道德法规的制约，承担相应的社会义务。它赖以生存的平台的媒体属性及自身"真实性"的标签，决定了它具有一定的新闻功能和道德担当。以德国文艺批评家瓦尔特·本雅明（Walter Bendix Schoenflies Benjamin）的观点来说，一个真人秀节目不仅要宣扬利国、利家、利人的价值观，还要承担起相应的社会责任，如宣传环保知识、参加公益活动、传承传统文化等。在这方面，有一些节目的做法值得借鉴。《极限挑战》第二季的最后一期，极限兄弟和其他艺人一起举办了一场公益联欢会，使得明星们暂时放下偶像光环，与观众互动，拉近了他们和普通人的距离。更为重要的是，他们还发起了公益捐书活动，募捐到几万本书，全部献给灾区。《我们穿越吧》以宣传历史文化为核心理念，带着观众了解了唐朝"丝绸之路"、北宋《清明上河图》、南宋书院、明朝"郑义门"、清朝"晋商票号"等，涉及古代经济、文化、艺术、哲学诸多方面，起到了很好的宣传传统文化的效果。[2]还有芒果TV于2021年7月开始推出的婚姻纪实观察真人秀《再见爱人》，以章贺与郭柯宇、魏巍与佟晨洁、王秋雨与朱雅琼这三对有一定社会知名度但正面临感情危机的夫妇作为样本进行为期18天的旅行拍摄，撕开了现实生活中

---

1 广电办发（2021）267号《国家广播电视总局办公厅关于进一步加强文艺节目及其人员管理的通知》2021年9月2日文件。

2 王梓瑜：《电视真人秀节目发展现状及文化价值观探讨》，《三峡大学学报（人文社会科学版）》2017年第6期，第155页。

婚姻的遮羞布，也从正面引发了现代人如何对待婚姻、家庭的探讨，使其成为一次环境控制有效、变量设置可控、因果关系可观察的社会学实验，较之电视剧更写实、深入，较之访谈节目更细腻、直观，摆脱了停留在低级趣味层面的"偷窥"，具有可贵的现实借鉴意义，是一种有益的尝试。

第二章

电视真人秀的戏剧性特征

中央戏剧学院的谭霈生教授曾提出:"'戏剧性'一词已经远远超出戏剧创作的领域,渗入其他的艺术样式及生活的各个角落。"[1]上海戏剧学院的濮波博士建议把戏剧性分成狭义和广义,他认为:"狭义的戏剧性指仅仅在戏剧文本或者舞台衍生出来的戏剧性,广义的则指一种包括所有在文本、舞台、时间、空间出现的戏剧性。"[2]这就把"戏剧性"的应用范围拓展到了戏剧以外的多种艺术形式,符合现实生活中戏剧性的应用情况。

事实上,就国内而言,不仅是综艺节目,新闻类的纪录片也很早就在叙事上寻求戏剧性,在不违背真实性的前提下,有效提高可看度。20世纪90年代,随着杂志型节目的兴起,把新闻故事"娓娓道来"成为各家电视台争相模仿的制作模式。直到今天,"说新闻"还是各级电视新闻节目中比较受欢迎的节目类型,特别是以知名学者、记者、演员作为"讲述人"的节目,在地方电视台拥有较大的影响力,成为中小型电视台可以与央视或各大卫视"叫板"的差异化特色,开启了口语传播的"黄金时代"。

---

1 谭霈生:《论戏剧性》,北京大学出版社2009年版,第5页。

2 濮波:《对戏剧性的再认识》,《文化艺术研究》2009年第2期,第119页。

2009年2月，北京电视台开播了一档由演员主持的文献纪录片栏目《档案》。在这个节目中，在高光比影视光的造型下，石凉等专业演员如同舞台演出中的"单白、独白"一般讲述故事，节目按照剧情准备相应的服装、化妆、配饰、小道具、器物等，再加上恰到好处的音乐音效烘托气氛，丰富的影像资料信手拈来，把湮没在历史尘土中的往事娓娓道来，十分引人入胜。新闻纪实类节目尚且如此，遑论以剧情取胜的电视剧。电视真人秀作为"轻剧情"的电视节目，在形态上介于剧情类的影视剧和纪实类的纪录片之间。当我们揭开电视剧与电视真人秀在形态上巨大差异的面纱时，可以发现两者取得成功的诸多相似之处，譬如，对于人物命运的持续关注、竞赛结果的不确定性、事件发展的"意料之外，情理之中"等，而这些，正是"戏剧性元素"在发挥作用。笔者曾在拙作《戏剧化元素在电视真人秀中的嫁接》一文中总结到，电视真人秀节目是一种"被设计的真实化"的"戏剧呈现"。[1]

具体来说，在电视真人秀达到巅峰时期所表现出的强烈的戏剧性，具有角色分明、隐私公开、情境真实、规则严谨、悬念持续、竞争激烈、细节突出等显著特点。由于这些因素中的冲突与悬念、情境设置与缜密规则互为因果，本章节取其"内因"加以论述，分别为隐私公开"现在进行时"、极端冲突下的优胜劣汰、真实情境下的命运关注。创作过程中的外部可见因素如角色选择、规则设置、细节抓拍等，则放到下个章节的创作手段中详细阐述。

---

[1] 包磊：《戏剧化元素在电视真人秀中的嫁接》，《戏剧艺术》2013年第3期，第107页。

第一节　消费主义驱动下的隐私公开

　　电视真人秀的第一个戏剧性因素是"窥私"。在我国，"隐私"曾经是个有负面语义的词汇。以我国现代汉语词汇规范化的权威工具书《现代汉语词典》为参考，它在1983年发布的第2版《现代汉语词典》中，将"隐私"一词解释为"不可告人的坏事"，而到了2017年修订的第7版中，则被注释为"不愿告诉人的或不愿公开的个人的事"，从这一修正中可以看到我国社会对于隐私的观念转变："隐私"从一个贬义词变成了中性词。[1]当然，这一名词阐释的变化也反映了我国国际化进程的深化和人权意识的树立。

　　然而，国际化带来的不仅是观念的进步与更新，也带来一些"副产品"，譬如"商品化"。能够查到的第一次电视内容商品化是在1979年1月28日，上海电视台在这一天播出了我国的第一条电视广告——参桂养荣酒。1984年，辽宁小伙儿苗海忠在中央电视台唱出的那首"燕舞，燕舞，一曲歌来一片情"，随着电视媒体的传播，让"燕舞"牌收录机深入人心，拯救了盐城无线电这家小厂。此后，直白叫卖并且自卖自夸的"硬广告"越来越多地亮相荧屏，广告数量与日俱增，以至于让电视广告"摊位"显得"奇货可居"。1994年，中央电视台第一次举行了广告招标会，从此拉开了电视台坦然以广告盈利的序幕。在商品经济杠杆的撬动下，电视节目成为广告严重渗透的"重灾区"，这标志着广告商投放

1　明卫红：《隐私与偷窥的文化研究》，南京大学出版社2014年版，第8页。

吸引力的"收视率"成为电视节目制作的"万恶之源"。在资本经济思维的指挥棒下，"创收"成为各家电视台台长的重要工作。从1999年开始，国内的各家大型电视台模仿英国Commission模式[1]，开始尝试"制播分离"。

为了提高收视率，增加收入，电视节目不断试探"媒体道德"的边缘，从无意间侵犯隐私，逐渐尝试策划"售卖"参与者"不宜为外人道"的故事，使得播出方被推上"媒体道德"的风口浪尖，而真人秀的全程记录更成为曝光隐私、炮制话题、吸引用户的便利手段。

奥地利精神病医生西格蒙德·弗洛伊德（Sigmund Freud）认为："每个人的潜意识中都有偷窥他人的欲望。根据这些心理学家的研究表明，窥性是人性与生俱来的弱点，人类对隐私和性的兴趣一直存在且从未减弱过。在古代神话故事中，许多与偷窥相关，譬如'牛郎织女'的故事，还有古希腊的'阿克泰翁'的故事。"[2]然而在中外文学作品中，偷窥者的形象可就没有那么正面了。譬如《朱莉小姐》中专门偷听朱莉小姐说话并勾引她的男仆"让"，《鬼魂奏鸣曲》中的"亨梅尔"，以及《雷雨》中发现女主人偷情的鲁贵，都是由于这种行为引发祸端。与今天的"偷看女性沐浴"不同的是，传说中的牛郎通过偷窥赢得了爱情，这似乎也可以看作我国传统社会对于偷窥冲动的一种原谅和救赎。但有的偷窥就不但不能受到祝福，还遭到后人的奚落。譬如韩偓的这一首《咏浴》写道："再整鱼犀拢翠簪，解衣先觉冷森森。

1　电视播出机构将部分节目委托给独立制片人或独立制片公司来制作的模式。

2　杜翠敏：《神话中偷窥主题的比较——以希腊神话〈阿克泰翁〉和中国神话〈牛郎织女〉为例》，《温州大学学报（社会科学版）》2008年第5期，第37页。

教移兰烛频羞影，自试香汤更怕深。初似洗花难抑按，终忧沃雪不胜任。岂知侍女帘帷外，剩取君王几饼金。"它嘲讽的就是汉成帝刘骜偷窥赵飞燕、赵合德姐妹共浴，怕宫女报信、用金块贿赂的荒唐情形。可见，无论社会地位高低贵贱，无论神祇还是凡人，无论帝王还是平民，都可能发生"偷窥"这一行为。科技的发展助长了这一行为发生的便捷度和频率，电视的出现与发展就蕴含了这种人类欲望的元动力。

回顾电视诞生的历史，德国人保尔·尼普科夫（Paul Nipkow）在发明"Television"这种"看到远方的图像"的扫描圆盘之时，也有想给远方的亲人看到自己的想法，从今天的视角来看，这就是一种偷窥的工具。因此，在人类进入数字化时代后，无处不在的摄像头和移动通信工具让这种偷窥心理的外化日臻便利。"偷窥是以科学技术工具的胜利满足人类的好奇心，也是在以技术的便利麻木人类对社会不安的心灵，偷窥就像一种精神毒品，麻醉着人们，这是工具理性异化的表现。世界一体化和全球化的趋势，使人与人之间的联系更加紧密，个人空间也成了公共领域，'玻璃房子'成为现实。大众的窥私欲和暴露欲在当下愈演愈烈。"[1]尤其在文学方面，从印刷时代的小说到网络时代的博客，"性偷窥"起到了推波助澜的作用。1999年，卫慧的《上海宝贝》由春风出版社出版，这部小说以"探索"的名义进行了性隐私的"曝光"，引发广泛关注；2003年，在文学界出现了一个笔名叫做"木子美"的女性，把个人的性体验和性经历写就为《遗情书》，一夜成名；2005年，一位网名叫做"竹影

1　王飔濛：《数字化生存时代的集体偷窥与隐私消费》，《传媒观察》2020年第7期，第39页。

青瞳"的大学女教师把自己的裸照发到了个人博客，月点击量飙升到13万次；同年，一位网名为"流氓燕"的"天涯社区"女写手在网络社区挂出自己的裸照，访问量激增到运营商的服务器几乎瘫痪。

事实上，现代科技的许多重大创造并非源自美好良善的积极元素，而是"战争"与"偷懒"。冷战期间，美国出于应对"饱和核打击"的目的，于1952年成立了ARPA（Advanced Research Projects Agency）组织。1966年，被称为"ARPANET"的互联网项目成立，此后，这个客观世界中"人脑的延伸"工具，展现出了仿佛人类神经器官般的特质：传感器、摄像头、麦克风等设备对应人类的触觉、视觉、听觉等感官，博客、虚拟社区、朋友圈如同人类大脑中的一个个神经元，映射着人类的颅内思考和兴趣爱好。1992年，美国科幻作家斯蒂芬森（Neal Stephenson）通过小说《雪崩》提出的"元宇宙"（Metaverse），成为2021年大热的科技概念，在图形图像处理器及传输带宽、视音频采集精度不断更新迭代的辅助下，物质世界成为精神世界的"虚拟"正在逐渐变成"现实"。在这个过程中，科技成果不可避免地被转化为商业应用，譬如监控技术在电视真人秀节目中的广泛应用。

真人秀从诞生之初就意识到了"偷窥"隐私对于节目产生戏剧性的帮助。那些成功的大型真人秀节目通过场景设置把影视剧中虚构的隐私变成真实的画面，通过刻意的规则在竞争者中造成对立和冲突，又通过揭示时空背景、建构人物关系、开放式结尾等这些肥皂剧常用的手法使节目产生悬念，推动情节，充满波折，从而富有故事性。

在真人秀《老大哥》中，选手们不分男女必须共用卧室这一传统私密性最强的区域，私人空间成了一种特权，即只有每周赢得了"房主赛"的选手可以独享一间带有浴室的卧室。然而，即便是这个所谓的"房主"房间也有一面完全透明的玻璃墙，在这堵墙的两边，"房主"可以俯视客厅、餐厅等生活区域，而"房客"们也可以对"房主"的起居一览无余。[1]其实，"透明"的又岂止是一栋房子里的墙壁，在现代科技的辅助下，我们生活空间内的马路、街角、商店、超市、茶馆、餐厅、游乐场、公园等能够想到的区域都被无数高清摄像头监视着，每个人赖以工作、生活的通信工具、娱乐工具都在看不到的网络空间表明自身地址，甚至偷窥、偷录影音信息，以AI（人工智能）的方式推送广告、统计数据、寻找特定人群。每个人都享受科技带来的便利，又被这种"便利"反噬。

科学界对于这种科技所具有的"控制能力"保持了一定的警惕。1890年，美国著名学者沃伦（Samuel Warren）和布兰迪斯（Louis Brandeis）在《哈佛法学评论》发表了《论隐私权》（*The Right to Privacy*）一文，揭开了隐私权研究的序幕。2008年，美国摄制了一部叫做《鹰眼》（*Eagle Eye*）的惊悚片，讲述的就是人工智能僭越人类控制之后所引发的惊悚故事。虽然电影最后以科学界推测的"人类底线"——拔插头，获得了暂时的胜利，但在现实生活中如果发生类似的情况，"拔插头"未必能够解决问题，因为

---

1 吕琪：《真实的建构与消解——美国电视真人秀中的身体与社会》，四川大学出版社2016年版，第261页。

"病毒"的侵入可以瞬间"同化"所有联网的服务器。然而，出于维持治安等方面的需要，许多国家对这种存在安全隐患的行为并未实行严格有效的控制，人们也愿意让渡一部分的隐私权，以获取治安上的保障。

2018年3月26日，百度董事长兼CEO李彦宏在中国发展高层论坛上表示："中国人对隐私问题的态度更开放，也相对来说没那么敏感。如果他们可以用隐私换取便利、安全或者效率，在很多情况下，他们就愿意这么做。"[1]事实上，百度、新浪这些企业也从来不避讳它们肆无忌惮地侵入每一个人的个人空间，窥探隐私。他们不但根据用户的"私隐"行为"量身定制"广告信息，投其所好，造成知觉选择性，形成"晕轮效应"[2]，并将用户的资料以"大数据"的形式出售。2017年7月，阿里巴巴商业集团的缔造者马云在一次关于大数据的演讲中得意地表示，他知道全国各省女性胸部的数据，浙江省的最小，引发观众的哄笑。大家在哄笑之余并没有意识到的是，"李彦宏""马云"们知道的可不仅仅是女性胸部尺寸这样的"大数据"和"私隐数据"，他们没有直言的潜台词应该是"我知道你们的一切隐私"。这些观众更不知道的是，正是大众的"哄笑"，大众对于他人隐私的好奇，"马云""李彦宏"们才能够笑到最后，"站着把钱给赚了"。在这个"供需两旺"的市场中，每一个人都是消费者，每一个人也都是受害者。"这种不顾及用户隐私的消费主义文化，是20世纪后半叶西方消费社会研究的核心议题，强调商品世

1　参见https://www.guancha.cn/industry-science/2018_03_28_451755.shtml。

2　又称"成见效应""光圈效应""日晕效应"，是指在人际知觉中所形成的以点概面或以偏概全的主观印象。

界及其结构化原则在解释当代社会中的核心地位。"[1]随着我国经济的国际化发展与中西方文化的不断交融，这种文化对我国的社会生活产生了越来越大的影响，特别是负面影响。

"收视率挂帅"下的真人秀节目所乐此不疲的正是对这种社会状况的情境模拟。真人秀《老大哥》完美地再现了英国作家乔治·奥威尔（George Orwell）在他的"反乌托邦"小说《1984》中所描述的情形：一个全能全知的"老大哥"（Big Brother）监视着每个人的一举一动。无处不在的摄像机不停歇地直播纤毫细节，万里挑一的节目参与者们来自社会大众阶层和不同行业，他们中有酒吧服务生、驯马师、护士、学生、保安经理、消防员、演员、工程师等平凡而又"不平凡"的社会身份，迥异的个性、年龄、生活习惯、职业习惯在镜头前按照设定"充分碰撞"。节目如同一个浓缩了时空的社会模型，通过利诱、监控、恶作剧等手段，展现出人与人之间的摩擦、倾轧、排挤，极大地满足了荧屏前"窥私者"的欲望。人性之恶推动了真人秀的快速被模仿、普及。可以说，在缺乏外力干涉的环境里，真人秀的"隐私公开"永远是吸引观众的重要手段。2010年7月1日，我国新颁布实施的《侵权责任法》第2条中第一次出现了"隐私权"，是一个进步。然而，正所谓"道高一尺魔高一丈"，立法永远落后于那些对于法律边缘的试探，真人秀的"直播隐私"所带来的巨大心理刺激造就了其居高不下的收视表现。

当然，直播隐私带来的也不全是阴暗面。在程序员、专

---

1 ［英］迈克·费瑟斯通：《消费文化与后现代主义》，刘精明译，译林出版社2000年版，第123页。

职司机等需要消耗大量时间独立工作的人群中，不乏愿意以牺牲一部分隐私为代价换取"陪伴感"的案例。他们中有的人互相"直播"自己的工作状态，彼此"抱团取暖"，寻求心理上的慰藉；也有人在自己工作的方向盘旁、火车头上设置摄像头，供人观看，一路"同行"，成为"网红"；更有在我国疫情期间为赶工程进度出现的"云监工"现象，成为推动全社会齐心协力抵抗疫情的"正能量"；近两年来，在各家省级卫视推出较多的"慢综艺"类真人秀节目中，缓慢的叙事推进节奏几乎与真实生活的时间长度同步，也可以算作一种良性的"隐私直播"。

第二节　强烈戏剧冲突下的优胜劣汰

电视真人秀的第二个戏剧性因素是"冲突"。在戏剧创作中，冲突展现的是人与人之间、人与社会力量或自然力量之间的对抗和斗争，最难以展现也最能够引起共鸣的，或许是埋藏于这些表象之下的人们内心里的矛盾挣扎。当舞台上的演员将自己的痛苦纠结通过单白、独白告诉观众的时候，我们看到的是不同人格之间的较量，是人物内心隐秘、复杂、错乱而多变的情感世界与精神活动的集中展示。正因为如此，我们才能充分理解莎士比亚的那句"To be or not to be"的伟大之处。"戏剧性冲突"是戏剧的第一要求——从观众的心理上分析，人物之间的矛盾冲突和在冲突中展现的人物性格是戏剧的基本组成部分。高度个人化的矛盾冲突对于创作者本人来说是即使"天都塌下来了"，也未必能够引起观众兴趣的存在，因为不一定能让观众产生"于我心有戚戚焉"的同感。个人化的体验不能代表一般性的大众体验，许多"自传式"的作品不能获得成功往往就是在这个方面没能跳出个体经验。戏剧影视作品中的矛盾冲突具有"集中化"和"典型性"的特点，是普遍矛盾和遭遇经过提炼和加工之后，有一定代表性的案例。"在日常生活中，矛盾是永远存在的，但绝大多数矛盾可以在彼此之间的默契下不爆发，因为矛盾的爆发和表面化会破坏原有的人物关系，并且导致原有的生活秩序无法维持。"[1]"戏剧所展现的冲突不能是简单的肢体冲突或者是简单的意志冲突，而应该是带有人物最根本利益的冲突，冲突的原因一定是触碰到了人物最不能触碰的底线，而这样的冲突同时也不应该是轻易就能触发的，是人物反复隐忍之后，退到不可再退的情境之后的剧烈反弹，这样的冲突才具有吸引观众的强度和力度，才可能凸显冲突的内在价值。"[2]

电视真人秀所呈现的冲突，恰恰介于戏剧作品与生活原貌的中间态。它超出了生活中的冲突的烈度，但维持在"当众"不便于随意打破的尺度之内。相对于舞台上的戏剧冲突，它既有相同的冲突类型，譬如在冲突中展开积极的行动；也有一些媒体特性和真实记录所造成的独有形式，譬如将隐性的内心活动通过电视手段用画面传递给观众。具体来说，这些能够带来可见画面的戏剧性因素表现为行动冲突、过程冲突、结果冲突、心理冲突、情感冲突。其中，前面三项为人与他人及环境的冲突，后面两项为人的内心冲突。

---

1 李建平：《戏剧导演别论》，上海书店出版社2011年版，第85页。

2 李建平：《导演教学的"不变"与"变"》，《戏剧艺术》2016年第4期，第123页。

一、行动冲突

亚里士多德把戏剧的核心内容定义为"严肃、完整、有一定长度的行动"。"真人秀制作者们则发现，要想让自己的节目具有强烈的戏剧性，就必须让节目中的人物有一个贯穿始终的行动，而让其始终行动的一个又简单又有效的办法，就是交给他们一项任务。有了任务，真人秀中的人物有了行动的方向，真人秀节目也就紧跟着依次呈现。像所有的虚构戏剧一样，在真人秀的戏剧性结构中，也包括交代情境、展示人物、说明动机、表现行动、揭示冲突、引起悬念、走向高潮、告知结局等。"[1]

行动冲突论者认为，既然行动决定人物的成败，那么，剧中人物相互之间的冲突势必是行动的冲突。他们也在黑格尔那里找到了"依据"，这位辩证法大师在《美学》中曾说过戏剧情节就是"动作、反动作和矛盾的解决的一种本身完整的运动"之类的话，认为"能把个人的性格、思想和目的最清楚地表现出来的是动作，人的最深刻方面只有通过动作才见诸现实"。他们便把这里所说的动作与反动作看作行动的冲突。[2]

与戏剧创作的要点相似，真人秀的"剧情"也需要看得到的"动作"来体现。然而，戏剧中的情节推进依赖于编剧的虚构，这种创作是一个"逆向工程"的过程：先要确定讲一个什么故事，主人公是一个什么人，然后用一个事件来打破平衡，激发人物欲望——复仇、抢夺、追求、掩盖、偷

1　苗棣、王更新：《纪实话语与戏剧结构——电视真人秀的叙事特点》，《现代传播》2014年第11期，第79页。

2　孙祖平：《试论戏剧冲突的形态和方式》，《戏剧艺术》1981年第4期，第52页。

盗、保护、逃脱、追踪等，这才可以在这种欲望的驱使下，去与完成目标路途上的各种阻力相对抗，引发冲突，产生"动作"。可以说，这是一部作品的"主体部分"，当一个编剧设定了故事的这些要素，后面就可以由他自己或者"他的团队"找到能够与实现人物目标产生"对抗"的内外因素，最后才是按部就班地进一步细化故事里的人物、时间、地点及人物关系等。这也比较容易解释当一部优秀的作品问世之后，其他投资方和创作者会自觉或者不自觉地进行模仿，因为故事的主题和架构变得"有章可循"，于是市场上经常仿制出许多"同质化"的产品来。这些产品大多数必然是"东施效颦"，但如果打磨得当，也不乏超越前人的案例。

譬如，1933年的《金刚》（*King Kong*），以及1976年《金刚：传奇重生》（*King Kong*）都没有2005年在现代特效加持下的新拍版精彩；1938年的《卖花女》（*Pygmalion*）不如1964年由奥黛丽·赫本（Audrey Hepburn）主演的《窈窕淑女》（*My Fair Lady*）；1939年的《爱情事件》（*Love Affair*）和1957年的《金玉盟》（*An Affair to Remember*）是同一位导演莱奥·麦卡雷（Leo McCarey）的自我超越的尝试，可惜这两部作品都不如汤姆·汉克斯（Tom Hanks）主演的同一个故事版本的《西雅图未眠夜》（*Sleepless in Seattle*）；1974年版的意大利出品的《女人香》（*Profumo di donna*），被1992年阿尔·帕西诺（Al Pacino）主演的翻拍版《闻香识女人》（*Scent of a Woman*）超越。

这些故事无论成功与否，之所以可以被翻拍，是由于其中"不变"的部分——故事（旧瓶），而之所以拍摄水准不一，是因为其中的"变化"——冲突（新酒）被替换了，而"酒的味道"的优劣，决定了片子的受欢迎程度。因此，同样一个故事，可以有不同的冲突设置，叙事的重点发生改变后，观感迥然。在上述的这几部电影中，翻拍版除了在画面质量以及特效上胜过前作，从演员行动到叙事的推进节奏也助力不少。愈是缺乏"奇观"的影片，愈是要让人物积极行动起来，及早推出事件，从而让观众产生对于人物命运或事件结果的期待，获得积极的观影体验。

与纯粹的戏剧类作品不同，真人秀要求规则优先、人物优先。也就是说，真人秀的创作在编剧层面是应该被限制的。我国的电视业界在一开始雇佣编剧团队的时候甚至被怀疑像电视剧那样进行"编剧"是否合适，会不会"太假"。确实，如果完全照搬影视剧的生产流程，真人秀就失去了"真"这个"纪实"特征，因此，它的"秀"是一种量体裁衣式的策划和设计。同时，真人秀也比剧情类作品更依赖于人物行动对于"冲突"等元素的体现，因为剧情类作品在题材上可以直接表现斗殴、战争、阴谋诡计；在表现形式上可以加入旁白、独白、平行时空、叙事闪回等辅助手段，帮助观众了解人物内心的活动以及在人物行动中无法直接展示的部分。真人秀节目无法使用这种强烈"艺术化"的表现手段，至多加上"字幕"进行戏谑、说明、强调，不能进行深度干涉，于是作为艺术形式本体的电视节目的传媒平台特征就凸显了出来。为了增强节目的可看性，真人秀只能发挥电视拍摄的优势——跟拍，以增加人物的行动性，并通过行动来展示人物，产生冲突。真人秀设置行动冲突主要通过以下三种手段。

（一）制定任务。在美国的约会真人秀节目《恋爱达人》（*Age of Love*）中，约会的女性被分为"小猫组"和"母狮组"，网球名将马克·安东尼·菲利普西斯（Mark Philippoussis）的任务就是要先"攻克""母狮"们，然后征服"小猫"们。在完成任务的过程中，菲利普西斯势必会和每一位女性产生或亲密或憎恶或全然无感等各种人物关系，而观众正是通过这种全程不间断的拍摄满足了日常生活中难以窥得全貌的男女私密活动。"做任务"是一个幌子，通过完成任务所展示出来的迁就、错位、厌恶、钟情、言不由衷、喜新厌旧、党同伐异等人世间的"活动"才是目标所在。因此，所谓的"制订任务"制订的并非真正的任务，这个任务背后潜藏着真正的"任务"。在上海东方卫视制作的一期《极限挑战》中，"护卫队"和"追击队"收到的任务是"在1933密室和苏州路教堂里分别藏着有关'卧底'的线索"，要去找到它们。艺人谢娜本来约了演员孙红雷前往教堂寻找线索，却失信前往了密室。在那里，她遭遇了早已潜伏于此的"追击队"，也让"老A"孙红雷趁机在毫无妨碍之下毁掉了线索——镜子。与此同时，身处密室的演员黄渤则提前拿走了《无间道》海报。就这样，两个"卧底"无意中都去了藏有自己线索的地方，并破坏了任务。在这期节目中，观众对于这几位参与者的行动解读超过了对于"任务"本身的关注。从下面这张"百度贴吧"里的讨论截图可以看出，"任务"的设置已然成为引出话题的"幌子"，参与者的行动通过"完成任务"得到展示，从而发展剧情，并引发讨论，在节目以外的网络上开发出了新的"场域"，形成"台网联动"及"台网互动"。

之前王迅自己说过手机在三精手里，所以王迅手机传来消息不能确定卧底是谁。红雷并不知道谁是卧底，他不知道该信谁，所以他想在桥哪里自爆身份来引卧底动手，牺牲自己来暴露卧底。只是个人想法。

⚠举报　来自Android客户端　11楼　2016-06-21 19:25　收起回复

 枪非然: 不需要红雷太确定是谁，红雷应该知道黄磊他们比自己更擅长找卧底，他应该把有卧底这个信息传递给追击队，还有你说的牺牲自己暴露卧底更是扯了，他都没告诉黄磊他们有卧底，牺牲啥，结果确实自己被卧底干掉了，但暴露卧底了？

2016-6-21 19:41 回复

 飞扬好槳: 个人觉得 红雷哥是认为这是护卫队的下一步任务并且认为这个讯息是节目组发的。因为节目本身肯定有剪辑 所以中间的细节 观众是没法确定的。其他解释就是 要不就是节目设置的流程需要 最后总要发生一个遭遇战 要不就是他自己没反应过来对面有卧底 单纯的叫追击队过来一网打尽。

2016-6-21 22:15 回复

我也说一句

图2-1：观众在"百度贴吧"对《极限挑战》节目剧情的讨论[1]

（二）设置"意外"。在戏剧创作工作中，编剧要找到产生矛盾冲突的人或事，不论双方是缘于什么产生对立、对抗，这种对峙必须势均力敌，不能妥协，难以轻易得到解决，只有如此，人物才会保持行动的持续"动力"，吸引观众往下看，使他们希望得到事件或者争斗的结果。英国剧作家威廉·阿契尔（William Archer）曾在他的《剧作法》（*Play- Making: A Manual of Craftsmanship*）中提出，戏剧的实质是一种"激变"，戏剧的实质就是大大小小的激变的组合：一部戏（包括影视剧）就是在一个大的激变的推动下展开，每一场戏（电视剧里为每一集）又有小的激变发

1　参见https://tieba.baidu.com/p/4624267342。

生、发展。这种激变在真人秀的策划中有一个极大的障碍，就是真人秀的纪实性和社会效益要求这种"激变"不可以挑战人伦法律，而在戏剧影视作品中并没有这种顾忌，主人公可以是犯罪分子，故事情节可以是展示犯罪过程，譬如《偷天换日》（The Italian Job）。但真人秀作为非完全剧情化的电视产品，受到播出平台和法律法规的限制，要遵守"媒体道德"的底线。因此，在真人秀的"故事情节"里，这种打破平衡的手段往往被淡化为"意外"。

真人秀的"意外"可大可小，一般来说，以"小"取胜。参与者"偶遇"的一位游客或者"突发的"错过公交车事件都可以成为这种"意外"的"发动机"，但过于细小的事情不适合入选，因为它太小而不能称其为"事件"，只能够用来展示人物的性格。《南方周末》在2010年10月20日版上报道了《英国达人秀》选手"苏珊大妈"这样的一个小插曲——她在直播镜头里啃苹果是节目组脚本设计的结果，因为以她的性格脾气，如果身边恰好有苹果，一定会毫不犹豫地拿起来就吃，工作人员就刻意为她准备了一只苹果，她也如导演所愿，旁若无人地完成了这个习惯性的行为。然而，直至《电视大片的真相——解码〈中国好声音〉&〈中国达人秀〉》一书的作者史学东女士向《中国达人秀》的英国版权方代表谭欣求证时，才厘清原来节目组并没有刻意准备苹果，只是在"前采"[1]时恰好抓到了苏珊大妈啃苹果的镜头，将它剪进了节目画面。[2]这个说法比较可信，因为以一般节目录制前现场的忙

---

1 正式录制节目前录制的一些观众、嘉宾画面，有时也会进行采访。

2 史学东：《电视大片的真相——解码〈中国好声音〉&〈中国达人秀〉》，东方出版中心2013年版，第113页。

碌状态来看，刻意地准备一个"漫不经心"遗留下来的苹果是很困难的事，苹果很容易被称职的清洁人员打扫掉，或者被来来往往找座位的现场观众挪开。但无论如何，以苏珊大妈的性格，如果做一个类似的"圈套"，应该是可行的。这个"以讹传讹"的说法之所以被广泛采信，除了它出自《南方周末》这份严肃报刊的深度报道以外，也有其具备合理性的缘故。

（三）制造对立。传统的电视节目以正面导向为主。以新闻节目为例，即便是批评类报道，其目标也是激浊扬清，维护社会的公平正义，以达到维护稳定和谐的效果。在世界各国，电视公司作为传媒机构大都致力于维护社会一般性规则的施行，如揭露违法犯罪，抨击不道德的行为等。电视真人秀从一开始就越过了大众传播媒体的这种"俗世"的功能性，带有社会学实验的特质。同样的戏剧冲突，真人秀的"记录式"制作比剧情类影视作品显得更真实可信，但也显得烈度更低。为了增强可看性，真人秀常常背离它的"传媒性"，向"戏剧性"靠拢。笔者曾在一篇旧文中举了这么个案例：美国的Oxygen电视台有一档由主持人莎侬·多赫提（Shannen Doherty）充当"调解人"的人际纠纷调解真人秀，叫做《一刀两断》（*Breaking up with Shannen Doherty*），与我国传统的"劝和不劝分"不同的是，这个节目专门热衷于终结双方的亲密关系。报名参加的怨偶一亮相就剑拔弩张，现场冲突强烈，也有一些恋人、夫妻、情人不愿意当众往自己的伤口上"撒盐"，节目主持人就把偷拍的对方背后的所作所为曝光，促使犹豫的一方下定决心，不再抱有任何期待，直接"开撕"。节目剥开了人与人之间脆弱的遮掩，成为人类社会情感与信任的试金石，不但具有强烈的戏剧性，也激发了人们对于事件发展和结局的好奇与期待。

二、过程冲突

过程冲突是由真人秀节目的赛程决定的。一档优秀节目的比赛过程犹如一场现实中社会职场竞争的缩影，虽然不见得有影视剧的刀光剑影、跌宕起伏，但也充满了选手们人前人后的争斗。美国管理学教授、组织行为学专家斯蒂芬·P.罗宾斯（Stephen P. Robbins）在他的《组织行为学》（*Organizational Behavior*）中提出了冲突过程5阶段论：

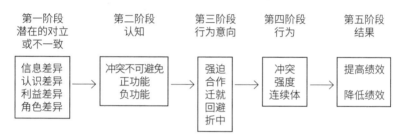

图2-2：冲突过程5阶段论[1]

依据这个理论，真人秀节目在选择参与者的时候不妨"反其道而行之"，从选择参与者开始就注意"角色差异"。不同身份的人认知不同，所追求的利益不同，他们原本的信息不对等，甚至节目刻意给予他们不对等的信息以形成更大的反差。让我们回顾作为真人秀滥觞的《老大哥》，节目选取的是一群职业、年龄、"三观"等迥异的人，把他们放在同一个时空内，必然产生冲突，这种冲突是一个动态的过程。具体来看，对于参与者的精心选择决定了后面阶段戏剧

---

1 马一弘：《大型情感节目中呈现的两性亲密关系冲突的自我归因与冲突过程——以〈爱情保卫战〉为例》，中国青年政治学院硕士学位论文，2018年，第5页。

性场面的发生与发展，他们由于各自先天的信息差异、认识差异、利益差异、角色差异，互相之间的冲突不可避免，为了尽量避免冲突，以造成自身损失，人与人之间出现了强迫、合作、迁就、回避、折中等各种人物行动，从而淡化或者强化了他们之间的摩擦，这个行动的过程造成了不可预测指向的戏剧性结果。

在实际制作过程中，编导人员需要将这种在过程中可能会出现的冲突元素"视像化"并进行"量化"。所谓的"视像化"就是把这些停留在动词意义上的"强迫""回避""妥协"等行动用可拍摄的"任务"或可听、可看的旁白、字幕进行展示和说明。所谓的"量化"需要制作团队依据节目需要，以精确到秒的专业态度提前设置矛盾从产生到爆发的全过程。在录制过程中，节目组不但要在幕后不断进行调整和应变，还可以通过主持人、嘉宾、评委、镜头内的工作人员等其他参与者直接修正节目进程，使其朝着预设的路线发展。譬如，在湖南电视台摄制的大型军旅题材真人秀《真正男子汉》中，杨幂、李锐等参与者从一开始进入军营，就遭遇年轻教官们对他们的严格管束——从表情管理、队列站姿、整理内务、处理随身物品这些琐碎细节到完成正式的任务，双方不断爆发矛盾冲突，这些平日养尊处优的明星和严格的军队纪律之间的巨大矛盾通过教官的整肃过程被视像化，成为贯穿整个节目的极大看点。为了强化这种矛盾冲突的视觉效果，编导人员模仿韩国原版节目《真正的男人》中的工作流程，禁止编导人员与这些明星交谈，以免"剧透"，并提前勘景，对于那些展示任务过程有难度的场景事先准备好高速摄影机等特殊设备，以94台摄像机、二百多人的拍摄团队的多机位记录保障不放过任何一个细节，做到全程忠实记录，取得了良好的节目效果。

三、结果冲突

从20世纪90年代开始，电视节目在插播广告之前要提示一句"他为什么要这样做呢，广告之后更精彩"，或者"他到底会怎么选择呢，广告回来再看"等引发观众疑问的主持人现场发问或者画外音，用以设置悬念。很多观众曾有过这样的经验，国外顶级影视奖项的颁奖晚会保密工作比较到位，要猜准结果比较困难，因为评比过程不但严谨，而且层层设防。这种评选虽然有时竞争并不激烈，但还是不时会有冷门爆出，这种"冷门"增加了"不确定性"，产生了戏剧效果。相比之下，国内的同类颁奖晚会长期以来流于形式，甚至出现了背后讨价还价、现场"走个形式"的"平均主义"，时间久了容易失去观众，沦为圈内自娱自乐的"排排坐，分果果"游戏。虽然从举办仪式的角度来看，这些颁奖晚会同样众星荟萃，但就电视节目的可看性而言，在效果上就要大打折扣。在一档真人秀节目的制作播出过程中，如果连他们自己节目组的编导也不能准确预测哪一位选手能够笑到最后，那么可看性就大大提高了，因为不可预测的结果是诱惑观众连续收看的动力源泉。最失败的电视真人秀就是让人看了开头，就可以猜到结尾，电视节目如此，影视剧亦然，甚至连林林总总的各式颁奖晚会也不例外。合格的真人秀如同影视剧一样，应当遵循"情理之中，意料之外"的法则，而一切规则均应围绕此规则制订。以湖南电视台制作的大型配音真人秀《声临其境》为例，对于配音节目来说，要让观众产生"悬疑"是一件不容易的事，这个节目"只闻其声不见其人"的方式，让观众对谜底揭晓产生期待。并且，节目组按照"猜结果"这个策划思路，安排了现场的"学员"和专家，他们的言论不仅起到加强专业性的作用，更"搅混"了观众的判断，使"谜底揭晓"的那一刻产生了更加强烈的戏剧性：我猜对了吗？从而跳出了那些一开始就把配音艺术家请上台评功摆好的旧节目类型的窠臼。

四、心理冲突

真人秀节目经常把成功综艺节目中的博彩式的心理因素加强、扩大，它一般还会形成出于经济利益考虑的"叠加心理"。譬如，在英国著名的有奖问答游戏节目《谁想成为百万富翁》中，巨大的、可见的金钱奖励不但诱惑着正在参与节目的男男女女，也实实在在地诱惑着荧屏前正在收看节目的观众们，他们也是节目的潜在参与者和消费者。对这种诱惑更高明的运用是不仅在物质上进行诱惑，而且从心理上制造左右为难、进退维谷的"选择性障碍"。在我国模仿《谁想成为百万富翁》制作的《开心辞典》里，主持人王小丫重复最多的一句话就是"你确定吗"，这句话在参与者的心里成功地制造了心理冲突，使决绝者犹豫、犹豫者彷徨。这种做法比较直白，但效果显著。更隐蔽的做法是在策划任务时就"设下陷阱"。真人秀的封闭式观察形式是人性实验的绝佳"实验室"，譬如"悖论"：

（一）"自由意志"与决定论。如果一个熟睡中的人被抬进一间牢房，房内有一位他渴望交流却缘悭一面的仰慕之人，于是，他苏醒之后愉快地选择了继续"坐牢"。[1] 如此，

1　John Locke. *An Essay Concerning Human Understanding. Book 2, Chapter 21*, Section 10. 1690. As collaterd and annotated by Alexander Campbell Fraser. NewYork: Dover, 1958. Volume1: 317.

这个人以自己的"自由意志"选择了"不自由",那么他算是"自由"还是"不自由"?

（二）古阿斯的戒指。在小亚细亚中西部有一个叫吕底亚（Lydia）的古国,有个叫古阿斯（Gyges）的牧羊人发现了一枚可以隐身的戒指,于是原本正义勇敢的他利用这个神器与王后通奸,并杀死了国王,篡夺了王位。[1]这个寓言提出了一个问题,如果做坏事不会被看到,不会受到惩罚,人们能够坚守自己的道德准则而不去获取更大的利益吗?

（三）恐怖分子的坦克。假设一群恐怖分子绑架了一名小女孩,抢夺了一辆坦克,准备杀害绑在对面的45名人质。作为拯救者,应该炸掉坦克拯救那45位人质,还是牺牲45个无辜者保全那个与绑匪在一起的小女孩的生命?[2]

这样的"两难"问题还有很多,在真人秀诞生之前大多仅仅在论文或者实验室范畴内被研究探讨,当真人秀的策划者有意识地把这些问题以普通民众喜闻乐见的方式深入浅出地表现出来的时候,无疑会引发有一定文化水准的观众的思考,从而产生"To be or not to be"这样的"莎士比亚之问",产生"看看他的选择"的期待感,因为"他"（或者是"她"）的选择也代表着人们在生活当中真实的选择。事实上,许多优秀的影视作品的成功都离不开或多或少的哲学思考的帮助,也有不少人依靠富于哲思的主题使作品和自身都

1　plato. *The Republic*, Book 2.80-370BCE. G. A.Grube, trans. Indianapolis: Hackett, 1974, As Printed in *Moral Philosophy: Selected Readings*. George Sher, ed. San Diego: Harcourt Brace Jovanovich, 1987: 235-243, 237.

2　Dale Jamieson and Tom Regan. "On the Ethics of the Use of Animals in Science." In *And Justice for All: New Introduction Essays in Ethics and public policy*. Tom Regan and Donald Van Deveer, eds. Totowa, NJ: Rowman & Allanheld, 1982: 169-196, 180.

获得了大众的认可。

譬如，在克里斯托弗·诺兰（Christopher Nolan）导演的《盗梦空间》（*Inception*）、《致命魔术》（*The Prestige*）、《星际穿越》（*Interstellar*）、《敦刻尔克》（*Dunkirk*）、《信条》（*Tenet*）等电影中，都有对于人性以及人类命运的探讨，这种探索研究辅助了剧情的铺开、发展，为全片故事情节的成立和戏剧性的叙事奠定了基础，是比较成功的案例。相反，如果创作者的人文哲学思考相对于观众的一般认知水平显得浅薄，思考达不到"两难"的境地，或者人为地在自己有局限性的认知水平上充当了"裁判者"，就容易离散情节，破坏逻辑，"浅化主题"，从而引起观众的不满。譬如，张艺谋导演在《英雄》中将暴君秦王嬴政的杀戮行为以"统一"之名合理化，把影片结尾处理为刺客与秦王的惺惺相惜，前面铺垫的各种为刺杀行动而进行的努力随之付诸东流，使影片价值观及人物行为逻辑均产生紊乱，影片徒具漂亮的画面，而失去了"灵魂"，引发部分观众在心理上的不适感，并产生了一种"高举轻放"的滑稽效果，沦为笑谈。有的时候，一部优秀的影视作品也可以被视为一种"艺术化""故事化"后的真人秀。原本作为真人秀节目特征之一的"记录"已经随着"纪录片"一词向"非虚构影片"的延伸，而扩大了涵盖的范围。

五、情感冲突

在法国医生雅克·拉康（Jacques Lacan）的镜像阶段理论（the Theory of Mirror Stage）中，婴儿在与"他者"的注视中进行情感互动，在幻想与联想中推动"自我"的成长。"在真人秀节目的收视过程中，电视荧幕可看作观众的镜子，观众在电视荧幕中看见'他者'，洞见映射后的现实世界。"[1]可以说，真人秀中所表现出来的人性，就是现实世界中人类社会的投射，它比戏剧影视作品中所表现得更加真实。

2003年9月，英国电视4台（Channel 4）推出了"换妻"真人秀Wife Swap（《换妻》）。[2]节目选择来自不同背景和文化水准的家庭主妇到新的家庭"上任"，在10天时间内跟踪拍摄她们的"新生活"。虽然节目组严格规定不允许发生"露水夫妻"这样有碍节目声誉的事件，但节目名称与内容传递出的情色信息还是吸引了大批的观众，甚至被当做一些自诩为"情比金坚"的夫妇的试金石。遗憾的是，据英国《太阳报》2004年8月18日报道，一对原本恩爱非常的剑桥夫妇詹森和希尔在参加节目之后选择离婚。这对有着两个女儿（分别是4岁和5岁）的恩爱夫妇一起参加了节目，自认为感情坚固、忠贞不渝的夫妻俩自信地走进电视台，却没有经受住"生活"的考验。节目成功之后风靡欧洲，在大洋彼岸的美国也受到欢迎，福克斯电视网（FOX）与美国广播公司（ABC）先后推出了内容几乎一模一样的《交换配偶》（Trading Spouses）、《换妻》（Wife Swap）。此类节目给那些步入婚姻生活后对于"不一样"的选择有所期待的人提供了最佳的实验场所，并以游戏式的"加入变量"影响了实验结果，证明了人性的不可靠。这类节目为人类婚恋等社会行为提供了实验模型，成为情感纠缠与冲突的"试验田"。

---

1 张贞贞：《互为与互动的镜像——中国电视真人秀研究》，中国文联出版社2018年版，第31页。

2 参见https://news.sina.com.cn/w/2004-08-20/09043444161s.shtml。

第三节　"真实"的情境触发戏剧性行动

电视真人秀的第三个戏剧性因素是"情境"。英国真人秀《老大哥》带来了电视节目录制的"规定情境"时代。是否人为规定"情境"是区分纪录片和电视真人秀的重要特征，也标志着"真人秀"作为一种电视节目类型身份模糊阶段的结束。

在戏剧创作中，情境是比环境更重要的概念，它超出了时间、地理、设施、气候等物理条件的界定，融入了"人"这个要素。这种糅合着身处其中者的心理感受的环境和背景，是戏剧影视创作中的重要元素。只有能够产生强烈的戏剧性的环境，才可以被称为情境。在同样的时空条件下，人的感受的改变会产生完全不同的"情境"，反过来，这些情境也影响了人的情绪与行为，譬如"物是人非""爱屋及乌""人面不知何处去"等。如果情境所表现的信息并不清晰、模棱两可，人们便会从这个情境中其他人的行为之中通过感受、分析来获取线索。特别是在进入一个陌生的新环境时，人们会先判断周围的状况，以调整自己的语言、行为、衣着等与之相适应。也就是说，"环境或行为背景能够对人们的思维、情感和行为产生微妙而有力的影响"[1]。在戏剧创作中，剧作家设定情境，故事随之展开，是谓"规定情境"。在戏剧家斯坦尼斯拉夫斯基（Stanislavski）的笔下，"规定情境"是指戏剧的主题、事实、事件、时代、行为发生的时

1　［美］菲利普·津巴多、罗伯特·约翰逊、安·韦伯：《津巴多普通心理学》，王佳艺译，中国人民大学出版社2008年版，第516页。

间和地点、生活条件、我们的演员和导演对于戏剧的理解、自己对戏剧的补充意见、舞台调度、演出、布景和演员服装、道具、灯光、音响等，在演员创作时，所有需要演员注意的东西。[1]法国戏剧家德尼·狄德罗（Denis Diderot）认为："人物的境遇愈棘手不幸，他们的性格就愈容易确定。考虑到你的人物所要度过的24小时是他们一生中最动荡最严酷的时刻，你就可以把他们安置在尽可能大的困境之中。情境要有力地激动人心，并使之与人物的性格发生冲突。应该使一个人不破坏别人的意图就不能达到自己的目的；或者使大家关心同一件事，然而每个人希望这件事按照他的打算进展。"[2]可以说，"规定情境是剧本中制约人物行动的所有主客观因素"[3]。这个定义对于真人秀同样适用。

电视真人秀有时被称为流行的"真实电视"，它位于信息和娱乐、纪录片和戏剧之间的边界地带。[4]它通过现代影像手段，对参与者在相对密闭隔绝的环境中的竞争与合作进行记录，并实行优胜劣汰。其间，参与者的命运、情感、矛盾通过电视技术上和艺术上的手段被放大，被关注。我们在视觉上可以将这种密闭的录制场地看作一个戏剧空间。

所谓戏剧空间，是指为戏剧人物的行为所需要、为戏剧情景发生所提供的演剧环境。在人类的社会生活中，特定

1　[苏] K. C. 斯坦尼斯拉夫斯基：《演员的自我修养》，杨衍春、石文、何丽娟译，广西师范大学出版社2013年版，第55页。

2　[法] 德尼·狄德罗：《狄德罗美学论文选》，张冠尧等译，人民文学出版社1984年版，第450页。

3　李建平：《戏剧导演别论》，上海书店出版社2011年版，第105页。

4　Robert J. Vogel. *To Teach and to Please: Reality TV as an Agent of Societal Change*. Boston College Electronic Thesis or Dissertation, 2012.

的环境同样能触发戏剧性。美国的菲利普·津巴多（Philip George Zimbardo）教授曾经主持进行了著名的"斯坦福监狱实验"，他"建造"了一个"监狱"，把志愿者分为警察和囚犯两个人群，通过模拟真实的"警车押送"等戏剧化的剧情扮演让双方逐渐认同自己的身份，不断在过程中加入"变量"进行"扰动"，挑起事件。志愿者们一开始"嘻嘻哈哈"没当回事，到最后沉浸"角色"无法自拔，以至于实验几乎难以"刹车"。在这个"路西法效应"实验中，津巴多教授相当于进行了一次带有实验性质的"真人秀"，关键的元素是这个实验空间从实体到规则的营造，只有无限真实地"再现"社会环境，才能够让实验对象表现出真实的心理影响和适应性行为。他在《津巴多普通心理学》中谈道："社会心理学家相信，即便是在大学课堂这样的熟悉环境中，决定个人行为的主要因素也是行为发生的情境。情境的影响力非常大，以致有时它能够压倒我们的人格以及过去所学的价值观、信念及行为模式。"[1]2004年，菲利普·津巴多在爆发虐囚丑闻的阿布格莱布监狱进行了详尽调查，并在此基础上为一名年轻看守伊万·弗雷德里克（Ivan Frederick）中士作证，以力图说明被告是被当时监狱内的"情境"所裹挟，从而要求减免刑罚，可惜审判者并未采纳这位教授充满学术气的证词。事后，津巴多教授把他在监狱中的采访和分析写成了《路西法效应：好人是如何变成恶魔的》（*The Lucifer Effect: Understanding How Good People Turn Evil*）一书，在其中揭示了人性的脆弱以及"情境"对于个体的巨大影响，引起

---

[1] ［美］菲利普·津巴多、罗伯特·约翰逊、安·韦伯：《津巴多普通心理学》，王佳艺译，中国人民大学出版社2008年版，第515页。

社会极大震撼。

可见，"情境的压力会造成有利于推动实验进程的心理影响，如偏见、盲从和暴力。我们的行为会受到社会角色、社会规则、服饰、竞争，甚至仅仅是他人存在的影响"[1]。因此，无论这个空间是室内还是室外，是一座天然的小岛还是一栋独立的别墅，都会形成一个有利于科学观察与观众"偷窥"的戏剧化的"情境"。在戏剧创作中，情境设置是一个很重要的技巧。好的情境有利于打破平衡，引起冲突，俗称"有戏"。规定情境是否尖锐往往决定一部戏是否有真正的冲突和人物的选择，也决定了戏是否好看。[2]在电视真人秀节目中，同样需要这种"有戏的设置"。根据节目策划的流程，姑且可以分为以下四个方面。

一、故事发生的时间、地点、人物关系

（一）舞台剧与影视剧都是时间的艺术。它们共同具备的故事情节、人物命运、矛盾冲突等，都是一种时间意义上的发展过程。譬如，"冲突"是对以往时间单位的一种包含或者阶段性的总结，"悬念"是对未来时间单位的一种预示或者期待，都是对时间的占有，具有时间的延续性和方向性。[3]它们在处理"时间"的手段上有相似之处，譬如影视剪辑中的"黑场"与舞台上的"暗场"对应，都是对于较长时间流逝的视觉指代；二者在时间的处理上也都会用到压缩（促

---

1 ［美］菲利普·津巴多：《路西法效应：好人是如何变成恶魔的》，孙佩妏、陈雅馨译，生活·读书·新知三联书店出版社2010年版，第502页。

2 鲍黔明、廖向红、丁如如、姜涛：《导演学基础教程》，文化艺术出版社2007年版，第214页。

3 卞轶男：《时间化的空间 空间化的时间——谈戏剧的时空意义及其相互关系》，《四川戏剧》2008年第2期，第61页。

进）与延宕（延长），并且具有方向性（叙事的不同时间流
向）；二者的演出时间（片长）与叙事时间以及观众观看心
理上的感受时间的艺术关系是相似的，一般来说，叙事时间
长而观众的心理感受时间短的剧作是成功的。然而，舞台剧
与影视剧相比较，更多的是不同：舞台上以人物的语言、动
作交代在略去的时间里发生的过程性事件，而影视剧还可以
借助画面。譬如，戏曲可以假借由一条马鞭生发的形体动作
指代跋山涉水，但影视剧中可以用多画面组接的蒙太奇手段
直接用影像说明，甚至可以在后期制作中使用"形变""溶
合""动画演示"等特效手段，造成"时空压缩""时空连
贯"的视觉感受。甚至有的作品不惮于放大这种特效的作用，
追求形式上的"突破"，刻意宣传"一镜到底"的噱头，制
作出《俄罗斯方舟》（*Russian Ark*）、《鸟人》（*Birdman*）、
《1917》等具有"冷静旁观"效果的影片来。这样做的坏处
是必须严格按照事件发生的时间顺序叙事，放弃了影视剧
"时空自由"的优势，好处是增强了"真实感"，"致敬"了
电影在诞生初期由于技术束缚造成的舞台感，与电影界曾
经兴起的意大利"新现实主义"、法国"新浪潮运动"遥相
呼应。

　　舞台剧在发展过程中也兼收并蓄了现代电子工业带来的
多媒体利好，不断采用影像等技术手段打破舞台空间限制带
来的"单一维度叙事"的窘迫。这些影像在带来更丰富的视
觉体验的同时，多多少少也对戏剧的假定性特色造成了破坏。
对于戏剧舞台作品而言，从娱乐性的情节剧、批判性的自然
主义戏剧到参与性的现代、后现代主义戏剧的发展过程，实
际上就是一个逐渐消解和颠覆西方传统的"幻觉剧场"，追寻

戏剧的本质和生活终极真实的过程。[1]对于戏剧中呈现出来的关于思想性与辩证性的强调，是对于一部戏剧价值评判的重要依据，也是促进观众走进剧场的主要动力之一。真人秀的"记录性"决定了它的拍摄过程中如同纪录片一样要求尽量减少干扰，后期制作提倡"长镜头"，摒弃容易偏离真实性的"蒙太奇"手段，以期将主观因素降到最低。真人秀的摄制在形态上继承了与纪录片雷同的拍摄方式。然而，真人秀节目并没有主张绝对的真实性，而是公开邀请观众去探索现实主义、表演和身份的流动本质。真人秀越是宣传"真实"，观众就越是"相信"，容易在不知不觉中"沉浸其间"。作为一种电视节日，真人秀符合"电视栏目"的长度固定、时间固定、周期固定的特征，在时间长度上表现为节目录制时间（拍摄时间）、播出时间（观演时间）、故事时间（心理感受时间）。真人秀节目的录制时间是线性、顺序、高片比的；播出时间（含网上推出时间）是固定的，这样易于中断叙事进程制造电视连续剧式的悬念和期待感；心理感受时间基本上与事件的发生发展同步，这与纪录片的时间特征大致雷同。

（二）真人秀是一种"假定环境记录"，它的录制地点，等同于戏剧演出的"舞台"。地点的选择对于节目的成功非常重要，不符合事件的发生与发展的环境会弱化戏剧性的产生，从而令效果大打折扣。同时，任何一个人的性格和行为习惯都多多少少与他的成长经历以及所处的环境有着千丝万缕的关系。在表导演艺术中，通过人物背景及成长环境、生活环境、工作环境来挖掘人物的性格、习惯、容貌、衣着、

1　卞轶男：《时间化的空间　空间化的时间——谈戏剧的时空意义及其相互关系》，《四川戏剧》2008年第2期，第61页。

行为等特征是必修的功课。在当下的中国，青少年对于从事演员行业充满了热情，究其缘由，无非有以下三点诱惑：

1. 认为演艺行业酬劳高，是功成名就的捷径；

2. 俊男美女云集，工作轻松愉快；

3. 扮演各种角色过瘾，能够在别人的"躯壳"里生活一回。

这三点里面，只有最后一条是这个行业真实的状况。对于每一位只能"活一回"的人类来说，能够有机会体会一下"别样的人生"委实是很难得的机会。对于普通人来说，不一定有机会通过扮演角色实现这个梦想，真人秀的出现提供了难得的"试错机会"。

以美国哥伦比亚广播公司（CBS）的《幸存者》节目为例。这个节目自2000年5月问世以来，于每周四晚8—9点的"黄金时间"播出，每季把所有的选手放在一座完全孤悬海外的小岛或者与世隔绝的荒山野岭上，让他们过一回"现代鲁滨逊"的日子，最后的获胜选手会得到100万美元的大奖。这个模式源自一个瑞典的真人秀节目《罗宾森远征》。"该节目属于竞赛类真人秀，每一季通常由15集构成，每一季的最后一集会采用现场直播的方式。该节目的游戏规则非常简单：把一群陌生人带到一个蛮荒之地，分成两个'部落'。他们必须从大自然获取食物，自行搭建遮风挡雨的地方，自己解决衣食住行的问题。在此期间，不同部落进行具有原始意味的比赛以赢得优质的食物和避免被淘汰的豁免神像。每次比赛结束后，输掉的一方必须召开部落大会，投票选出一人离开比赛，而赢的一方将获得实物奖励和一次豁免机会。"[1]

---

[1] 胡正荣、朱虹：《外国电视名牌栏目》，红旗出版社2011年版，第131页。

表 2-1：《幸存者》录制场地图示[1]

季数	节目名称	录制地点	播出时间
第一季	《婆罗洲》（Borneo）	东南亚小岛婆罗洲	2000 年 5 月
第二季	《澳大利亚内陆》（The Australian Outback）	澳大利亚内陆	2001 年 1 月
第三季	《非洲》（Africa）	非洲肯尼亚大草原	2001 年 10 月
第四季	《马克萨斯群岛》（Marquesas）	马克萨斯群岛	2002 年 2 月
第五季	《泰国》（Thailand）	泰国	2002 年 9 月
第六季	《亚马孙》（The Amazon）	南美亚马孙	2003 年 2 月
第七季	《珍珠群岛》（Pearl Islands）	巴拿马珍珠群岛	2003 年 9 月
第八季	《全明星》（All-Stars）	巴拿马珍珠群岛	2004 年 2 月
第九季	《瓦努阿图》（Vanuatu）	瓦努阿图	2004 年 9 月
第十季	《帕劳岛》（Palau）	大洋洲帕劳岛	2005 年 2 月
第十一季	《危地马拉》（Guatemala）	南美洲危地马拉	2005 年 9 月

　　如图所示，《幸存者》设计的是一个完全封闭的竞赛场，孤悬海上的小岛等荒无人烟的环境为节目提供了一个天然的"舞台"，也为社会学的观察提供了一个理想的"实验场"。2007 年，《幸存者》的一期节目在一艘远离陆地的 17 世纪的海盗船上设置了一个完全封闭的环境，并运用了各种场景布置和声画道具营造出符合那个年代及海盗生活特征的情境。参加节目的选手们在长时间"你是海盗，你是海盗，你是海盗"的情境渲染和逼真的"海盗生活"体验中慢慢觉得自己

1　王馨、时春风：《电视"真人秀"路在何方——以 CBS〈幸存者〉节目为视角分析》，《电影评介》2008 年第 1 期，第 80 页。

不再是美国公民，而真的成了"加勒比海盗"。结果，"这个封闭的仿真环境把人性中恶的因子激发了出来，选手们开始按照海盗的逻辑去思考和行动，在以前他们想都不敢想的不良行为都非常自然地流露了出来，这种'投入'又反过来促进了情境的真实性，将参与者本身也转化成为"海盗情境"的元素之一。当然，一旦节目结束，选手们回到日常生活后，他们又必须和人类社会对接"[1]。

（三）"人际关系"也是真人秀节目中的一种非常重要的"设置"。"人际关系"这个概念是从西方行为科学中引进的，我们一般将之理解为人们基于一定的需要而在劳动实践中以一定的方式结成的相互关系的总称，包括亲属关系、同事关系、师生关系、买卖关系等。[2]人与人之间由情投意合到钩心斗角，从云合影从到反目成仇，本身就是极有戏剧性及"窥私"价值的话题。戏剧影视作品中百拍不厌的"爱、恨、情、仇"是构成故事的重要选题，也是戏剧性得以产生的重要来源。在真人秀节目中，吸引多少人、什么人来参与节目，他们之间会形成什么样的人物关系，节目创作者要有清醒的估算和策划。合理搭配的人物所呈现出来的"人际关系"犹如现实社会在电视荧屏这块"黑镜"上的"映射"，从而引起观众基于现实生活经验的共鸣。

在节目架构中，情境的设置和人物关系的编织直接决定了事件的发生、发展和结局走向，在理想的情境中应当具备人际关系中摩擦、冲突、吸引、交换、妥协等戏剧性要

1　苗棣、毕啸南：《解密真人秀：规则、模式与创作技巧》，中国广播影视出版社2015年版，第66页。

2　胡申生：《当代电视社会学》，上海大学出版社2006年版，第123页。

素。仅以节目中"交换"的议题来看,"真人秀的交换桥段往往会超越该节目本身所能够承载的物质交换范畴,在节目外的场域中掀起关于社会交换的讨论,因为这种节目形式使它如此简易地走出社会学者的书本,通过被普遍认为低俗娱乐的媒介——电视,放到了社会大众的放大镜下。即便是一次最简单的礼物交换,也会引起观众的关注:社会交换这个概念一旦使我们对它敏感起来,我们就到处都能看到它,不仅在市场关系中而且在友谊中,甚至(如我们看到的那样)在爱情中,以及在这些以亲密性形式出现的极端之间的多种社会关系中。邻居们交换恩惠;儿童们交换玩具;同事们交换帮助;熟人们交换礼貌;政治家们交换让步;讨论者们交换观点;家庭主妇们交换烹饪诀窍"[1]。在社会生活中被忽略的人的交换行为,在真人秀的场域中成为人物的积极行动,从而产生了戏剧性。比较有代表性的是2021年7月在芒果TV播出的《再见爱人》。这是一档真实展现问题婚姻中的夫妻关系的婚姻纪实观察真人秀。节目设定三对主人公的关系分别为离异、离婚冷静期和婚姻待终结。节目组为主人公们提供了一场为期18天的旅行,以旅途为舞台,在广袤的西部背景中,放大、孵化乃至肢解这种原本就矛盾重重、千疮百孔的人物关系,从而让天然的戏剧效果诞生,并催发观众的好奇心及同理心。因为人物关系的不确定性,以及情感关系的真实且矛盾,同源戏剧性又高于戏剧性的舞台效果形成,使观众得以产生类似沉浸式的情感体验,并引发思考。

---

1 [美]彼德·布劳:《社会生活中的交换与权力》,孙非、张黎勤译,华夏出版社1988年版,第105页。

二、设定好内外两个"场"

一档优秀的真人秀节目的诱惑不仅来自节目内容，在节目以外同样会形成一个相关话题的舆论场，针对节目的走向及人物命运展开讨论，并反过来影响节目生产方对于参与者的任务设计和出镜多寡的安排。这两个"场"的游戏参与者和话题参与者互相影响，从内容到参与者经常渗透互换，产生了一种传媒与游戏相结合的新型艺术形态。

现代电视节目生产改写了传播学意义上"受众"的定义，电视观众既是欣赏者，也可以变成"参与者"：通过收视率调查及网络舆论反馈对节目人员和内容提出意见与建议，甚至报名参加节目录制，从而从观看方变为"演出方"。"观演关系"随着"一夜成名"以及物质奖励的诱惑而时时发生改变。这种状况明显具有法国社会学家布尔迪厄（Pierre Bourdieu）所描述的场域特征。在网络上的"网民"通过自身表达进行角色转换，电视的观众通过报名参加节目以及在节目播放以外的媒体平台进行讨论和发表观点参与节目。

"场"这个概念最初来自物理学，"它是指物体周围传递重力或电磁力的空间，到被引入社会科学，是以库尔特·勒温（Kurt Lewin）为代表人物的格式塔心理学派，他赋予了场论以元理论的地位，并将它定义为一种研究结构与关系的方法论"[1]。布尔迪厄在这个理论的基础上进行了拓展和延伸，他认为个体行为的变化在一定的时空范围内，受到外部和内部心理对环境的交互影响，这种时空领域被定义为"场"。场的概念逐步超出物理学的范畴，向其他学科渗透，出现了

---

1 史文利、李华：《大众媒介时代的祛魅话语——布尔迪厄场域理论视角下的大众媒介》，《山西高等学校社会科学学报》2011年第1期，第103页。

"心物场""大众传播场""新闻场""媒介场"等。[1]真人秀的游戏规则，就是既要设置这种能够"外化"人们互相共处的"场"以供录制，又要培育、引导节目以外的舆论场，让节目获得最大化效益。节目内外的这两个"场"互为烘托，互为支持，使得原本清晰的"台前"与"幕后"互为依托，互相转化，产生纯艺术舞台所无法达到的传播效果。

"场"的设置过程遵循的是"仿真"的原则。"仿真"是法国当代思想家鲍德里亚（Jean Baudrillard）所提出的重要概念之一。他指出，"仿象"经历了仿造、生产和仿真这三个不同发展形态。在第三个形态中，仿真是"目前这个受代码支配的阶段的主要模式"，即"成为后现代社会文化秩序的主导形式，在这一秩序中符号价值的结构规律支配一切"。[2]在仿真的环境中，人会做出与真实环境趋同的反应和选择。以这个传播学理论的角度再来解析艺术领域的电影，其中的故事构建似乎同样适用一部分的场域理论：编剧所提供的故事发生的背景无论大小可以被视为一个或大或小的"人际关系舞台"。在电影的非连贯表演过程中，演员无论被打断多少次，都必须"相信"事件的真实性，与真人秀不同的是，电影的剧情是闭合的，是早已设定好的，而真人秀的结果不可以明晰，策划者也无法准备猜到的结局，这才是成功的策划。即便如此，除去那些以真人秀为题材的影片，力图"以假乱真"的电影作品并不罕见，比如"密室逃脱"系列，就是在将坊间流行的"密室游戏"搬上银幕的同时，把这种游戏的"情境"也一同复制再现，并且从视觉上超越了

---

1 张丽燕：《场域理论视角下网络公共意见建构》，浙江工商大学出版社2018年版，第11页。

2 ［法］让·鲍德里亚：《象征交换与死亡》，车槿山译，译林出版社2006年版，第67页。

实体"密室"的限制，带来了令观众心满意足的"上帝视角"的成功之作。

影像技术上的日趋"逼真"将在各个方面对人类的发展产生影响，就如《异次元骇客》（*The Thirteenth Floor*）、《感官游戏》（*eXistenZ*）等科幻电影所描述的那样，视频技术的发展如果超出人类时空感知的极限就会混淆现实与虚拟的边界，直至人们产生对所谓"现实"的疑惑与认知颠覆。"元宇宙"概念已经出现，也许，未来的真人秀不再局限在一块屏幕的背后，而是通过VR眼镜等科技手段提供的全景"融入"，让参与者每参与一次真人秀，就等于重新选择了一次"人生"，其间的剧情发展完全由如胡适先生所言的"由自己"的不断选择所决定，比所谓的"沉浸式戏剧"沉浸得更为深入、具体，较之所谓的游戏剧情设定更加随机、多元、选择多样。这种无限真实的"拟真"所创造的已经不仅是逼真的艺术效果，而必然引发社会伦理、道德约束等方面切实的社会问题。总之，真人秀不可以期待某一位参与者持续不断地提供看点，而应该让人物之间产生某种"联系"，通过"人际关系"的不断变化以"孵化"出连绵不断的人物行动，来推动剧情的不断发展。

三、情境的限制

"在戏剧创作中，剧本和导演提供了人物行动的规定情境，规定情境则制约了人们行动。"[1]一定的"限制"有利于"出戏"，因为人物和限制行动的环境产生了矛盾冲突。与摆拍的剧情片不同，带有纪录片拍摄特色的真人秀"并非完全

1　李建平：《戏剧导演别论》，上海书店出版社2011年版，第105页。

人为设定",这就要求限制的条件要与节目相称,使现场戏剧冲突的发生更可预期和容易控制。

在江苏卫视制作的《老妈驾到》的拍摄中,有一段"老妈"跟踪作为节目选手的孩子的设置。按照参与者身份的不同,这些"老妈"的性格特征、文化水平、行为方式也各不相同。如何能够有效"控制"这位"老妈"在这一段摄制中不暴露,成为一期节目到了内场后是否能够产生戏剧性见面效果的关键。节目编导的措施是,事先与"选手"就要经过及停留的店铺达成隐蔽拍摄协议,在"选手"如常购买物品、与店家闲聊时,场内外的"各路人马"保持即时通信的通畅,随时了解选手到达的方位,确保"老妈"与"孩子"无法提前见面沟通,以保障"老妈"来到场内与选手见面的那一瞬间的激动完全真实、饱满。在场内的面试环节中,编导又设计作为应聘者的选手完全不知道自己要面对什么样的测试的脚本,而他的茫然与惊慌被现场观众和密室中评头论足的主持人、嘉宾尽收眼底。久经沙场的选手是否能够在这个全新的赛场上得偿所愿,观众的心被策划者以"不披露"一部分信息的方式刻意制造出来的悬念吊了起来。惊悚大师希区柯克曾这样说起悬念:"悬念在于要给观众提供一些为剧中人尚不知的信息;剧中人对许多事情不知道,观众却知道,因此每当观众猜测'结局会如何'时,戏剧效果的张力就产生了。"他所指的,"其实就是观众的全知视角与角色的限知视角产生冲突时所爆发的戏剧魅力"[1]。

---

[1] 参见 https://www.163.com/dy/article/GJ3FGRFI0521U288.html。

在湖南卫视的配音真人秀《声临其境》中，每一位"声音大咖"都要"隐姓埋名"，躲在与现场隔绝交通但保持通讯及声音传送的嘉宾室内，让现场观众只闻其声不见其人，成为柏拉图在《理想国》中所述的"洞中人"。此时，屏幕前的观众如同故事片放映中的影院观众，从"全知全觉"的"上帝"视角全程看着现场被拦截了一定信息的嘉宾、评委和观众各种揣测、讨论，这种信息差带来了结论"反差"，从而产生了"娱乐效果"。与此同时，观众可以在荧屏上各类人群的讨论中观察到"从众心理""察言观色""领袖意见"等现实生活中常见的现象，对于参与者遇到"变量"后不同的选择与处置，不由得生发出"俯瞰"实验现场的"快感"。特别是那些原本有自身判断的发言者，在所谓的"聪明人""内行人"发言之后，往往放弃自己的观点，这充分体现了所谓的"国民性"。沉默螺旋（spiral of silence）的提出者诺利-纽曼（Elisabeth Noelle-Neumann）指出："大多数人在用自己的态度做出选择时会有一种趋同心态，当个人的意见与其所属群体或周围环境的观念发生背离时，个人会产生孤独和恐惧感，于是，便会放弃自己的看法，逐渐变得沉默，最后转变支持方向，与优势群体、优势意见一致。这个过程不断把一种优势意见强化抬高、确立为一种主要意见，形成一种螺旋式的过程。"[1]由于在现实中的会议、聚餐、研讨、旅行等场景中经常出现类似的情况，观众

1　罗永雄：《情境限制下的个体认知颠覆与沉默螺旋的扩散——从"洞中个体"的沉默到优势意见的加强》，《东南传播》2009年第5期，第83页。转自［美］沃纳·赛佛林、小詹姆斯·坦卡德：《传播理论：起源、方法与应用》，郭镇之等译，华夏出版社2000年版，第340页。

在获得满满娱乐感的同时也不得不被动地思考：我会做得更好吗？

可以说，真人秀节目中以规则限制参与者行动强度、烈度、范围、方向的方式进行的细节设置，大多原本是社会学、心理学、传播学范畴的实验条件限定，这种限制的精准制定有利于在真人秀搭建的"舞台"上展示出或强或弱的戏剧性，构成节目的看点。

仍以2018年湖南卫视播出的配音真人秀《声临其境》为例，配音类的节目由于侧重于声音的竞技，尤其需要在画面呈现等方面用心设计。在第一季第八期"有腔调的声音"比赛中，曾主演《大明王朝1566》的优秀演员黄志忠的本名被诨号"北极熊警官"取代，曾主演《疯狂的石头》的实力演员郭涛成了"爱吃鸡的老狼"，在《破冰行动》中成功刻画反派角色林耀东的演员王劲松摇身一变成为可爱的"小松鼠"，而"直男"郭京飞也有了个模糊形象新雅号"小甜甜"。给选手们取绰号，甚至以反差较大的称谓来迷惑选择者、评论者，最直接的好处就是有利于"盲选"，演播室内的嘉宾和现场观众只需判断配音质量的优劣，不必受到选手人气高低、自身对选手喜爱程度的影响，他们每一句与真实情况相左的揣测都产生了由于"反差"带来的戏剧效果。为了能够"适度"地透露配音间里的情况，对现场进行有限的调控，节目设置了"声音助理"沈梦辰，其实这就是一个"观察员"的角色，她小心维护这种"信息差"的尺度，加以调控，以有效保持现场的"学员"及其他"观众"们不至于觉得难度太大而放弃，又始终难以猜到的戏剧效果。基于这个原则，所有"声音大咖"的形象在演播室内以虚拟的电子影像出现，每一位的亮相"招呼"也刻意迎合制作方为之设定的角色，协助制作方在开场时刻保持悬念；而"声音助理"在与演播室内现场的"助声嘉宾"们通讯的过程中不断"泄露"信息，或推波助澜，或搅浑池水，配合主持人共同推进节目内容的发展。他们之间的认真问答、插科打诨、一惊一乍对于现场由王晓鹰、狄菲菲、刘婉玲、丁文山、李传缨、任志宏等专家组成的点评团起到了富于戏剧性的干扰作用，严肃的点评者和七嘴八舌的新声学员愈是努力猜测，就愈是具有戏剧性，于是，由于规则上的"隔离"所营造的戏剧性就连绵不断地产生了。

四、做好观众看不到部分的补充说明

在一档真人秀节目中，观众看不到的部分有很多，其中很重要的一点是对于规则的说明。与游戏的开场介绍一样，对于规则的说明不能怕麻烦，正所谓"磨刀不误砍柴工"，观众对于规则了解得越是清楚，节目中的矛盾冲突也就越是明朗。不然，观众就会不明白选手的矛盾和阻力在哪里，为何要做出当下的这种选择。这些看不到的重要元素包括人物的心理生理状态、人物特殊的爱好与信仰、已经发生过的情况等。

真人秀作为电视游戏而言，利用的是"赌徒心态"——入场的"赌徒"争名夺利，场外的"赌徒"在心态上押宝下注、摇旗呐喊。它虽然用到了一些影视方面的制作手段，但核心的吸引力在于过程中无数次的"掷骰子"以及结尾阶段的"收官高潮"。这种赌博过程中"决定赌徒命运"的时刻体现的是看客对于"人的命运的关注"，形成了戏剧张力。美国的文化批评家保罗·福塞尔（Paul Fussell）认为："电

视大体上来说是一种贫民媒体。"[1]这种"贫穷"不只是体现在受众的经济水平上，更暗讽这些人以及节目的制作方思想浅薄、文化水准低下。这些电视真人秀节目的参与者们在貌似真实的虚拟世界里，如别墅里、荒岛上，共同生活一段时间，或者共同做一场游戏、完成一次旅行，并不是研究人类的命运，而是期望借此快速改变自己的命运，一夜成名。即便是大受欢迎的明星参与的节目，目的也是为了赚更多的钱。事实上，在发现真人秀吸引广告商的能力之后，各家有能力制作大型节目的电视台出于挽回收视颓势的需要，常常选择倾全台之力把本不宽裕的制作经费孤注一掷到真人秀的制作中去，以图力挽狂澜，遏制电视观众与广告商滑向新媒体的颓势。因此，那些由"明星"参与的真人秀无不以高出影视剧拍摄数倍的"天价"邀请有"人气"的艺人，甚至出现了有的艺人号称"演员"，但作品乏善可陈，只是在各家的真人秀中"混个脸熟"的奇特现象。

真人秀的风靡还得益于移植于游戏的节目过程可以使参与者、观众双方都得到"快感"。快感主要作用于身体感官，是身体感受到快乐、放松、舒服的感觉。快感早期被认为是低劣的心理作用，是需要被抑制的"丑恶"与"羞耻"的关联物。早期西方理论对快感持坚决批判态度，亚里士多德认为思维的快乐远高于生理的快乐。康德在《判断力批判》中认为快感应该被分为两类——"一类是审美愉悦的快感，另一类是享乐主义的快感。他认为后者会阻挡人们的自由沉思

1　[美]保罗·福塞尔：《恶俗：或现代文明的种种愚蠢》，何纵译，北京联合出版公司2017年版，第105页。

乃至导致人的堕落"[1]。显然，大多数真人秀的快感来自享乐主义的刺激。在我国，随着管理部门的政策引导，《朗读者》《见字如面》《万里走单骑》《了不起的挑战》等一批有益于身心的文化真人秀日臻完善。

1　杨磊：《真人秀节目游戏规则的快感生产研究》，南京师范大学硕士学位论文，2019年，第10页。

第三章

电视真人秀中的戏剧化创作要素

我国自 1958 年成立第一家电视台——北京电视台（中央电视台的前身）以来，在长期的广播电视工作中谨慎对待"娱乐"观念，把"教育"功能放在首位。1983 年春，第十一次全国广播电视工作会议明确提出广播电视节目要"以新闻节目为主体、骨干，以新闻改革为突破口，推动广播、电视各类节目的改革"。"'新闻立台'的理念就在全国各级电视台的建台过程中逐渐形成，新闻就成为从中央到地方电视台的立台之本。"[1] 严把"宣传"关的思维，淡化了电视的娱乐功能，也给电视工作者套上了一个"紧箍咒"——如何在加强宣传思想的前提下把节目做得更有可看性。

　　从黑白画面到彩色信号，从单信道伴音到立体声环绕的技术升级，从画面、音响、后期包装等外部手段不断升级换代，到在内容上囊括曲艺、舞蹈、音乐、电视电影、电视剧等艺术形式并加以针对自身特性的融合与改进，电视这种媒介经历了半个多世纪的改良与发展。今天，电视在影像质量指标上不断与电影接近，在伴音技术上逐渐向"杜比数字"环绕声（Dolby Digital Plus）技术靠拢，在便利性上不懈尝试向移动网络媒体移植，在内容种类上涵盖了几乎人类全

1　谭天、覃晴：《"新闻立台"：回归与选择》，《新闻与写作》2010 年第 2 期，第 30 页。

部的人文、政治、科学领域，却在社交视频App面前一蹶不振，疲态尽显。回头看来，没有能够充分发挥自身优势，与新兴媒体在"对方"擅长的移动互联领域"竞技"，显然是电视受挫的主因。反观网络媒体，无论是中等长度的娱乐系列短剧《万万没想到》，还是以短视频、微视频为主打的"抖音"，从解构严肃文化出发，赢得了年轻人的喜爱，它们依靠的显然不是明显难以登大雅之堂的声画质量，而是充满戏剧性乐趣的内容策划及反传统思维的表现方式。

对于以擅长制作中长视频取胜的电视来说，放弃与通讯科技企业在移动互联方面的竞争，在影音技术和内容质量上追赶大银幕，错位深耕中长视频的文化艺术旨趣，进一步加入、加强"戏剧性"以放大优势，显然是一种值得尝试的办法。真人秀的成功因素中，就包含了不少对于网络文化的学习与借鉴：加快剪辑节奏，加入"鬼畜"等新潮技法，在旁白、字幕、音效等元素使用上适度夸张，在画面叙事上善于利用"噱头"，制造小悬念和兴奋点。当然，最主要的成功因素，显然还是对于戏剧艺术的借鉴和学习。笔者认为，在电视真人秀创作中，主要包含了以下三个能够带来戏剧性的成功因素。

第一节　设定能够带来戏剧性的角色

真人秀的戏剧性结构首先提供了一个完整的、具有一定长度的行动过程，这成为刻画人物性格的物质基础。一些室内游戏节目具有很强的戏剧冲突和悬念，近年来也非常注意突出节目中人物的性格特点，却难以塑造出令人难忘的形象，一个重要原因就在于这类节目缺少有相当长度的戏剧结构，不能充分表现人物，也很难让观众对节目中的人产生真正的关切。真人秀则"不论是以连续剧的模式还是系列剧的模式，都以一个至多个播出季的充分时长来表现人物，再加上高度自由的空间环境，让人物充分行动起来，与观众形成共鸣"[1]。

在传统的电视节目中，参与节目的嘉宾和观众的形象是单一而抽象的，演员会进行一段表演，歌手会奉上一段歌唱，魔术师则完成一场魔术秀，观众记住的是他们的表演，无法辨析他们到底是怎么样的人。当电视节目演化到了真人秀阶段，这些参与者不再是一行身份介绍的字幕，或者一屏背景文图并茂的静帧，而是随着叙事长度的推移，逐渐和影视剧中的角色一样拥有了立体、丰满的人物形象。

西方在提出真人秀概念的时候，并没有把"human/people"（人物）加入"真人秀"一词当中。由此可见，西方的真人秀概念在创作之初并不把真人秀当中的人物设为主角，而是将其中角色所经历的种种情况作为卖点。简单地说，"西方的真人秀节目主要以悬念来推动整个叙述，其中包含许多情绪的宣泄和模拟的元素，这些元素造就了一定的悬念，通过这些悬念来抓住观众的目光"[2]。在影视剧中，创作者经常把设置一个"小人物"或者"小事件"作为推动剧情的"发动机"。同样，在电视真人秀节目中，创作者也常常加入容易引起突转与悬念的次要人物。譬如，在前文所述

---

1 苗棣、王更新：《纪实话语与戏剧结构——电视真人秀的叙事特点》，《现代传播》2014年第11期，第79页。

2 陈虹等：《电视节目形态：创新的观点》，复旦大学出版社2018年版，第143页。

的美国 Oxygen 电视台制作的《一刀两断》节目中，当夫妻双方正在接受节目采访的时候，"丈夫"的"小三"突然来到现场，这时候"醋海"翻波，必然会有剧烈冲突的场面出现。并且，这一戏剧性场面的出现也使得节目从最开始记录下来的双方日常行动都变得充满了戏剧性效果。这种做法在普通电视节目中也经常得到运用。譬如，我国中央电视台的知名采访节目《艺术人生》，就常常严密隐瞒被采访的嘉宾，邀请来对方多年未见的师友，营造采访现场的"小惊喜"，以获取不错的戏剧性效果。真人秀与传统电视节目的不同点在于，真人秀节目中的"主次人物"都是立体而明确的"人"，他们之间是没有明确的区分的，也常常发生转换，而《艺术人生》之类的传统节目中的"神秘嘉宾"只是一个激发戏剧性场面的元素，因而不能将这种戏剧性持续发展，它往往昙花一现，成为节目的点缀。因此，本书所强调的"人物"并不仅局限于"有名有姓"，而是如影视戏剧一般能够构建人与人之间关系并不断发展的"角色"。

事实上，真人秀发展到今天已经衍生出许多种类，在不同的时期各有消长。总的来说，大体可以归结为游戏竞赛真人秀、才艺表演真人秀、生活体验真人秀三大类。早期的真人秀重视的是"游戏"和"记录"，其中的人物是符号化的，因为无论是哪位参与者获胜，观众在乎的都是"闯关"的游戏过程和结束的谜底揭晓。如果没有媒体在节目以外对参与者的刨根问底，这些参与者的形象是模糊不清和平面化的。这种模糊不清并不是社会身份的模糊，相反，几乎每个节目对于出场者的介绍都会十分详细，并力陈其身份、职业、性格爱好，但这种介绍对于一个"人物"来说是远远不够的。

一名优秀的演员去挖掘角色的多面性，也会主动去丰富角色"看不到"的那些表层以下的信息，这些信息会超越他的身份、职业、年龄、性格、爱好、容貌等表面因素，成为"姓名"等社会性符号指代下的那个有思想、有情感、有血有肉的"人"。因此，从戏剧的角度看清楚一个人并非仅仅依靠书面上的那些背景文字，也不单单是画面上的衣着容貌，而是将这个人置于规定的情境之中，给其施加一定的压力，观察他的行为，从而了解其内心与思想。对于戏剧创作而言，这种压力下的人物行动会推动剧情的发展、转折、高潮。正如李建平教授所指出的："'戏剧性'应该是在人物关系和情节发展中产生的合乎情理的、有机的、不可逆转的'突变'，这种突变导致人物关系发生质的变化，导致人物产生更加积极的行动，舞台上发生了使观众感到更大兴趣的戏剧情境。"[1]

　　1997年，美国派拉蒙影业公司出品了一部电影《变脸》（Face/Off），剧中的FBI探员为了破案换上了恐怖分子的脸皮，却被苏醒后的对方贴上了自己的脸皮，盗窃了自己的身份和生活。影片回避了医学与科技层面的技术难题，在"正邪不两立"的传统主题下，以影像的"真实"有限度地展示了每个人内心都存在的"另一个自己"。故事照常落入好莱坞式"奖善除恶"的窠臼，以"坏人"的殒命圆满结束，但留下了一个个耐人寻味的问题，譬如：如果探员没有获胜，恐怖分子会不会以他的身份继续做一个"好人"？即使探员获胜归来，谁知道回来的这一位是否仍然是原来的那个人？

1　李建平：《戏剧导演别论》，上海书店出版社2011年版，第81页。

探员的妻子及恐怖分子的弟弟真的分辨不出自己曾经朝夕相伴的人吗？……总之，媒体与学界在影片上映后对导演吴宇森的"暴力美学"不吝溢美之词之余，并未展开对此剧设定的种种问题的探讨，而是随着剧情的结束也终结了剧外的思考。这也是大多数影视作品所面临的问题：毕竟这是一部虚构的戏。但真人秀里的参与者是真实的，他们的性格、特长、职业、习惯等也都是真实的，这就为观众们带来了更大、更为深入的思考空间。

早期的真人秀与影视剧和戏剧的艺术性、思想性挖掘差距巨大，因为节目的设定并不需要美感或动人的情节，只是需要一起"做游戏"、竞技或者表演才艺，而这些都超然于真实生活之外，不需要太多美的感受、剧情的投入、思考的深入。节目播出的时间也短，最长的节目大约是一个小时，只有传统影视戏剧的一半。参与的各色人等只需要单纯地按照游戏规则去完成任务，并不需要太多的思考与选择的空间。但到了中后期，真人秀所带给观众的就不只是这种"虚幻感"，而尽量增加了"剧情"，也有了人物冲突的乐趣，即便是假设的情境，也一样更能够展示出真实的人性，因为即便参与节目的是演员，他们"演"的也是自己，而不是角色。虚构的真人秀秀场让受众观察到的是真实的人，而力求真实感的节目展示的是经过片方选择和修饰的人，这也是真人秀的诱人之处。原本从生活中汲取养分的影视剧，在真人秀中成为架构上的技术支撑，而真人秀所揭示的社会事件以及所折射出来的社会状况，又给予影视戏剧丰富的遐想空间，双方各自针对对方的形态创作出相应的作品：剧集的播出衍生出新的综艺种类——剧衍综艺；真人秀节目则衍生了以真人秀游戏为主题和内容的影视作品——真人秀电影（电视）。两者之间相互作用形成一种"互哺"生态。其中，以观察类真人秀与纪实肥皂剧的"互哺"最为显著。

肥皂剧的根源"可以追溯到20世纪30年代的广播肥皂剧，当时美国电视台推出这一形式电视剧的目的在于推销家庭清洁用品"[1]。它的目标人群就是蜗居家中操持家务的家庭主妇，满足她们在做洗衣服等家务的同时，能够看完一部15或30分钟剧集的特殊需求。正由于对收听、收看的注意力要求不高，肥皂剧不但在受众选择上有偏重女性的倾向性，剧情也相对比较松散，人物不能太过复杂，从而受到文化精英们的歧视。在社会上，热衷于收看肥皂剧的人也被认为是简单、低俗、乏趣的家庭妇女，她们不为主流媒体所关注，不被主流社会所重视，青春不再，消费能力也有限。然而，家庭日用消费品商人发现了她们的价值所在，联合商业媒介为她们敞开了一扇打发沉闷生活的大门。例如，对英国观众影响巨大的纪实性肥皂剧《驾驶学校》(*Driving School*)。该片讲述了一群人学驾驶的过程，"其中的一个角色是Maureen，影片中有超过4集的内容是描述她第7次尝试通过测试。这种类似于肥皂剧的制作手法将Maureen整个学车经历贯穿于剧中并且展示了她驾车过程的戏剧性"[2]。

1990年，我国引进了在当时风靡全球、陪伴我国一代青少年成长的美国广播公司（ABC）摄制的肥皂剧《成长的烦恼》(*Growing Pains*)。许多人至今仍对其中的各个角

1　高赟：《美国肥皂剧的历史》，《戏剧之家》2014年第3期，第288页。

2　胡文杰：《论英国纪实性肥皂剧的三个核心问题》，《浙江传媒学院学报》2009年第3期，第55页。

色如数家珍，最令人念念不忘的是父亲杰森·西佛（Jason Seaver）、母亲麦琪·西佛（Maggie Seaver）以及他们的孩子迈克（Mike）、卡萝尔（Carol）和本（Ben）。从今天的视角来看，如果不是有限制台词与剧情的剧本，把那些剧中人物的表演当成真人秀选手的真实反应和行动的话，这部老牌情景喜剧又何尝不像是一部观察类家庭生活真人秀。反之亦然，如果不是知道真人秀中的选手们是在"做任务"，它又何尝不似一部絮絮叨叨的纪实类肥皂剧。两者在内容上都以"兜售"电视屏幕上的人们的"隐私"为卖点，在形式上都是定期、定时、定场景、定时间长度与观众见面。它们之间最重要的区别也许仅仅是"重剧情"与"轻剧情"之间的不同。此外，肥皂剧中是完全虚构的社群与演员扮演的"角色"，而真人秀虚拟情境之下的是真实群体。事实上，真人秀中也不乏编剧的用心创作以及导演的精心安排，如《老大哥》《幸存者》《学徒》《阁楼故事》《完美假期》《超级保姆》（Super Nancy）、《诱惑岛》（Temptation Island）等比较成功的真人秀，都在叙事策略与模式上与纪实肥皂剧极其相似。肥皂剧为真人秀的策划与剧情设定提供了借鉴和参考，真人秀为肥皂剧的编剧提供了丰富的素材和案例，双方形成了一种"互哺"生态。

在著名的美国电视剧《纸牌屋》（House of Cards）第二季中，大反派主角弗兰克在宣誓就职副总统的庄严仪式上，突然对着镜头坏坏地插了一句："离总统只差一步了，却不用一张选票。"这种在中国戏曲中叫作"背躬"的传统表现方式，在西方戏剧中也会偶有运用，但在影视剧中却绝少出现。一直到最近几年，在《办公室》（The Office）、《纸牌屋》等电视剧中，甚至在某些西方电影里，这种不太符合生活逻辑却非常有利于人物刻画和情节发展的手法颇为引人注目。"熟悉电视节目情况的人则很容易联想到，这种叙事的话语形式大概正是受到了近年来风生水起的电视真人秀的影响。"[1]严格来说，这种"布莱希特式"的"跳出"在戏剧演出中早已有之，电视真人秀的大量出现，在一定程度上加深了观众对于影视作品中采用这种手法的接受度。

事实上，一些真人秀节目选用的编剧团队很多就是肥皂剧的原班编剧人马，他们以电视剧生产的分工模式流水线作业，能够承受电视真人秀录制的高强度、高效率。相比之下，戏剧、电影创作中的编剧、导演、摄影、录音等各工种的工作人员就难以适应真人秀录制的高速运转。可以说，真人秀以牺牲一部分剧情、画面、声音、表演等方面的完成质量来获得产出效率，在难以两全的情况下，对于艺术品质的把控会有所妥协。在这种状况下，为编剧工作尽量提供更多的保障，以富于戏剧性的剧情为节目打下收视基础，以剧情设置等"软实力"进行比拼，是各家制作团队最具性价比的明智选择。

然而，在真人秀发展之初，出于对以往电视节目依托"明星效应"提高收视率这种做法的迷信，各家大型真人秀不约而同地选择了邀请知名艺人参加节目，目的是保障集全台之力的重大项目能够"一炮打响"，以至于出现了各家卫视"抢明星"的不良现象。在演艺界也出现了作为演员不以表演为主业，奔走于各家电视机构搭建的真人秀秀场，轻轻

1　苗棣、王更新：《纪实话语与戏剧结构——电视真人秀的叙事特点》，《现代传播》2014年第11期，第78页。

松松出镜拿到的报酬反超辛苦拍戏赚到的酬劳的"怪现象"。甚至出现了一些"搭顺风车"的"新生代艺人"，他们没有太多机会参加影视剧的拍摄和舞台剧的演出，通过参加真人秀在电视屏幕上混了个"脸熟"，被质疑"是否可以称之为演员"，引发了舆论争议。更有人专门以参加各家"相亲真人秀"节目为致富捷径，线上线下隐瞒自己的真实身份与人"谈恋爱"，节目组竟然推波助澜，帮他们设计脚本和台词，制造"宁愿坐在宝马车里哭，也不愿坐在自行车上笑"一类出格言论的"卖点"，不但欺骗了电视机前的热心观众，也戏耍了参加节目的单身青年，造成了不良社会影响。此类节目还衍生出了出于各种目的创建的、可疑的"交友"网站及"交友"App，助长了社会不良风气的蔓延。

当然，"低俗"所带来的也并不完全是负面影响，极低的信息读解门槛及其丰富而鲜活的影像表达方式使其拥有了解构"崇高"的力量。由于贴近生活，善于糅入普通民众所关心的技艺、情感、生产、生存等"俗"问题，这种轻松有趣的节目自问世起就在事实上解构了电视媒体的严肃性，其所引发的话题讨论散布在广播、电视、报纸这些传统媒体以及微博、贴吧、论坛、微信朋友圈等网络空间，将这两类原本不尽和谐甚至常常对立的舆论场铆合在一起，显示出强大的生命力以及意识形态排他性（Ideological Exclusivity），"使得它们成为非常典型的葛兰西（Antonio Gramsci）笔下的'权威的危机'的文化争霸场所，或者说霸权不断被质疑、消解和重构的场域"[1]。

---

[1] 汪凯：《网络草根文化：文本生成特征与文化生产权力之转移》，《浙江传媒学院学报》2015年第5期，第63页。

2015年7月22日，国家新闻出版广电总局发布《关于加强真人秀节目管理的通知》，对于真人秀节目的生产制作提出了六点要求，从节目操作层面对于创作方是否重复了英国纪实性肥皂剧及其衍生品电视真人秀节目在普通人参与基础之上的"事实性娱乐"以及"通俗与民粹主义"的性质提出了质疑。[1]这种质疑已经脱离了政府指令的政策层面，是在可操作性层面提出了参与人员"去精英化"、录制内容"去戏剧化"、节目呈现"去商业化"的具体制作要求，与制作机构以及电视观众、网络看客形成主流话语权的场域争夺态势。其中，让节目制作方感到相对比较棘手的主要有以下几点[2]：

一、真人秀节目不能为吸引眼球激化矛盾，突出放大不良现象和非理性情绪，也不要以"考验""测试"的名义人为制造和展示"人性恶"事件；

二、要充分利用中华文化元素、中华美学精神对引进节目模式进行本土化改造。要树立文化自信，摆脱对境外节目模式的依赖心理；

三、不能为了追求戏剧化效果，故意干预事态发展、违背生活逻辑，设计制造与日常生活经验反差较大的环节和"看点"，特别要防止明星嘉宾作假作秀、愚弄观众。

文件将提倡正面引导观众和不得人为制造和展示"人性恶"放了醒目的第一条，到第三条又再次强调不得违背核心价值观和公序良俗，从"立意"上限制了策划者以低俗内

---

1 吴畅畅：《浅议当前普通群众参与的（电视）真人秀节目的生存现状与发展趋势》，《新闻大学》2016年第4期，第51页。转自［英］斯特拉·布鲁兹：《新纪录：批判性导论》，吴畅畅译，复旦大学出版社2013年版，第197页。

2 新广电发（2015）154号《国家新闻出版广电总局关于加强真人秀节目管理的通知》2015年7月22日文件。

容吸引观众的可能性。这完全符合相关主管部门在影视剧等文艺创作中反低俗化的一贯倡导。然而，相对于拥有虚构优势的影视剧而言，真人秀的"真实"特性在戏剧结构及尺度上先天受限，在叙事上很难采用倒叙、插叙、补叙、间接叙事等高自由度的创作手段，在后期剪辑中也不适合使用明显艺术化的夸张、比喻、拟人、拟物、移情、象征等手法，如果"选材"不当，更难以通过富于戏剧性的"人生"和"非常态"的景观、技能吸引观众，出于节目生存的考虑，便不得不采用"激化矛盾""放大冲突"这类便捷手段凸显戏剧冲突，达到哗众取宠的目的。显然，这种"生硬搬弄"所谓"戏剧性"的做法不但脱离了正常生活逻辑，伤害了节目的真实性，更对行业乃至社会风气产生了不良影响，容易造成观众的审美疲劳甚至反感。

　　然而，节目组要在"真实"的基础上展示生活中以实现良好愿望为目标的"矛盾冲突"确实存在一定的难度，因为影视剧可以通过虚构来实现"理想结局"，记录式的真人秀拍摄如果"背离真实"便会陷入两难境地：真人秀的观众正是期待通过参与或者围观这种"一夜之间改变命运"的人生机遇来弥补生活中绝大多数的颓废、沮丧、不满、无聊和失败，正是这些"负面"阻力生产了人们看到"试图"战胜它们的欲望，这种尝试的不确定性因阻力的强弱而增大或减小。事实上，"主角光环"的常胜只存在于虚构的童话故事式的圆满结局里，若要真实体现现实的残酷，就会与政策的导向相悖，而如果回避、无视这些社会生活中的种种阻碍，便不再是"真"人秀。因此，这种管理要求难以从创作层面得到合理掌控，制作方出于避免"踩雷"的安全考虑，在创作中放弃一部分能够产生较强戏剧性的人物与事件，退而求其次选择那些戏剧矛盾冲突相对不那么剧烈的元素，"自律"地将节目内容控制在高于管理部门的要求的范畴以内。

在管理部门的政策引导下，在我国近几年来比较流行的观察类真人秀中，表现"静好生活"的"慢综艺"占到了大多数，并大多把重要的场景放到了户外，把"同一屋檐下"人与人的龃龉摩擦，转换为"安全"的人与自然的融合适应。以以探险为叙事线的《走进香格里拉》为例，这个节目把人际间的冲突转变为人与自然之间的矛盾，讲述了人在面对恶劣自然环境时的智慧和抗争，虽然迎合了管理部门所要求的弘扬传统文化、重拾传统道德、追求和谐社会、讲究团结友爱的指导方针，但剥离了"人"的社会属性后的"风光""奇观"容易引起观众的审美疲劳，丢失观众的观看"粘度"。不同于欧美国家相似节目的借自然条件创造戏剧情境，展示人类社会的戏剧性场面的做法，这种与天地斗而不与人斗的"真人秀"虽冠以"真人"的称谓，却更像一部纪实专题片。[1]如何在公序良俗与戏剧性的运用之间获得平衡，是放在创作者面前难以把握的一个难题。

为了在"角色化"录制中维护"真实性"记录的节目形态，在两者之间取得平衡，真人秀对参与者的选择也遵循肥皂剧的演员挑选准则，甚至不惜牺牲"公平性"。在20世纪50年代，美国智力竞赛节目曾经曝出丑闻，制片人为有风度和受欢迎的参赛者提供答案，以便让他们尽可能长时间地在广播中"露出"。与此同时，"难搞的人、爱抱怨的人或自作

1　晏凌、田昊：《规避、挑战、还是超脱——从戏剧冲突看电视"真人秀"节目本土化发展》，《中国电视》2004年第9期，第44页。

聪明的人"被系统地从节目中过滤掉。[1]这在国内"准真人秀"电视节目制作中也是常见的"作弊"方法，譬如新节目在开播之时先邀请节目组人员的亲朋好友当嘉宾，以弥补因节目尚缺乏知名度而造成自愿报名人数不足的缺憾；有的节目"关照"评委，把他们认为"有戏""有故事"的选手留下来，以防止这些人被意外淘汰。

以中央电视台的《非常6+1》为例，节目中的选手来自节目组的主动寻找和选手自愿报名，但是并非报名者都可参加节目，只有那些形象、才艺、个性符合节目需要的，才能被选中。每期《非常6+1》通常挑选3位选手参加录制，他们要经过6天专业培训，然后参赛展示自己，再由现场观众评出最佳。然而，"节目中所展现的选手被主持人如何找到、在专家培训下选手如何努力等故事，都是节目编导根据节目需求临时编的。每个选手的出场都不一样，所讲的故事也不同，编导要使故事在内容上尽量'出人意料'，有时编得还特别感人，让电视观众看了很动情。人是真的，表演是真的，但是某些环节却是经过刻意安排的，为的是选手能够'秀'出来"[2]。

《中国好声音》的做法相对就比较"聪明"，既保留了戏剧性，又遵循了主管部门的指导思想。节目没有安排"毒舌"（言辞尖刻，易于引起关注的代名词），不依靠制造出格的事件来招徕观众，以四位专业导师和一个个以歌唱天赋见

1　Xavier L'Hoiry. *Love Island, Social Media, and Sousveillance: New pathways of Challenging Realism in Reality TV*. Department of Sociological Studies, University of Sheffield, Sheffield, United Kingdom, 2019.

2　周建军、陈一：《电视真人秀节目的价值批判》，《苏州大学学报（哲学社会科学版）》2007年第9期，第86页。

长的草根选手的双向选择与互动形成悬念，以歌手出色的才艺为节目支撑，以导师们相对中肯的点评作为知识性的"点缀"。在这个评委与选手之间双向选择的舞台上，参赛者不再是被动选择的"弱势群体"，而是同样拥有了"导师选择权"，当这些导师按键转身后，选择权也就从导师转移到了学员手中，导师们成为被学员挑选的对象，他们需要竭尽所能吸引学员加入自己的阵营，双方处在平等的平台上互动交流。导师之间为争抢学员，除了要不时奋力"叫卖"，还要相互"打压"，拌嘴"拆台"，尺度控制在友朋争论的范畴之内。节目故意让观众看到"大腕"们与日常镜头前不一样的一面，虽然还是作秀的成分居多，但毕竟增添了不少"不可预测"的"剧情走向"和"独家情节"，加强了节目的戏剧性，在小心保证戏剧性场面呈现的同时也迎合了"正面""向上""良性竞争"的政策导向。这是成熟真人秀合理运用节目规则、流程和参与者的选择来保障节目戏剧性效果的一种正面做法，为不少同类节目所效仿。制作方显然对于这个环节的设置非常满意，在他们的宣传造势中，从转椅的价格不菲到导师"收徒失败"的伤心无奈都成为值得夸耀的谈资。对于被这个环节吸引的普通电视受众而言，其实座椅的贵重和导师的窘迫等元素本身并不能产生恒久的吸引力，在节目以外的现实生活中，无法如此"公平"地双向选择的无奈或许才是大多数"怀才不遇"者内心深处最容易被拨动的痛点。可以说，真人秀的吸引力不仅来自奖品诱惑、明星效应、奇人异士、奇风异俗等可见层面，也来自在流程设计上对于社会补偿心理的迎合。

　　与《中国好声音》相似，《中国达人秀》在面试报名阶段就判断选手的才艺是否符合节目要求，做到必须挖掘到对方获得这种才艺背后的故事，判断人物性格，并设计之后人物的命运走向，严格做好这些资料的"保密"工作。只有这样，才能呈现出如同戏剧创作中所谓的"意料之外"而又在"情理之中"的戏剧性场面。为了做到这一点，所有选手在初赛亮相时，都不能进行任何的彩排，也不进行详细的介绍，保证全体评委以及现场观众对他们的表演内容一无所知，不会提前泄露"谜底"。不仅如此，节目组还要刻意降低评委和观众对这些平民选手的期待，以确保他们一旦展示出超人技能时能够让评委和观众形成心理反差，产生"戏剧性"的酣畅感受。因此，当这些来自平凡岗位、貌不惊人的"普通人"登台亮相并展现非凡才艺时，除了挖掘他们的幕后工作人员"心中有数"，那些明星评委、现场观众和电视机前的普通观众没有人会预料到"下一刻会出现什么"，有时还要替选手捏一把汗——他能够做到吗？从而产生期待感，形成戏剧张力。当"谜底揭晓"，这些人在同一时间不同空间展现出惊讶、欢呼、流泪、振奋、惋惜等那一瞬间最真实而直接的情感相互影响，产生"共情"，使节目产生良好的社会效应。并且，录影棚空间内这些自然流露的惊喜、失望、同情、感动被事先准备妥当的20个机位精准抓拍，有的被当场投映到大屏幕上，加强了这个录制空间的"剧场效应"，有的通过后期的累积、对比、重复等蒙太奇剪辑，进一步营造出强烈的戏剧性场面。当然，这个节目也有不少内容被人诟病，比较突出的就是"讲述成长故事"的环节。"讲故事"是大多数才艺类真人秀的"规定动作"，虽然大多数节目能够努力"提炼"不去"编造"，把表现的重心放在他们的才艺表演上面，但这个"提炼"少不了针对戏剧性元素进行加工的"工序"，容易发生"加工过度"的情况，不少本土节目直接从不善于构思"戏剧性"环节走向了哗众取宠的极端，并为了获得轰动效应而造假。

《中国达人秀》是源自西方成熟节目的"本土化"复制，有相对严谨的节目生产流程和"产品质量控制"，至少在前期还能坚持主要从选手的才艺本身去寻找"陌生感""反差感""惊喜感"，甚至如用节目组挂在口头的"变态感"来表达"非常态"的戏剧性，那些从选手身上发现、发掘的富于戏剧性的人生故事也基本控制在一个观众可以接受的范围以内。譬如，10岁时因触电失去双臂的帅小伙刘伟，身残志坚，不但勤奋练习用脚代替人手的功能满足正常的生活工作，甚至打字速度超越大多数健全人，达到每分钟250个字符以上，在节目中表演的钢琴弹奏达到了不可思议的专业7级的水平。在"达人秀"的舞台上一夜成名后，他参演了多部残障题材的影视剧，并且收获了爱情，结婚生子。还有来自河南的"鸭脖小贩"周彦峰，他从小喜欢口技，能模仿各种动物的叫声。在比赛现场，他一开始表演一头被宰杀的猪，在全场哄笑中被淘汰后，他在离别感言中说出自己主要是为了满足妻子的愿望报的名，因为他有一次凌晨三点收摊，看到喜欢唱歌的妻子许娜在桥洞里练歌，非常难过，就产生了满足妻子站上舞台的念头。可惜的是，海选当天他们的女儿把小珠子塞进鼻子取不出，被送去了医院，妻子许娜赶回比赛现场发挥失常，痛失晋级资格。为了让她能够有机会来上海音乐厅感受一下这个音乐爱好者心目中的"神殿"，周彦峰带她来当自己的"观众"，希望评委能够再给她一次机会。在现场观众的喝彩声中，评委们同意给这个"特殊"的选手一个额外的机会，结果许娜发挥稳定，以一曲《干杯，朋友》成功晋级。还有26岁闯荡海南，送过报纸，当过建筑工人和酒店服务员的高逸峰，他在广东卖唱时因为不会唱粤语歌被娱乐城老板吼"你可以滚回去了"，之后他苦学粤语，不但扎下了脚跟，还开办了自己的连锁歌厅，过上挥金如土的富豪生活，没过几年公司又因管理不善破产，他负债三百多万，三十多岁急出满头白发，在报名参加《中国达人秀》时已经二次创业开了间包子铺，重新奋斗成为餐饮公司董事长。在节目中，他凭借扎实的唱功以一曲《从头再来》征服了电视机内外的观众。

　　这三个故事只是《中国达人秀》的众多选手中比较典型的人生经历，他们的遭遇有一个共同特点，就是"置之死地而后生"，他们到了人生的最低谷不轻易放弃，笑对磨难，积极生活，努力奋斗，咬紧牙关终于"逆袭"成功。由于"真人秀"的"真实性"，这些在影视剧中大概率会被指责为"玛丽苏"剧情的"凡人"故事会产生比虚构情节更强大的励志感，再"夸张"的"戏剧性反转"也容易被包容，观众不会轻易去质疑它的真实性。当然，如果万一有选手或节目组被揭发"造假"，其后果也是毁灭性的，失去了真实性的"真人秀"会丧失其戏剧性存在和发生的基础，这与观众的心理期待有关。观众在欣赏影视剧的过程中允许创作方"作假"以换取"麻醉感"，获得精神放松和"情感按摩"，这与观众走进剧场时自然而然与剧场取得"认同舞台上所演绎的均为真实"的"契约"如出一辙。真人秀有所不同，它的纪实性所赋予的"新闻性"天生排斥"虚构"，对于真人秀的观众来说，他们和节目的契约不是"假定真实"，而是"必须真实"。可以说，真人秀的戏剧性的产生源自采撷于生活的"直接真实"，而舞台剧、影视剧的戏剧性的产生源于对生活艺术加工后的"间接真实"。一个节目中的角色与其电视效果密切相关，比如"观众可以通过角色模仿、角色认同、角色归类及与角色进行超社会互动而受其影响"[1]。决定原生素材优劣的"选手"的选择直接关系着节目的成败。

2020年6月开播的《乘风破浪的姐姐》定位于"女性励志"真人秀，但并未安排真正的"励志闯关"内容，全靠参加节目的嘉宾自带的明星效应博人眼球。在第一季中，万茜、金晨、黄圣依、伊能静等参与者都是成名已久的著名演员，表演、唱歌、跳舞等业务能力俱佳，嘉宾阵容的选择以及她们在完成任务中的一举一动都足以在荧屏之外也形成舆论场。但在第二季和第三季中，业务水平能够达标的选手就很少见了，可以明显地看出自第一季爆火后节目理念发生变化，更趋向于成为造星工具。因为很多人都意识到这是一个可以让过气艺人迅速翻红的平台，有意参与的有实力的"姐姐"们以及想捧红自家艺人的经纪公司都想利用人脉资源来左右节目组的选择。这就意味着节目组无法再单纯以实力来挑选"姐姐"，而是要平衡各种关系，向资本和人情关系妥协。于是，在这个节目的第二季和第三季中，选手的舞台演出实力相较于第一季差距明显拉大，让观众十分失望。

当然，改变后的节目也并非一无是处，对于嘉宾职业和身份的刻意差异化就对节目的收视起到了一些正面的作用。

1　[英]索尼娅·利文斯通：《理解电视：受众解读的心理学》，龙耘译，新华出版社2006年版，第173页。

具体表现为嘉宾选手的出道时间跨度大，地域来源广泛，节目对嘉宾的知名度、年龄和职业都做了有意的分化。在第一季的30位"姐姐"中，歌手和演员职业几乎各占一半，外加两位身兼主持人和演员职责的吴昕和沈梦辰；在第二季中，演员占比略多于歌手，有一位兼具专业主持人和演员身份的刘烨；而参加第三季的"姐姐"尽管还是以演员和歌手为主，但职业构成发生了更加明显的变化，来自其他不同职业领域的嘉宾占了近两成。譬如，刻意增加了毕业于北京大学考古专业的"非专业"爵士女歌手刘恋，以及2022年北京冬奥会自由式滑雪女子空中技巧金牌得主、冬奥会闭幕式中国代表团的旗手徐梦桃这样的职业运动员，节目组期待非专业嘉宾能够产生带来由于印象"反差"产生的戏剧性效果。比如徐梦桃，她让观众见识到运动员除了拼搏精神，在生活中也有"欢乐喜剧人"的一面。当然，非专业人士的发挥有可能影响节目观赏效果，节目组在人员构成上也有让专业嘉宾来"托底"的考量。很多网友表示，看完这个节目中上海歌舞团的首席演员朱洁静和中国歌剧舞剧院首席唐诗逸这样的专业舞者的表演，兴奋地去找更多的古典舞视频来观摩，也惊讶于首席舞者原来在生活中这么有亲和力。

相对于"选手"的募集和定位，导师或评委的选择也并不轻松，不能如传统电视节目中那样只看重专业素养和业界地位，还需要"选手"具有出色的镜前表现力，也就是"出镜"和"作秀"的经验。林语堂曾经说，最不喜欢与涵养太好的人下棋，因为体会不到在胜负将分之时看到对方青筋暴起、额头冒汗的那种快感。做电视节目亦然，如果要让节目看上去"有戏"，就不能"你好我好大家好，一团和气"，不但选手之间要有激烈的对抗，选手与评委之间、评委与评委之间也不能是温吞水，而要有明显的观点差异，以增加产生如林语堂先生笔下的戏剧性场面的可能性。

分别来说，对于选手，节目组需要甄选三种人：首先要排除那些带有与节目录制无关目的的"危险分子"，他们不在乎竞争的结果，也就如下棋"无所谓输赢"，绝不会全力比拼，状态也就颓懒；其次是排除容易令观众失去新鲜感的比赛专业户以及专业选手，他们过于娴熟的技能会把原本应该是"势均力敌"的精彩竞争变为"一面倒"，减弱观众对于结果的期待，从而削弱戏剧性；最后还有那些心理素质不太良好的怯懦者，真人秀节目的纪实特质注定它会暴露参与者的部分隐私，而其中一部分隐私需要在现场呈现，让人生的快乐与痛苦、愤怒与无奈赤裸裸地呈现在镜头面前，意志薄弱者很容易减少镜头前的戏剧行动，甚至打退堂鼓，从而造成预期的节目内容缩减，造成制作方的损失。

评委则需要刻意分工，或红脸或白脸，语言、动作、格调要有反差。对于评委，上述的一、三两点同样适用，唯一不同的是评委可以是"专业户"，这是由于他们的评委身份所必需的专业水准保障所决定的。现在很多真人秀评委比选手更有戏，这种"有戏"就是一种戏剧性的呈现。他们或刻意放大情绪嬉笑怒骂；或在平淡的过程中"横生枝节"，制造一些在规则允许以内的矛盾冲突；或对其实完成度并不差的表演吹毛求疵，以展示自己的专业地位和"不同"观点；更有的评委亲身示范、与选手同台竞技，成为没有选手身份的竞争者。真人秀中的评委已经不是简单的"裁判员"，而是集"裁判"和"运动员"于一身的重要戏剧性元素。具体来说，可以遵循以下几点要素：

一、评委的性质可以分为不可替代的评委（行使一部分主持人和节目导演的权力，相对固定）、可替代评委（为使节目内容和形式更加丰富的点缀，可以每期更换）。不可替代的评委具有名誉、技艺、眼光、口才等方面的独特性，譬如CCTV青年歌手电视大奖赛（简称"青歌赛"）中的余秋雨，他在节目中的引经据典、借题发挥把单纯的歌艺选秀推上了文化的高度，使观众对歌手的表现产生"再读解"，也在直播中为节目组统计评委打分赢得了时间，从而成为这个节目中不可或缺的"标志性"评委。相比之下，大多数评委只是完成了具备专业水平的"评判"工作，缺失"秀"的能力和内涵，并不适合推动节目中戏剧性的发生和发展；

二、评委之间的身份必须对等，并且各自都有丰富的生活经历、明显不同的社会背景和差异迥然的思想观念，在节目中要提前设置加大这种差异，以便在节目过程中不断呈现不能轻易解决的"冲突—同盟"式的人物关系。譬如真人秀《美国偶像》（*American Idol*）中的三位评委，一位是扮演"黑脸"的西蒙·考威尔（Simon Cowell），一位是扮演"红脸"的兰迪·杰克逊（Randy Jackson），一位是设计其形象为"话题女王"的宝拉·阿巴杜（Paula Abdul），"他们在六年的合作中，在节目内外不断制造一些轻微的矛盾冲突，既烘托节目气氛，刻意制造一点戏剧性场面，也贡献了自己作为一名评委的'社会表演'"[1]；

三、评委需要具备较强的语言表达能力和表达欲望。从

1　阚乃庆、谢来：《最新欧美电视节目模式》，中国广播电视出版社2008年版，第162页。

这一点看，并不是每一个专家学者都适合在与自己的专业领域内容相关的节目当评委，而那些当了评委的嘉宾也未必非行业泰斗不可。要挑选那些既具有一定专业知识和技能，而又懂得"秀"自己的人来扮演评委的角色。好的评委未必是能够把每一个点评做成学术问答的专家，而应该是能够像教师那样，用最简洁通俗的语言把复杂的专业内容以人们喜闻乐见的方式阐释明白的所谓"达人"；

四、评委需要一定的幽默感和优异的心理素质。幽默感可以带来个人魅力，而忍受力可以保证节目的顺利录制，一个在大庭广众之下无法接受质疑甚至诋毁的评委无法跟随节目的毁誉增减共同成长。事实上，大多数电视真人秀节目的成片片比也超出普通人的想象，现场录制中的"无聊时间"远远超过那些最后能够得到播放的富于戏剧性内容的时长，这对于一名即便是以评判角色亮相的参与者来说不啻于是一种对体力和耐力的考验。

无论评委还是选手，在具有明显区分度的身份设置以外，节目组还要挖掘他们的性别差异、年龄差异、职业差异、学历差异、收入差异、性格差异、行为差异、思想差异。特别是抓取他们在遇到"两难"问题时的思想纠结，在遇到巨大压力的情况下的行动选择，只有这样才能展示出这个人真正的人格与形象，而不是抽象的人物符号。这些差异、选择和纠结不但可以塑造"人设"，丰富人物形象，更可以营造戏剧悬念，增强节目的吸引力。《英国达人秀》以及各国"达人"系列的选角标准主要有三类："第一类是自我突破的普通人，如苏珊大妈和用脚弹琴的刘伟，他们有丰富的故事和惊人的才艺，用巨大的反差让观众震惊；第二类是天才儿童，像英国有着天籁之声的小霍莉和中国的张艾青小妹妹，天真可爱引起观众怜爱；第三类是雷人型选手，如'表情帝'杨迪，诙谐幽默，引得观众笑声连连。这也几乎是各类才艺真人秀的共同选角原则。"[1]

在我国，人们早已习惯于传统节目里评委的表现，基本上不外乎评功摆好，既照顾到被"评"者的颜面，又能够讲出一些看上去超出普通观众认知水平的专业言语，为节目的权威性和专业性添砖加瓦。这些评委大多都以出色的学识闻名于世，而且所说的专业词汇生涩难懂，大多缺少在镜头前吸引观众的招数。然而，电视节目发展到今天，观众已经不满足于看到评委们在镜头上说一些相对"和谐"的话，他们希望看到戏剧性强烈的场面，节奏越来越明快而紧凑的节目也要求评委们能够成为呈现戏剧元素的一个组成部分，而不是可有可无的点缀。如果说像"青歌赛"这样具有"国家队"选拔性质的电视节目还因为其特殊的身份，不得不邀请一批具备绝对公信力的专家学者进行相对公允的裁判评比的话，那么如《中国好声音》《超级女声》《绝对唱响》《中国新歌声》等同类节目则完全没有包袱，完全从戏剧性的产生为出发点邀请嘉宾、包装选手。无论是以在头上点缀一朵超大红花吸引眼球的杨二车娜姆，以"毒舌"闻名的音乐人包小柏、黑楠，还是以性格鲜明、行为大胆著称的音乐人柯以敏，评委的席位已经悄悄地被那些"有戏""能秀"的新一代评委所占领。能言善辩、形象鲜明的"明星评委"被各地电视制作单位争抢。更有甚者，有一位来自中国台湾的张怡

1　苗棣、王更新：《纪实话语与戏剧结构——电视真人秀的叙事特点》，《现代传播》2014年第11期，第80页。

筹女士，在很长一段时间内几乎"占领"了各家电视台心理咨询类节目评委、嘉宾的席位，因为像她那样既懂专业，又善于表达，并且形象讨人喜欢的评委在那时的大陆比较少见，显得奇货可居。评委是左右选手命运的人，他们之间是天生的对立关系。因此，真人秀节目在设计具体竞赛、游戏、才艺展示环节的时候，要充分利用这种人物关系，把这种天然的对立通过规则的设定表现出来。并且，为了制衡评委相对于选手的优势地位，还要设置评委不能掌控的环节，譬如场外投票、"PK"赛、复活赛等，以增加这种命运掌控的不确定性，从而增强戏剧性。

表3-1：《中国好声音》收视人群性别、年龄构成调查表[1]

频道	《中国好声音》			全国所有卫视	
目标	收视率%	观众构成%	集中度%	观众构成%	集中度%
4岁以上所有人	3.666	100	100	100	100
男性	3.34	46	91.1	49	96.9
女性	3.999	54	109.1	51	103.2
4—14	2.22	6	60.6	7.6	76.3
15—24	3.24	12.5	88.4	9.6	68.1
25—34	4.003	23.3	109.2	17.1	79.9
35—44	4.131	20.6	112.7	18.1	99.3
45—54	4.824	23.1	131.6	22.7	129.3
55—64	3.389	10	92.4	15	138.7
65+	2.087	4.6	56.9	10	124.3

---

1 数据来自灿星传媒《中国好声音》节目组。

表3-2：《中国好声音》收视人群学历情况调查表[1]

频道	《中国好声音》			全国所有卫视	
目标	收视率%	观众构成%	集中度%	观众构成%	集中度%
未受过正规教育	1.767	2.5	48.2	4	78.1
小学	1.886	6.6	51.4	12.8	100.3
初中	3.106	23.7	84.7	30	107.4
高中	4.1	34	111.9	31.5	103.6
大学+	5.129	33.3	139.9	21.7	91.3

　　此外，真人秀观众的年龄、职业、文化水平等方面的构成也影响了节目的嘉宾、评委、导师、选手的选择以及内容和主题的设定。长期以来，戏剧的观众总体年龄偏大，其中话剧观众以高文化水平的中青年为主，这部分人本来并非电视节目的主要收视群体，他们工作忙碌但具有较强的消费能力，在生活中，他们往往选择利用上下班途中和等待公共交通工具的间隙等这些边角料时间观看媒体内容，对于传统电视节目而言，他们是纪实类节目的靶向受众，而这种类型的节目的"黄金时间"大多被设定为深夜，也是出于配合这部分观众作息时间的需求。充满戏剧性并且容易引人思考的真人秀把这部分人拉到了电视、手机、电脑屏幕前，改变了电视节目长期依靠中老年女性观众的尴尬状况，提升了电视节目的广告吸引力，各家真人秀制作机构因此获得了新的财务增长点，从而趋之若鹜。

　　最后，比赛参与者的募集和收视群体的拓展是节目制作

1　数据来自灿星传媒《中国好声音》节目组。

前必须确定的工作。在2011年《中国达人秀》的选手海选中，节目组吸取了前一年第一季招募工作中的缺憾，在全国设置了22个主要城市的现场招募站以及以新浪微博、腾讯微博、开心网、校园网等当时最受年轻人青睐的8个网上招募站，选手不但来自全国32个省、直辖市、自治区、特别行政区以及台湾地区，还有来自美国、法国、日本、瑞典、乌克兰、澳大利亚、菲律宾、马来西亚等8个国家的华人华侨。这些参赛者在当地一般都已经积累了一定的知名度，自带"粉丝"流量，反过来为节目扩大了收视范围，拓展了收视地域，正可谓相得益彰。庞大的参与者不但提供了更加丰富的才艺和故事的选择，增强了可看性，也支撑了节目的体量和播出周期。据节目组统计，2011年仅选手初选播出集数就达到了8集，共有939位报名者分为414组参加了在音乐厅举行的初赛，成功晋级的有170组，占比41.1%，其中有107组最后获得正式比赛的"亮相"资格，占比25.8%。[1] 同时，节目组也根据第一季的调研结果调整了才艺类别的选手比例，从而使其内容上更加符合目标收视人群的喜好。如表所示：

表3-3：2010、2011年《中国达人秀》播出才艺
类别选手占比增减比较表[2]

	第一季（百分比）	第二季（百分比）
音乐类	30（26.5%）	34（31.8%）
舞蹈类	21（18.6%）	17（15.9%）
绝技类	17（15%）	18（16.8%）

---

1 资料来自《中国达人秀》节目组。
2 同上。

	第一季（百分比）	第二季（百分比）
体育类	12（10.6%）	4（3.7%）
儿童类	15（13.3%）	4（3.7%）
魔术类	2（1.8%）	2（1.9%）
动物类	3（2.7%）	5（4.7%）
喜剧类	9（7.9%）	12（11.2%）
特殊创意类	4（3.5%）	11（10.3%）
播出集数	113	107

第二节　制定能够保障戏剧性产生的规则

大多数真人秀在制作上要求时空统一和制播同步，这种强烈的实时性决定了现场干预力的弱化，如此，规则的缜密设置就显得至关重要。事实上，各家节目制作机构也是把节目的规则设置、流程设计作为严防泄露的商业机密，正如工业领域的设计图纸。一般来说，只是按照成品的样式，而没有参研过"图纸"的复制总是多多少少会有过似是而非的失败经历。

在学习西方真人秀节目的过程中，国内的电视机构不乏经历"拷贝要走样"的尴尬。有时，模仿者觉得"可有可无"的环节设置，恰恰被实践证明是不可或缺的关键因素，从而付出了"高额学费"。譬如，过去在综艺节目中嘉宾经常会玩到一种叫做"拷贝不走样"的游戏，其实，号称"不走样"的"拷贝"注定是要走样的，只是偏离原版多远的问题,而观众的乐趣也来自嘉宾模仿走形后产生的反差引发的喜剧感。在这个游戏中,规则的设定对于节目的效果至关重要。举例来说,游戏的参与者为了"不出洋相"会忍不住"偷看"演示者或者顺序尽量靠前的模仿者的动作,如果其中一位得偿所愿,那么其前面的参与者的模仿"错位"就前功尽弃,观众也会因为有人"作弊"而淡化期待,并直接影响最后的结局。如此,创作团队就必须在如何保证节目的公平、有序进行上动脑筋,杜绝任何可以作弊的可能性。首先,需要选用隔板或者眼罩,对前后的模仿者进行视线隔断;其次,不但要堵住他们的耳朵,还要让他们戴上隔音效果绝佳的耳机,在里面播放喧嚣的音乐,以混淆现场可能出现的任何会起到提示作用的声音;第三,在场地安排上要把现场观众和参与者间隔为难以进行有效提示的距离和角度,以防止"好心人"帮助选手作弊。归根到底,细节决定成败,一个貌似微小的细节可能会对节目的整体架构和戏剧情境产生难以挽救的伤害,以至于赖以招徕观众的矛盾冲突不能发生,预期的结果不能产生。即便是一个细枝末节的失误,也可能产生整个节目失去"包袱"、观众不再期待的灾难性后果。于是,巨细靡遗的节目制作"说明书"——"电视节目模式"应运而生。

随着国际上"电视节目模式"买卖的兴起,原本在我国相对薄弱的文化类产品知识产权保护,在真人秀领域却得到充分落实履行,成为一个值得关注的文化现象。电视节目模式为看不见的"想法"提供了一整套工业化生产的机制,在这种机制下,无形的创意转化为可见的电视产品。这种模式的具体做法:"首先提供一个节目制作的框架,其中包含节目的流程、游戏的规则、生产的程式等核心生产要素；包含了节目生产的所有细节安排：演播室布置，布景、灯光、音乐的运用，脚本写作风格，拍摄和剪辑风格，后期制作风格及制作安排等；还包含了对目标受众的预设和收视率指标的预设。"[1]在这种规则设定下，节目的输出过程对外而言如同麦当劳、肯德基对生产管理规程的照搬与严控，即使经过多次复制也不容易出现产品质量问题。这是一种工业化生产在文化领域的标准化模式复制。这种模式在被复制的同时，可见的制作指南、现场布置、节目原稿、音乐"DEMO"、服化灯光、"LOGO"包装以及"飞行制作人"的现身说法等一整套成熟的制作"宝典"得到"传承"，从而使"拷贝不走样"的质量水准得到保障。

事实上，节目所带来的不可见的文化思想、生活理念、意识形态也会潜移默化地对当地观众产生或多或少的影响。与此同时，本地团队也往往被允许进行一些在宗教、民族、生活习惯、意识形态等方面有利于本土化的改动和加工。在《黑镜》（*Black Mirror*）中的《1 500万里程的价值》（*Fifteen Million Merits*）这个故事里，参加真人秀的选手在舞台上被评委当众冷嘲热讽地"冒犯"的状况在现实原型节目《美国偶像》中真实存在，但它在被引进我国，成为《超级女声》之后，那些突破我国观众接受尺度的"刺激性语言"大多被替换为相对温和的表述，偶尔爆发出的"下跪""示爱""痛哭流涕"等桥段也是节目组在再三权衡后，为了照顾节目"戏剧性"的需要而予以保留的。即便如此，

1　胡正荣、朱虹：《外国电视名牌栏目》，红旗出版社2011年版，第67页。

我国的社会舆论还是对于一些过于激烈的现场事件和镜头耿耿于怀。当然，这些"不良事件"经过媒体传播反而扩大了节目影响，诱惑了没有看到节目的潜在受众群，成为争相模仿的"妙药良方"。

"节目模式"的真正威胁并不是舶来文化与本土观念的冲突，而是文化的"去多样性"。德国法兰克福学派学者西奥多·阿多诺（Theodor Wiesengrund Adorno）对于由技术带来的艺术大众化表现出明显的鄙夷。他十分担心艺术作品被彻底地世俗化、均质化、商业化，这确实是一个值得深思的问题。电影的诞生"不仅打破了人的整体性生存环境，重构了人类的新的身体，使得人的行为必须被纳入机械装置系统中通过接受机械训练而变得合乎规范，而且，它还深刻地左右着技术去强制人类感觉中枢的发展"[1]。如果说电影还可以列属"第七大艺术"，那么作为电视节目类型之一的电视真人秀与纯粹艺术的距离更远，受到技术与工业化的影响也更加彻底。摄影术在诞生之初曾经引起绘画界的鄙视，廉价而快速的影像复制使作品缺乏能够彰显稀缺价值的独特性，一张充分写实的照片与一幅细节相对"粗糙"的手工风光画的价值无法比拟。然而，现代科技逐渐揭示，为数不少的知名绘画作品曾经借助了"摄影术"或者"投影术"的帮助，照片与小孔成像的辅助使画家们的绘画过程更加便利，然而，这种"帮助"一旦获得证实，作品的价格就会大打折扣。这种画作的贬值现象反映了人们对于机械复制的排斥与警惕。德国思想家瓦尔特·本雅明在他所著的《机

---

[1] 支运波：《〈机械复制时代的艺术作品〉中的三重身体及其美学》，《文艺争鸣》2017年第2期，第126页。

械复制时代的艺术作品》（*The Work of Art in the Age of Mechanical Reproduction*）一文中提出："机械复制技术的发展则刺激了大众对艺术品的需求，人们可以轻而易举地拥有复制的艺术作品，可以在近距离内逼视它的一切隐秘的细节。于是艺术作品的'光环'消失了，它的'崇拜价值'严重下降，而它的'展览价值'则大大增加了。从这个意义上说，现代人心目中的艺术作品已从崇拜对象转变为市场上的消费品。复制品也使高雅精神、心灵上的沟通受到排斥，使艺术不再是本来意义上的艺术，而只是一种大众交流的手段。"[1]

电视正是这样一种在现代工业生产背景下对于"艺术品"大量复制并予以"祛魅"的大众娱乐工具。举例来说，戏剧的艺术"光晕"就是由"本体传播"产生的"戏剧场效应"。电视观众在荧屏上（包括手机等电子产品的屏幕）观摩话剧时，失去了的不仅是剧场空间内精心构建的视听效果，还有对于话剧这种艺术极其重要的"共有空间"的要素。在利用体现现代科技成果的电子屏幕观剧的过程中，观众无法与演员实时交流，观众之间也难以形成情感互动（贴吧、微信群处于另一个场域），家庭中或日常生活里的公共区域无法形成剧场效应，遑论这种缺乏观剧约束力的状态易于因打扰而中断观赏连续性，大大削弱了话剧本身的艺术魅力。可以说，通过电视这种形式播出的话剧已经不是话剧的艺术本体，而是一种"普及性文艺作品"。同理，电视作为大众传播工具对于包括电影在内的人类艺术的复制和"加

1　王裙：《走下镜框式舞台的戏剧——媒介进化视域下的戏剧传播》，《南大戏剧论丛》2014年第2期，第187页。

工"起到了普及作用，但对于其艺术"光晕"的衰减和消散造成了不可逆的影响。

由此可见，电视模式的流水线生产式的"复制"与"粘贴"是文化产品进入工业时代、后工业时代的进步。然而，这种做法应当针对本地状况、时代要求、社会环境作出适当修改和补充的"DNA式的突变"，以在保留产品核心竞争力的前提下保留它的"生存率"与"生命力"。同时，任何形式的文化艺术自有其独特表征和内核，创作团队在艺术形式的融合与拓展方面要拿捏好尺度，做到扬长避短，以避免"画虎不成反类犬"的尴尬。要做到以上两点，对于节目的宗旨、目标、规则、资金、营收甚至涉及的法律法规等各方面都要有严谨清晰的规划和控制。

在荷兰文化学者赫伊津哈（Johan Huizinga）看来，游戏的发展跟儿童的成长是一样的，随着历史进程的不断向前，人类最终将丧失游戏感。他谈到古典时期的战争富有游戏特性，是博弈（game）而不是战争（war），而现代战争却如此你死我活，"全面战争"（total war）的理论提出以后，战争的游戏成分被完全排除了。[1]

举例来说，我国的现存教材长期以来把宋襄公作为迂腐的代表予以嘲讽，然而从遵守社会规则的角度来看，宋襄公是一个"遵纪守法"的代表性贵族，值得尊重与效仿。根据《左传》中的记载，他提出"君子不重伤，不禽二毛。古之为军也，不以阻隘也。寡人虽亡国之余，不鼓不成列。"也就是说，受伤的人不能二次伤害，年纪大的人以及孩子不

---

1 冯炜：《游戏与图像——略论赫伊津哈的两个命题》，《湖北社会科学》2012年第6期，第136页。

抓，依靠地势险要来取得优势的仗不打，战斗开打之前要鸣钟鼓。这显然与其后世人所崇尚的"兵者，诡道也"的作战理念背道而驰。《孙子兵法》之类学说的盛行所带来的是"伏尸百万，流血漂橹"的残酷景象。人类基于"游戏规则"基础之上的"战斗"被你死我活的屠杀和征服所替代。游戏存在的意义不仅是玩耍，更是对于现实世界冲突最小代价的模拟和推演。对于虎豹等猫科动物而言，幼年时期就是在游戏玩耍之间学习捕猎的要素。正如亚里士多德所提出的，学习和感到快乐是两个人类最深层的本能需求，人类的文明也正是在类似的游戏之中发生、发展起来的。始于远古时期文化的棋类活动，就是一种受制于文明规则之下的理想的争斗替代方式。拜腾狄克（Frederit J. J. Buytendijk）、赫伊津哈（Johan Huizinga）和芬克（Eugen Fink）等学者及其后继者认为："游戏挣脱生活世界的枷锁，让人进入一个自由空间，为人之所以为人提供可能性。"[1]戏剧也可以被视为这种规则制约下政治思想文化冲突的一种文明表达。在戏剧的学习和排练中，往往会直接使用游戏的方式进行剧场训练，帮助演员适应角色，理解剧情。对于观众来说，戏剧更是一种让人喜闻乐见的娱乐形式。在我国古代，文化水平较为低下人群的道德教育是通过中国传统戏剧——戏曲来完成的，正是这些为"精英人士"所不齿的"村优俗伶"让民众懂得了"糟糠之妻不下堂""天道昭彰""举头三尺有神明""有情人皆成眷属""忠君爱国"等朴素的思想道德观念。

1　［德］克里斯托夫·武尔夫：《人的图像：想象、表演与文化》，陈红燕译、彭正梅校，华东师范大学出版社2018年版，第183页。

　　具有戏剧性的真人秀也是一种社会生活游戏化的产物。特别是对于电视文化而言,它的趣味性和娱乐性更多地体现在游戏上。相当部分的真人秀节目其实就是"游戏秀",节目本身的规则和规定情境就是一种影像化改进后的游戏规则。各种打着"快乐""欢乐"旗号的真人秀节目通过游戏的方式将人类的情感、行为、思想状态包装成《非诚勿扰》《全城热恋》《心理访谈》等商品,兜售给热衷于扎堆、猎奇、窥私的观众。然而,这些以游戏为主要形式的真人秀良莠不齐,究其缘由,是因为游戏对于"规则"的制订十分依赖,只有好的规则,才能够产生富有戏剧性的剧情。

　　什么是好的规则?公平缜密,并且连制订者本人也无法完全预料和掌控结果的规则,就是好规则,这也是戏剧性赖以产生的土壤。在依据1967年美国教师琼斯(Ron Jones)的真实经历改变而来的电影《浪潮》(*Die Welle*)中,"德国一所高中的历史老师文格尔为了让学生理解'纳粹是怎样泛滥'的,进行了一次实验。第一天,他开始灌输高强度的纪律性,制订了一整套纳粹式的行为规则,要求他的学生们穿统一的服装,设计统一的口号和一致的打招呼的方式,以一整套展示绝对服从并无比崇拜的行为准则展开学校生活。第二天,捣乱的学生开始严格遵守纪律。第三天,积极分子开始举报非议这个实验的朋友。第五天,所有人行着类似纳粹的军礼。即使文格尔意识到问题的严重性叫停了实验,还是有一名'入戏太深'的学生以打伤同学后自杀的方式结束了生命"[1]。在这部电影中,创作人员依照心理学实验的要求设

1　程盟超:《从好人到杀人》,《中国青年报》2018年4月25日,第11版。

计了场景和游戏规则，再现了这个著名事件的全过程。同样引起社会极大震撼的还有菲利普·津巴多教授组织的"斯坦福监狱"实验以及他经过深入了解后曝光的"弗里德里克虐囚事件"，它们都具有典型心理学、社会学实验样本特征，对于真人秀游戏的情境设置和规则制订能够起到示范和指导作用。

　　除了"情景演绎"，竞赛也是一种游戏的表现形式，因而其必须具有游戏规则所要求的"公平性"的制约，而这种"公平竞争"的结果，往往富有戏剧性。以转移至网络媒体"腾讯视频"制作播出的才艺真人秀《演员请就位》的流程为例。第一季节目的规则相对简单，50名演员根据从事演艺工作的时长分为0—5年、6—10年、11年以上三类，演员在前期进行一对一的比赛，然后在导演的指导下，多人合作完成一个片段，最后节目根据投票选出最佳演员，与普通的电视才艺比赛相仿。第二季节目则策划得更为细腻，引进变量增添结果的不可预测性，增加了戏剧性。首先，节目邀请知名制片人对40位演员根据市场号召力进行评级，将其从高到低分为S、A、B级，相同等级的演员按照评分分数进行排名，等级越高、排名越靠前的演员越有资格优先选择剧本，角色选定后，再进入下一轮比赛。接下来，节目方根据演员表演进行新的市场评级，未评级将被视为淘汰。各项考核结束后，演员们继续分组角逐，直至最终票选出所谓的年度最佳演员。受这些规则的影响，许多在社会上以及节目中被赞许过演技的演员意外出局，而一些"新人"往往能够获得最后的胜利，"看看谁能笑到最后"的悬念超越了展示演技本身。

再以同样是"腾讯视频"制作的养成类真人秀《创造101》的赛程为例。这个节目以才艺竞赛的形式出现，数百名参与者激烈竞争11个名额。具体表现为第一轮是导师对选手进行内部面试，全程不公开，通过面试的101名选手将入住宿舍，根据所在公司进入现场比赛。一开始，他们可以自由选择坐在哪里，他们被安排所坐的位置是金字塔形，位置越高，表明他们对于自己的水平评估越强。在初舞台展示中，每个团体或个人展示其突出的舞蹈等才艺，导师对其的评价分为"A、B、C、D、E、F"六个等级。选手的第一个任务是完成主题曲展示，他们的镜头数量根据评级从"A"到"F"逐渐减少，等级最低的"F"级选手只能站在旁边担任其他人的伴舞。经过三天的训练，导师会根据排练情况对选手进行重新评分，最后根据这个评分情况录制节目。首轮表演为集体对决，考验选手的舞台控制和配合能力；第二轮公开表演，确定选手在团体中的位置——负责声乐、舞蹈或说唱；第三轮决定选手的风格，比如她能不能在短时间内变化很大，什么样的风格最适合她在舞台上展现。最后，选手在不修音的情况下进行现场表演。在投票过程中，观众可以投出主题曲的"C位"[1]，但最终的"C位"不是观众选出的，而是由101名选手选出。观众投票分为三种方式："腾讯视频"里的"普通用户"、通过"微博热榜"排名以及"OPPO用户"每天可以投11票，而"腾讯视频""VIP用户"每天可以投给自己喜欢的选手121票。他们可以每天为同一个人投多票也可以把票投给不同的人，最终选出11名选手出道。[2]

---

1 来自英文"Center"，核心地位的意思。

2 参见https://baike.baidu.com/item/%E5%88%9B%E9%80%A0101/22435864?fr=aladdin。

如此绵密而复杂的步骤，如此庞杂而多元的投票渠道，令自身就在现场的节目组编导不但难以人为干涉比赛，就连每一环节谁会胜出都无法准确预料，不得不在一个宽泛的可控状态下与普通受众一起竞猜比赛结果。导师及选手自带的话题流量、投票的过程和结果、从剧本到演出本身的可视性一起推高了收视率。合理的规则既保障了比赛、游戏的有序进行，又保障了戏剧性场面和效果的产生，它总是会超出人类想象的边界，送来意想不到而又合乎情理的惊喜，这也是成功的真人秀节目的看点之一。

　　仍以歌舞竞技真人秀《乘风破浪的姐姐》为例，为了弥补选手演艺实力下降带来的缺陷，这个节目第三季的比赛规则相比前两季发生了很大变化。整个比赛共有六场公演，三个赛段，三个升级。三个赛段分别是同盟对抗战、助攻战和挑战夺标战。三个升级分别是胜利席位升级、自由选择小队长、前两季总冠军那英和宁静回归各带领一战队。在前两季中，胜利席位是事先决定好的，缺少悬念。在第三季中，胜负将由两名队长决定，也就是有多少人胜出就有多少个胜利席位，增添了不确定性。在每一队中，选手基本都想要当队长，则其要面临艺能和智慧的考验，也在无形之中增加了队长竞选的难度。节目策划邀请前面两季的冠军来参加第三季，除了想要借用她们的影响力为节目带流量与关注度外，更重要的是两位队长专业能力出众，综艺表现力强。节目组让两位"女王"狭路相逢，营造"猜猜谁会赢"的悬念，试图增加戏剧性的效果。从第三季的赛制设计来看，新的规则易于产生相较于前两季更强的戏剧性冲突，这主要体现在"抢人大战"上。在"抢人大战"中，竞技冲突又主要体现为"趋避冲突"和"双趋冲突"两种。

首先,"趋避冲突是指人的行为有趋利避害的特点,人们对某一目标会同时存在趋近和回避两种相互冲突的动机,产生进退两难的心理困惑"[1]。在第二季节目中,节目组通过让选手自行组队,将选手"趋利避害"的心理活动直观地呈现给观众。这种自行组队看似随机,但每一次选择都能够在镜头前直接表现出选手们富有戏剧性的考量。可以说选择一个好的队友、一个好的队长,就意味呈现出好的作品,而好的作品才是闯关的通行证,帮助选手最终到达终点。

其次,双趋冲突是指面对同时出现的两个需求和喜欢的目标,但又不能同时兼而有之,所产生的难以取舍的冲突。依据双趋冲突原则,"当两个目标吸引力大致相同时,双趋冲突就趋于激烈"[2]。"抢人大战"中的选手张蔷就遭遇了这种双趋冲突。张蔷被于文文和那英两个队同时看中,并出现了反复争夺的状况。于文文作为队长率先抢占时机对张蔷进行游说,游说到一半时,另一队队长那英带着自己的队员也介入了对张蔷的拉拢。那英的加入让于文文没有机会继续游说,于是张蔷与那英达成了约定。看到此时大家本以为结局已定,却未想到于文文并未就此放弃,而是在那英走后继续游说,并最终成功反抢,结局出人意料。可见,这种赛制上的合理设定,能够通过竞技环节的层层推进保障戏剧性场面的发生和展示。

---

1 唐涤非、沈婉、吕玮妍:《吸引力法则在电视综艺节目中的应用——以湖南卫视〈声入人心〉为例》,《传媒》2019年第16期,第3页。

2 同上。

需要补充说明的是，规则之所以对于真人秀如此重要，不仅因为它提供了产生戏剧性的更多可能，也缘于其植根于草根文化的娱乐基因。草根文化因其固有的大众属性，在与电视相融合时，便形成了独特的一类节目，这类节目不同于传统的以明星和专业艺术家为主的精品类节目，而是以普通的平民作为电视节目的主体，因此更容易贴近民众，获得更高的收视率支持。不得不说，"草根类节目为平民提供了一个狂欢的舞台，提升了普通人的社会地位和话语权，体现了社会的进步，无数人通过草根文化表现个性，提出诉求，宣泄情感，满足欲望，实现了文化权利。但是随着草根文化在媒体界的蔓延，电视节目开始走向庸俗甚至低俗的深渊，这使得我们不得不思考，娱乐到底要不要草根化"[1]。在真人秀节目中，无论贴近民众的"柴米油盐"还是越过边界的"娱乐至死"，都通过规则努力体现了"平权"这一主题。参加节目的无论财富多寡、声名大小、男女性别、年龄长幼，都被赋予一个统一的称谓——"选手"。

第三节　确保戏剧性元素完美呈现的细节

上海戏剧学院李伟教授将戏剧性分为"外在的"和"内在的"两种。他认为："优秀的戏剧是两种戏剧性经过调解、转化的统一，一出戏往往略微偏重于某种戏剧性而形成了不同的戏剧风格和戏剧类型。"[2]在戏剧演出中，"内在的"戏剧

1　刘景怡：《浅析电视娱乐节目的草根化倾向》，《新闻研究导刊》2016年第3期，第13页。

2　李伟：《试说两种"戏剧性"》，载王云主编《欲采蘋花不自由》，上海百家出版社2009年版，第251—252页。

性来自演员、导演在充分了解角色背景和经历的基础上，剖析、掌握人物的内心冲突、思想挣扎、行为动机的隐秘部分。它不同于"外在的"戏剧性通过表情、动作、语言、场面直接呈现，却能够影响"外在"部分的表演逻辑、行动逻辑、叙事逻辑。在真人秀节目的实际录制中，编导们除了要在经费使用上量入为出，以最小的经济成本呈现最能够招徕观众的画面，最担心的不是节目的风光不够漂亮、场面不够宏大、嘉宾不够大牌，而是戏剧性的元素不能如愿转化为可视的一个个镜头。正因为如此，才有了前文所澄清的"苏珊大妈吃苹果"那种竭力将人物性格特征"行动化"的讹传。这种以讹传讹之所以流传久远，是因为戏剧性细节的"视觉呈现"确实是节目制作中的一个难点，而"苏珊大妈吃苹果"不失为一个不错的戏剧性外化的桥段，即便"它由编导策划"一事被证伪，但节目的后期剪辑在海量的素材中将它用上，还是显示了优秀的专业水准。正如在这个案例中"正""讹"两个版本所表现出来的，电视真人秀中的戏剧性呈现可以依据其形式特征分为前期与后期两个部分。真人秀的创作人员通过前期"策划"设置情境，以冀发生戏剧性场面及细节，并以预设的机位无死角抓拍画面，用后期剪辑与制作将原本缺乏、缺失戏剧性的画面通过蒙太奇手法并置、对比、呼应、制造反差和错位、叫板来产生戏剧性。

在前期策划中，除节目游戏规则设定、场景设定与选择、参与者身份确定与选择、拍摄计划拟定之外，一些细节上的精益求精也是节目成败的重要元素，譬如电视节目的道具应用，也会产生戏剧性的效果。在一个新节目或者新内容的呈现上，负责任的创作人员往往需要亲身尝试一下游戏等环节，以及时发现设置上的纰漏以及道具的完善程度。其实，不只是后来居上的电视真人秀，大多数的电视综艺节目在道具上多花的精力和经费，往往能够对节目产生极大的回报。为了帮助理解，我们还是以"拷贝不走样"这个简单的游戏来举例说明。这个游戏在我国最早出现在上海电视台1994年开始播出的传统大型综艺《智力大冲浪》中，当时的玩法很简单，就是让参与的嘉宾们排成一行，将他们用木板隔开，以阻挡视线，然后依次抽去嘉宾们两两之间的隔板，请后面那位学习前面一位的形体动作。由于每一次动作的学习和复制都会发生遗漏和变形，以至于最后一位的表演往往与开始的示范"文不对题"，表现出"丈二和尚摸不着头脑"的滑稽感，从而制造游戏笑点。许多观众多年后都表示对这个环节印象深刻，不只是因为结果的"有趣"，或者参与者的"憨态可掬"，更是因为这个节目制作的道具色彩鲜艳、体型巨大、功能合理，在视觉上很有冲击力。有人至今好奇，当年游戏中的隔板到底是人工抽拉的还是机械装置运作。其实无论人工还是机械，这个道具对于维护比赛公正，遵守节目规则，从而保障戏剧性的产生起到了重要的作用。

真人秀在道具的制作上比传统节目要求更高。在由灿星传媒制作、浙江电视台播出的《中国好声音》中，价值80万元的红色转椅成为节目标志性的核心道具。在日常生活里，一把再精致的椅子也很难卖出如此高价，以至于让这些在中国引进原版节目的"第一个吃螃蟹的人"也不得不产生疑虑，花这么大的代价买几把能旋转的椅子是不是值得。然而，在这个节目中，选手的命运在视觉上就寄托于这几把椅子的"转"与"不转",也就是说,这个节目戏剧性的承载体,就是那几把红色的转椅,原本应该只是用来休憩的生活用品,成为命运、地位、人生转折等引人瞩目的元素的标志物,成为人生成败的"符号",这也就完全超脱了一件"道具"的意义。节目播出后,受到了各阶层观众的广泛欢迎,据节目组统计,2012年第1季14场节目平均收视达到3.666%。其中,25—54岁年龄段人群以及公务员等稳定职业人群的收视统计均达到了4个百分点以上,大学学历以上文化层次以及个人经济状况为月收入3200元以上观众的收视率也均超过了5个百分点。[1] 第一季的节目旗开得胜,几乎吸引了所有能够产生购买力的人群,甚至把已经远离电视媒体的一部分观众拉回电视机前,区区几把转椅的"天价"在庞大的回报面前也就显得不那么突兀了。相反,巨大的转椅成为这个节目标志性的道具,被其他节目争相模仿,从而引发不少纠纷。当然,一档成功的节目不可能只依靠一件合适的道具,每一件道具的质量把控都决定了节目的整体质量保障。据这个节目的舞美总监贾彦军介绍,他们在节目中刻意增加了"魔镜"这个"道具",这个看上去不起眼的元素可以使学员在演唱的过程中就看到自己心仪导师的实时反应,从而把"内心戏"外化,让观众随着导师的一颦一笑感受学员被选择的压力,也营造了学员在"盲选"阶段与导师的互动感,从而增添戏剧性。

由"腾讯视频"推出的生活观察真人秀《幸福三重奏》的导演李睿也曾总结,节目拍摄现场氛围的营造,是需要首

1　数据来自《中国好声音》节目组收视统计。

要考虑的问题。是度假屋、宾馆还是家？它们给人的感受不一样，嘉宾会产生的适应这个情境的行动也就会发生细微的变化，有一些在家里会毫无顾忌做的事，在度假屋或酒店里就会收敛，因为私密感的尺度不同，给人的安全感的程度也就不同；其次，正所谓"细节决定成败"，人物的服装、陈设的家具乃至小摆件等家居用品与场景要协调统一，如果有办公用品出现在卧室、客厅里就容易让嘉宾"跳戏"；第三，还要保障所有道具和置景物料的质量符合一般性日常生活的需求，低劣产品不但容易影响嘉宾对于游戏"剧情"的投入，也会影响观众甚至制作团队的情绪。正如《英国达人秀》的制作团队准备了一只苹果，才有可能产生富有戏剧性的彰显人物性格的"拿来就吃"的画面。节目组的工作人员在前期置景时就选择安置一些有特殊目的的道具准备"挖坑"：比如，基于前期的充分调查了解，节目组给汪小菲"家"配备的沙发比别家的更长一些，可以当床用，这样他才有可能以躺下的姿势在沙发上看电视，也正因为他躺下来，"大S"才会自然而然地像在真正的家里一样给他按摩，如果是一个普通的短沙发，就很难发生这种情况。为了让节目嘉宾更好地进入生活的状态，导演组还会提前试住拍摄场地，看看水龙头出热水是否正常、摆放的东西是不是容易碰到等，凡是发现不舒服的地方就及时调整。[1]可以说，在道具、服装及场景设置上的精益求精是真人秀设置情境的必要环节，也是使节目录制过程中易于产生戏剧性的重要手段之一，这种"设计"的优劣对于呈现的影响是"有无"戏剧性

1　参见https://www.sohu.com/a/250621670_613537。

场面的产生，超越了戏剧创作中舞美、道具、服装对于戏剧性的"强弱"或"优劣"影响的"高下"之分。

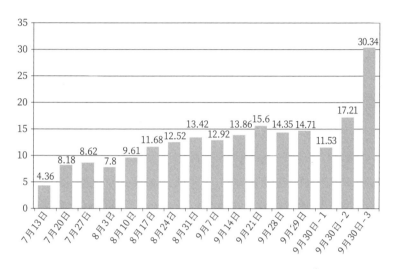

图 3-1：《中国好声音》2012 年 7—9 月收视率 [1]

当然，光有道具是远远不够的，再好的道具和场景也需要一个个镜头来呈现，如何将对现场可见的场景、道具的安排"转化"为镜头语言，是视觉化的第二个阶段。再以《声临其境》为例，此类节目不需要使用户外场景，从投入上来看体量不大，但对于电视这种"读图"媒介来说，场景单一恰恰成为最大的短板。在 2018 年的第 224 期节目中，编导拍摄了一段"《让子弹飞》前传"，由参加节目的四位演员分别扮演电影《让子弹飞》中的各个角色。虽然视频只有短短的一分多钟，镜头却拍摄得极为讲究：大光比体现出了电影的质感，细节的特写抓住了人物性格特征，机位多

---

1 数据来自灿星传媒《中国好声音》节目组。

变，俯拍加了轻微旋转，起到了调节画面节奏的作用。剪辑上也按现场各人的心理节奏刻意缩短接台词的气口，表现了各路人马在麻将桌上的钩心斗角，营造即将到来的技艺比拼的紧张氛围，最后通过黄志忠的嘴，问出了那句"各位今天来参加《声临其境》都做了哪些准备啊？"的"节目之问"，为观众制造悬念。原本只是拿一卷剧本看着画面对口型的配音秀，被赋予了极强的画面感。随后，是带有节目"LOGO"的选手出场的片花集锦，穿插了演员过往代表作品的画面闪回，既是人物背景介绍，也是对后面竞技激烈程度的烘托。选手们进入嘉宾室（也就是配音间）坐定后，在与现场的"观察员"寒暄过程中又互相吹捧，抬高对方的实力，并插入"后采"[1]，放大选手的压力，通过语言展示比赛的激烈程度，同时配上电影《星球大战》的音乐，给人一种"山雨欲来风满楼"的决战前夕的肃杀感。然后，节目推出片头，在"5、4、3、2、1"的读秒中再次逐一给参赛选手略显紧张的等待镜头，与演播现场内不知情的观众的热情画面对切，形成对比。在介绍场内评委的过程中，编导同时抓拍选手的反应，能够表现选手心理状态的拍手以及感叹式的摇头晃脑都被一一记录，有选手随口说了一句"呀，那是我们领导"，也被镜头抓拍剪上，暗示选手的压力增加。主持人的介绍与配音间内的选手的不安等待也形成对比，当主持人说到"有请声音大咖亮相"时，演播现场的大屏幕上打出电子光斑传感的人像，这种影像能够非常粗糙地显示人物的形态动作，在不暴露人物体征面貌的前提下透露出一

---

1 节目录制完成后对参与人员的采访，一般是针对节目过程的个人感受和观点。

点有效信息，以增加现场"新声班"学员和观众的遐想空间。接下来，每位嘉宾要以"北极熊警官"等节目组赋予的绰号之名说几句台词，用声音在演播现场"亮相"，主持人和"观察员"则在再次介绍选手的同时刻意干扰现场人员的思考，还不时请"名侦探柯南"发表意见，以彰显难度。此时，节目的画面专注于呈现配音间内选手的"献艺"和面对镜头的"复杂"表情，这些表情传递了声音以外的丰富内容，供电视机前的观众在解读的同时获得满满的"看戏快感"。这种"快感"一部分来自无处不在的摄像机所提供的"偷窥感"，更多的来源于看到四位在生活中已经具有一定社会地位的"成功人士"被挑选、审视、评价、戏耍所带来的"翻身感"。至此，节目不但完成了将配音工作影像化的任务，更用可预期的抓拍影像剪辑出了戏剧性，形成一定的观众期待，并在精神上为购买观看节目内容服务的观众提供了一款足以弥补生活中挫败感的特殊"商品"——心理补偿。总之，通过缜密的文案策划、无死角的进程抓拍、戏剧化的短视频摆拍、海量素材中大浪淘沙式的剪辑，节目获得了富有戏剧性的可控看点，而这些看点并不是可以轻松获得甚至"意外收获"的，而是建立在静心"setting"的基础之上。

要做到如《声临其境》这样的节目规模，在前期准备、拍摄实施、后期制作等各方面已经是一项巨大的工程，对于大型节目来说，更是需要细致入微的"品控流程"。在上海东方卫视制作的《中国达人秀》中，摄像机的布置严格还原了国外原版的要求，以满足不同才艺的选手能够在这个镜框式舞台上都获得没有死角的影像细节。如下图所示：

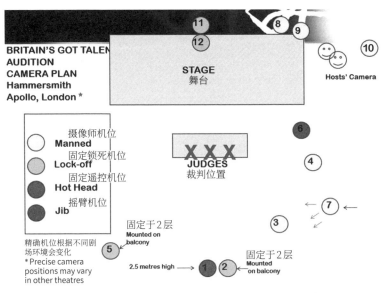

图3-2：《中国达人秀》节目机位布置平面示意图[1]

在这幅机位图中，各台摄像机的工作职责如下：

1. HOTHEAD CAMERA (2.5 METRES)－STAGE WIDE/MID SHOTS 遥控机位，距地2.5米，画框包舞台大广角/舞台中景

2. MASTER(ON BALCONY) － LOCK-OFF 主机位（位于2层），锁死

3. CONTESTANT CLOSE-UP 抓拍选手特写

4. CONTESTANT WIDE 拍摄选手广角

5. HIGH, WIDE, HANDSOME － LOCK-OFF 高点，画幅为大全，大广角（位于2层），锁死

6. JIB 摇臂

---

1 资料来自《中国达人秀》节目组。

7. AUDIENCE　观众反打镜头

8. JUDGES' CLOSE-UP　抓裁判特写

9. JUDGES' WIDE + GEOGRAPHY　裁判广角＋舞台空间感建立

10. LOW REVERSE – LOCK-OFF　低点，反向机位，锁死

11. HIGH REVERSE – LOCK-OFF　高点，反向机位，锁死

12. LOW CENTRAL WIDE – LOCK-OFF　低机位中心广角，锁死

此外，在演播大厅以外的各个拍摄空间，节目组同样严格按照原版节目的要求设置机位，如下图所示：

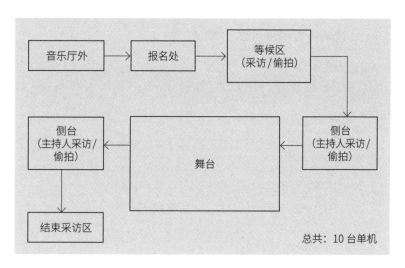

图3-3：《中国达人秀》节目机位布置空间示意图[1]

1　资料来自《中国达人秀》节目组。

　　总之，电视真人秀节目通过现代影像手段，把参与者在相对密闭隔绝的环境中的竞争与合作进行记录，并实行优胜劣汰。其间，参与者的命运、情感、矛盾通过电视技术上和艺术上的手段被放大、被关注。参与者即使不是为了完成"任务"，只要采取行动，甚至是提出"退赛"这种打破节目进程的要求，那些纠结彷徨、游移愤怒、胆怯后悔等原本深藏于心的"内心戏"，都会随着其自身的逡巡不前或"提出要求"后与节目方的"磋商"，被呈现在画面之上，从而同样表现出丰富的戏剧性效果。

第四章

电视真人秀纪实性与戏剧性的对立与统一

在今天的电视节目中，越来越多地植入了"戏剧性"，不仅综艺类的节目中充满了"戏剧性"，新闻节目中也越来越"有戏"。这种"有戏"反映的是人类步入现代商业社会后消费文化的崛起。从国内各家卫视的收视率统计可以看到，热播电视剧长期占据收视率的榜首。我国观众对故事表现出了惊人的消费需求，以这种"安全"的形式部分弥补现实生活中的枯燥和乏味。英国学者彼得·达格伦（Peter Dahlgren）指出，"现代社会文化环境有三大特点：一是认同多元化，二是社会关系表面化，三是符号环境传媒化"[1]。

以我国为例，在"小国寡民"的上古时期，农耕社会中人与人的联系基本"沾亲带故"，是所谓的"熟人社会"，约束民众的是"道德"和"神明"的意志，制裁"犯规者"的准绳是"宗法"与"神谕"。到了中古时期，人口已经繁衍众多，疆域广阔，种族繁杂，社会等级分明，这就需要"家法"以外的"共同认知"，以"封建"等制度和"孔孟之道"等统一思想来约束，商业文明昙花一现，始终无法取得主导地位。尤尔根·哈贝马斯认为："'公共领域'理论概念起源

1 陆扬、王毅：《大众文化与传媒》，上海三联书店出版社2000年版，第104页。转自Peter Dahlgren, *Television and the Public Sphere: Citizenship, Democracy and the Media*, London: Sage Publications Ltd, 1995: 72。

于奴隶制时期雅典广场（Agora）的政治集会。"[1]这种状况在我国仅仅"春秋"时期的"百家争鸣"堪与比肩。在以商鞅为代表的"法家""兵家""纵横家"等思想流派崛起并得到社会实践应用之后，其不但破坏了基于血缘关系的社会毛细组织的稳定结构，将之归于"王权"的统一架构之下，也开启了"尔虞我诈""诱秦诓楚"等毁弃诚信、为达到目标不计手段的先河，造成了商业文明在全社会迟迟无法得到普及与发展的后果。

　　当社会步入近现代，超大型城市不断出现，广阔的疆域与庞大的人口造成整个社会臃肿膨胀，空间距离与社会分工造成人与人之间的关系纽带变得脆弱，而血缘关系及等级制度已经无法适应现代文明的平等、自由等社会诉求，现代秩序的维持急需在商业文明基础上发展起来的"契约精神"与法治建设。在现代科技的推动下，社会生产向两个截然不同的方向发展：一是现代国际化合作与流水线生产带来的规范化和协作意识；二是认知拓展带来的思想多元化以及其所外化表现出来的选择多元化。这两个方面相辅相成，形式相抵，却互相推动。这种发展趋势改变了传统的人际关系，也促进了基于商业文明的消费文化的进一步延展。举例来说，同一个家庭的父子之间可能因为中意于不同的球队而濒临关系破碎的边缘，同一个家族的兄弟姐妹之间可能由于对同一社会事件的观点相左而"形同陌路"。因此，在现代社会中，思想精神的"人以群分"日渐超越传统的血缘关系奠定的稳固维系，而这种维系如前面案例所述，在文化承载上首先外

1　陆扬、王毅：《大众文化与传媒》，上海三联书店出版社2000年版，第93页。

化于对于大众文化的选择和关注。大众文化善于吸纳人类社会中有商业潜能和娱乐价值的资源，包括人类的情感、关联与生存。除去渊源较为久远的平面媒体，限于本书篇幅不作探讨，其中的代表便是以广播电视、网络、手机为代表的大众视听文化媒介。从"广播听众"到"电视观众"再到"网民"，大众文化的商业传播经历了"听到""看到""互动"的发展过程，这个过程在我国也是排斥商业文化、接受商业文化、"泛滥化"商业文化的过程。

20世纪80年代，波兰裔的新马克思主义社会学家鲍曼（Zygmunt Bauman）认为，在消费社会中，对消费品的依赖性——对购物的依赖性——是所有个体自由的必要条件。[1]在传媒界，随着以ChatGPT为代表的智能科技的不断融入，媒体进一步成为麦克卢汉（Marshall McLuhan）笔下大众"延伸的身体"，带来更为"便捷""全能""自由"的生存体验。视觉快感的提升也拉高了用户的绝对感觉阈限：人们对于晦涩而内敛的精英文化逐渐失去耐心和兴趣，代之以直白、夸张的草根叙事。以我国的电视节目收视情况来看，跌宕起伏的热播电视剧、胜负难料的精彩体育赛事、充满悬念的大型真人秀等常常占据各家卫视的收视榜首，成为收视热门。在网络上，大量仿佛"微型真人秀"的"小红书""抖音""快手""微信视频号"短视频产品广受欢迎。民众以这些"安全"而"合理"的文化消费形式转移注意力，满足有限自我表露的欲望，并部分弥补现实生活中的心理压抑和生

---

1 孙建茵、冯引：《鲍曼消费主义文化批判思想探析》，《苏州大学学报（哲学社会科学版）》2020年第41期，第191页。

存状态的不如意，为生活增添一点乐趣。可以说，真人秀的诞生和发展，是社会文化环境变迁的传媒表征，体现了西方商业文化对人性的释放和放纵，是一个哈贝马斯曾经论述的"公共领域"如何在商业化的力量干涉之下成为文化消费的"沦陷示范区"。当作为"理性—批判"表达的公共领域，逐渐蜕变为一个文化消费的场域时，表达本身也成为一种消费动力。

　　从这个角度来看，电视真人秀节目并不仅是一种单纯在传媒技术及技巧层面上的"节目现象"，而是一种商业文化在传媒领域扩张和侵蚀的外化。它的"戏剧性"与"纪实性"在形态上有相悖之处，但在内涵上并不存在真正意义上的对立，而是一种处于消费文化干涉下的商业平衡——需要满足民众的偷窥欲便多一些"纪实"的表象，需要满足人们文化消费的快感则加入"戏剧化"的手法。这显然是一种消费文化指挥下"市场优先"所决定的商业做法。早在"二战"前后，法兰克福学派的精英们就开始了对这一问题的探索。"本雅明对技术带来的新形式和新媒介欢欣鼓舞，他坚信卓别林式的艺术与大众的关系，远比毕加索式的关系更为进步。这个论断隐含了一个信念：通俗文化和新技术与新媒介的结合将是革命性的，它促进了文化的民主化进程。但阿多诺却对此忧心忡忡，他在《启蒙的辩证法》中，对文化工业的危险的描述语出惊人。虽有过激之嫌，却也道出了文化工业的内在逻辑和潜在威胁。"[1]在布尔迪厄的

1　周宪：《文化工业/公共领域/收视率——从阿多诺到布尔迪厄的媒体批判理论》，《新闻与传播研究》1998年第4期，第67页。

电视研究中,"商业逻辑的渗透是对文化生产领域的一种僭越。电视已然从文化和交往的传播手段沦落为一种商业操作行为"[1]。

总的来说,在这种商业操作行为的介入下,电视节目向真实内容"娱乐化"与娱乐内容"真实化"这两个方向同步发展。真实内容的"娱乐化"通过戏剧性的呈现方式满足人们的视觉快感,而娱乐内容的"真实化"通过非虚构的方式满足人们的窥私快感,在商业行为的支配下,二者彼此通过打破界限、糅合内容获得解构权威,抛弃形而上学,追求世俗化的消费快感,从而形成一种消费文化上的"熵增"。[2]从长远的利益考虑,这种纪实与娱乐的合流,对纪录片的发展产生的负面影响,将会在以后越来越明显。这种打破界限的直接后果导致了这样一种窘境:不但虚构节目和非虚构节目的边界融合混杂,传统的新闻节目、纪实节目、生活服务节目与综艺节目从内容到形式也都有同质化倾向。传统的"真实"与"娱乐"的节目界限正在模糊。它们互相影响,互相借鉴,以"借对方之力"来取悦观众。具体表现为,如《老大哥》《阁楼》《幸存者》这些真人秀节目利用"过度现实"来窥视人们的隐私,激发并且满足人们的视觉、心理快感。在这种文化环境下,真人秀出现两种发展的可能:情境假定下严谨拟真的社会学实验和快感支配下放纵"人欲"的泛娱乐游戏。

1 杜紫薇:《电视批判与思考——读布尔迪厄〈关于电视〉》,《新闻研究导刊》2018年第9期,第92页。

2 物理学上所描述的一种自发的由有序向无序发展的过程,越是增加越会造成混乱和削弱。

第一节　电视真人秀的"真"与"假"
共同构建戏剧性

早期的真人秀节目限于技术，缺乏戏剧性和游戏互动能力，保留了更多的"记录性"，它很像是传统电视节目中"VCR"（Video Cassette Recorder）的扩展版，因为它们都是对于一段演播室以外画面的"记录"。只不过，在传统电视节目中，"VCR"只是用来作为对现场以外时空背景的补充说明。演播室内录制的"EFP"或者"ESP"方式属于固定机位多角度拍摄，多机位的现场切像能够把演播现场的各个角度、不同画幅的图像展示得比较丰富，但对于不同时间和空间的画面难以同步传输，就事先用"ENG"方式进行补充式（主要是前期）的拍摄剪辑，在节目现场播放，以达到丰富节目画面、完善节目内容、推动节目流程的目的。随着网络带宽的升级以及卫星传输技术的发展，节目制作人员开始尝试消除这种"VCR"在录制时间上的"滞后"，以期获得"异地同步播出"的节目效果。

1996年除夕，中央电视台的春节联欢晚会第一次采用了三地互传直播的形式，在北京、上海、西安设立了三个会场，突破了演播室的地域限制。这次直播虽然在技术上是一次突破，但在效果上并不尽如人意。究其缘由，应该是从画面上来看，这三地的演播室如果不打上字幕加以区分，观众很难体会到三个演播空间的差别——在电视画面上，现实生活中的空间感被弱化了，当地特色的演播装饰并不能唤起观众对于录像地点的认同——录影棚本身就可以装饰成各种风格。更令主创人员失望的是，根据晚会播出后的媒体采访反馈，观众不在乎节目采制技术的难易，只关注内容本身的吸引力。换句话说，晚会的现场在哪里并不是观众的关注点，节目中小品、歌舞、相声等节目内容的优劣才是大家所关心的。并且，在新年的钟声敲响前，阖家在电视影音所营造的喜庆氛围中共度佳节的仪式感也显得比画面质量更重要，遑论切像用到哪个城市演播室的画面了。于是，这一次累坏幕后人员的科技尝试，在之后的异地直播中，被简化为部分片断或节目的转换，并且不再作为亮点大肆宣传。可见，即使对于非体育赛事的直播类节目来说，收视率的高低也与空间跨越无关，与共度时间带来的陪伴感关联更多。

　　"VCR"这种叙事形式是许多电视节目难以被替代的重要组成部分。有人也会将"VCR"称为"VTR"（Video Tape Recorder），两者的指代意义大致相同，由于大多数的电视摄像设备上都会将录制键标注为"VTR"，为了避免指代上的混淆，在非技术领域中对于一段摄制内容的称谓就约定俗成地叫做"VTR"。在电视节目的发展过程中，也出现过完全以"VCR"作为全部内容的节目，譬如1990年开始播出的《美国家庭滑稽录像》（*America's Funniest Home Videos*），如果不是有每期一万美金、年度十万美金的奖励，这个纯粹以日常滑稽短视频堆砌为内容的节目像极了我国大型直播前后用来填充无聊时间的"垫片"。即便如此，这个节目竟然在它的生命周期内总共收到了50万盒家庭录像带。可见，虽然形式普通，但它事实上已经具备超出了一段记录影像所承载的叙事需求，具有了一些纪录片的雏形。事实上，长期被业界作为电影发轫之作的卢米埃尔兄弟拍摄的系列生活片段影像，由于缺少剧情而被质疑作为纪录片的开端似更为妥帖。

英国导演约翰·格里尔森（John Grierson）在1936年描述罗伯特·弗拉哈迪（Robert Flaherty）的电影《莫阿纳》（Moana）时首次使用了纪录片这一词。之后，格里尔森为纪录片所下的定义是"现实的创造性解释"[1]。有人认为，"从某种角度来说，真人秀是所谓'真实电视'的一种嬗变，也是传统意义上的电视纪录片和传统戏剧的一种杂糅。它直接取材于现实，并用剪辑和声音增进主题思想。它要求取材于现实，拍摄真人真事，不容许虚构，扮演，其基本手法是采访和摄影，记录真实环境，真实时间里发生的真人真事，在保证报道整体真实的基础上，要求细节的真实"[2]。真人秀节目的参与者是通过"海选"等方式提前选择的真实人物，他们拥有真实的职业、真实的专业、真实的社会身份和可以视为真实的生活经历，参加节目的目标也是真实而明确的，因此这种节目在类型划分上既不属于虚构，也不属于非虚构，成为一个新的类别。出于"真人"的拍摄需要，真人秀不但不像文献纪录片等真实电视所要求的那样模糊化画面中的人物影像，使其成为一种符号象征，还要通过有限程度的"虚构"事件来满足游戏设置以及任务产生，如同创作影视作品一样将节目中的参与者进行有限程度的"角色化"，以便于构建他们之间的人物关系，预设有利于戏剧

1　[英]安德鲁·古德温、加里·惠内尔：《电视的真相》，魏礼庆、王丽丽译，中央编译出版社2001年版，第46页。

2　蔡亮：《真人秀为何如此精彩？——从戈夫曼的"戏剧论"一窥门径》，《电视指南》2018年第4期，第156页。

化"剧情"展开的"障碍"与"冲突"。因此，这种节目形态从一开始出现就引发了极大的争议，受到世界上大多数国家行业分级制度的普遍限制。譬如，有些欧美国家在分级制度中规定，真人秀节目不能在晚上"18:30—22:00"的收视高峰播出。因此，这些国家在晚上传统的"黄金时间"以外的"22:30—23:30"逐渐形成了新的电视真人秀播出的"黄金时段"。这个时间与我国纪录片播放的"黄金时间"高度重合，也凸显了它与纪录片之间不但有形式上的相似性，在收视人群上也有部分高度重合。这种"矛盾的双方"在一种节目类型身上得到和谐统一的状况在以前十分罕见，但在游戏产业进入"元宇宙"时代后应当不会再成为孤证。可以说，这是一个建立在科技成熟平台上的"模拟现实时代"到来的前兆，它的矛盾与统一为客观世界的"虚幻"抑或"真实"提供了可操作的思考样本。

20世纪末期，我国电视界随着改革开放的进一步深化，曾掀起一股"真实电视"热潮，这既可以看作社会上对于新闻节目同步深化改革的诉求"移情"，也可以看作一种"无台本"节目的商业价值迸发。为了满足观众对于纪录片可看性的需求，制作者们逐渐增加了在纪录片中"情景再现""以物喻人""添加音效"等戏剧化手段的比例和尺度，曾一度引起业界的争论和批判。但对于在纪实类作品中通过蒙太奇等手法用真实的声音与画面产生"假"的结果，以及通过模拟、假设、推演等"假的手段"引导观众接受"真实"的结果，哪个更接近于绝对的真实，尚无权威论断。

事实上，纪录片的剧情化与整个电视产业的故事化倾向是一致的。我国电视台基本上把电视剧安排在商业标准上的所谓"黄金档"。由于在其他社会生产领域的无差异管理，相对自由的娱乐文化生产在电视市场上显示出巨大而特殊的需求。1999年，原北京电视台记者王长田由于一次偶然的事业低谷，离职创办了国内第一档娱乐资讯节目《中国娱乐报道》，也就是后来的《娱乐现场》，第一次把"娱乐新闻"当成商品来进行买卖，取得了成功。正由于观众对于娱乐以及故事的视觉化消费需求，电视节目的故事化成为节目生产的一种泛文化背景。原本应当以讲究客观公正为己任的纪实类节目，在新闻也要讲究"好看"的市场潮流中以及追求收视率的商业法则推动下，也走上了努力叙事化的道路。

以光线传媒的发展壮大为代表，我国的电视新闻报道迎来了行业的发展高峰，电视媒体的新闻采编人员从以前的"无视矛盾"、漠视真正的新闻，向"发现矛盾"转变，甚至矫枉过正，一些人开始"发掘矛盾""制造矛盾"。比如，被采访者拒绝采访，出现沉默甚至推、挡镜头的情况，在只有正面报道的时代会被尽量剪掉，但在负面报道成为衡量一名新闻工作者的"业务水平的唯一标准"时，这些片段就成了最有"观赏价值"的素材，甚至被加以使用重复剪辑、放慢播放速度、放大画面予以着重指出等技术手段强调、加工。为了获取这种镜头，有的记者在采访过程中故意引导、刺激被采访对象，以期抓取对方失控的画面，或者在后期制作中加上带有主观色彩的主持语、结束语、旁白，成为违反新闻客观性的"媒体法官"，丧失了媒体道德，有意识地对受众造成误导。这也是原先只注重"宣传"、习惯了做"正面报道"的从业人员长期疏于独立判断和思考，对于新闻理论学习应用不到位，以至于从一个极端走向另一个极端的不良现象。

以娱乐报道为代表的"软新闻"常常刻意突出事件的冲突和矛盾，进行一些带有主观偏见的信息筛选，甚至拿无聊当有趣，人为制造背离专业准则的"卖点"，美其名曰"新新闻主义"，引起被拍摄对象的反感和抗拒。这种情况在纪录片的拍摄中同样存在。对于纪实类的电视节目，"真实"的要求不仅是事件本身的真实，也要求记录手段和记录过程的真实，为了实现真实记录诉求所采取的恰当手段和措施都能够被理解、接受，但那些目标是为了娱乐性的过程和结果的拍摄很容易被观众识别，从而对观众对于戏剧性的体验与接受起到适得其反的作用。在这个方面，曾经创作了《宏志班》等经典作品的《新闻调查》栏目就做得比较好，在保持了客观性的同时适度体现了故事性，是"新闻性、故事性和调查性"这"三性"结合得比较好的电视新闻节目。在真人秀节目中，观众对于真实性的要求比新闻类节目宽松，因为他们明白真人秀的"真"是"假作真时真亦假"的"真"，不是新闻性的"真"。观众能够接受真人秀通过一些恰到好处的情境设置以及合理的规则和任务要求来呈现"真实的结果"，这也赋予了这种节目形式更广阔的发挥空间。

许多优秀的戏剧影视作品很善于让观众从"虚构的故事"中看到"生活的真实"。在戏剧创作中，英国著名戏剧、影视两栖导演彼得·布鲁克（Peter Brook）在1968年出版的著作《空的空间》中提出："可以选取任何一个空间，称它为空的舞台。一个人在别人的注视下走过这个空间，这就足以构成一幕戏剧。"[1]在这句针对戏剧创作的总结中，体现

---

[1] 王海云：《彼得·布鲁克的艺术风格和他的三版〈哈姆雷特〉》，《文艺报》2021年4月2日，第8版。

的正是真人秀生产者应该具备的创作理念：让人物在各自的角色中完成任务，他们即便只是从一个"空的空间"当众走过，也会自然产生"戏剧性"。因此，真人秀的所谓"编剧"的职责应该是如肥皂剧生产流程中"搭框架""分任务"等前半段工作，而不应包括过于细致地写好具体动作和台词的后半段工作，应让参与者带着任务去"行动"，即便他只是从代表观众视角的镜头前"走过"，也会自然而然地产生戏剧性。这种编剧法分为可控和不可控两个部分，分别需要摆拍与抓拍的配合，这两个部分都可以产生戏剧性，不妨赋予它一个可量化的限定——"轻剧情"编剧法。电视真人秀节目集中了真实电视的纪实样式和影视剧的编剧法，尤其是肥皂剧中戏剧化的叙事框架，形成一种拒绝扮演的剧情化"游戏纪实"。这种真人秀的"编剧"理念最初来自韩国。[1]我国的电视工作者在学习引进的初期过于注重节目的电视记录特性，而忽视了或者是有意回避了戏剧手法的应用，偏重于"真"而忽视了"秀"，进入电视媒体商业化阶段后，又热衷于作假编故事，突出了"秀"而失去了"真"，从一个极端走向了另一个极端。

　　"戏剧性"与"纪实性"在艺术本体上是矛盾的。"纪实"从来都要求尽量"不干涉"被拍摄对象，而"戏剧性"要求在真实生活基础上的提炼和加工，如果把生活原生态搬上舞台和荧屏，不见得没有"戏"可看，而是就时间而言从投入到获得愉悦感的产出不成正比。事实上，即便是纪录片，拍什么不拍什么，画框以内给到多少比例，后期选择多

1　张国涛、孟雪：《弱情节：真人秀的另一个方向》，《现代传播》2018年第12期，第90页。

少时长和哪些段落，本身也很难"不干涉"。因此，我们不妨认为这两个特性都含有"时间性"，从艺术化呈现的角度来看，它们都是"时间的艺术"。对于需要将原本对立的二者糅合在一起的真人秀而言，"求同存异"不失为一种合理的解决方案，即保留二者在时间上的艺术加工手段，将"戏剧性"向内融合，而将"纪实性"向外展示，如同号称"一镜到底"的舞台式《俄罗斯方舟》《鸟人》《1917》等影片，以"纪实"之名行"戏剧电影"之实。虽然这种类型的电影层出不穷，褒贬不一，但这种尝试为电视领域的创新提供了示范，从制作难度来说，模拟纪实的真人秀比需要经过严谨排练的"连续"拍摄容易太多。

在真人秀的录制中，只要给参与者们一个明确而充满推动力的任务，选手们和导师、评委们为了完成这个任务就会自然而然地产生一个持续的行动过程，并贯穿始终，从而产生与人为编织的故事表演相似的戏剧情节来。这种在受到观察的状况下的"完成任务"往往变形为一种"仿生活化"的自我保护式行动，它很容易受到人类"社会性表演"的习惯性驱使，表现出有违于自然反应的矫饰行为。由于这种矫饰行为比较容易被观众分辨，从而造成对矛盾冲突的削减和任务悬念的削弱，因此，在真人秀的任务设置中，即使节目属于"弱情节""慢生活"的题材，也必须筛选那些能够让参与者"心无旁骛"的目标，提高完成任务所必须付出的劳动强度或难度，压缩他们能够进行适应性矫饰的时间，从而创造出更多的戏剧意义上的"必须场面"。

具体来说，这种所谓的必须场面是一种正反对立的命题，情节拥有实质性的对抗，冲突处于紧张、危机和转折时刻，展现主要剧情。"必须场面"之间的场面通常被称作"过渡场面"。"过渡场面是一种单向说明的命题，场面不具有实质性的对抗，主要起介绍、交代作用，酝酿矛盾，为对抗作铺垫。"[1]在戏剧影视作品中，过渡场面较多的便不容易吸引观众，必须场面较多的就能够"抓住"观众的心，展示出充分的戏剧性。作为具有剧情特征的电视文化商品，真人秀节目同样适用于这些规律，只不过在录制过程中更注重非人为干涉的真实情境的营造和生活化行动的捕捉，这就要通过"纪实"的力量来进行"抓取"，以及纪录片后期剪辑制作中的筛选与梳理来进行强化。这样看来，真人秀的"纪实"非但可以不破坏自身的戏剧性，反而会凭借节目的"真实"程度，增添观众的情感沉浸感和心理认同感，从而达到让观众"共情"的节目效果。真人秀节目不但具有戏剧中的"场面"，也讲究对情节的推敲。在戏剧影视创作中，情节元素主要包括能制造或消除矛盾的反应动作、安排、曲折、因果，有开头、中心和结尾。反之，我们可以得出，非情节性的元素主要包括那些没有因果、无法引起矛盾和反应的不完整动作，如空镜头，简单的做饭、吃饭、劳作和议论说明部分。[2]这些关于情节元素的界定和运用对于真人秀同样适用，在真人秀的策划、设置、后期剪辑过程中，就是要努力创造情节点，筛选情节点，强化情节点，让即使是"弱情节"的"慢生活"也保留足够吸引观众的情节元素。毋庸讳言，"泛戏剧性"以及"强制戏剧化"的不当应用确实会对电视的"纪实性"产生伤害。譬如，在一些节目的比赛现场，曾

1　孙祖平：《戏剧小品剧作教程》，中国戏剧出版社2006年版，第42页。
2　张国涛、孟雪：《弱情节：真人秀的另一个方向》，《现代传播》2018年第12期，第89页。

多次出现编导刻意安排选手向评委下跪献礼物认错等意外情景，人为设计的痕迹浓重，似乎是加强了节目的戏剧性，结果却因为违背了人物行动正常逻辑及规则限制，不但没有增加节目的魅力，反而令人反感、产生对节目过程真实性的怀疑，事与愿违。这种做法也是对戏剧性有着片面理解的表现。

无论纪实还是戏剧化，展示的都是人类对于所处四维世界（包括三维空间与时间）的感知。可以说，影像技术的发明是人类"对战""时间"的一次"胜利"。在这之前，人类只能通过绘画等静态手段描摹现实生活的一瞬。[1]虽然迄今为止，这种对于空间的再现还是以二维的"伪三维错觉"来完成，但人类对于真正三维再现的渴望已经自20世纪摄制的《星球大战》等影视作品开始充分表达。人类在不能突破光速的屏障，完全理解时间的存在方式（究竟是在流动中还是静态不动）的前提下，只能通过视觉手段来间接表现"时间"的存在和影响，这种表现往往以文学和视觉艺术的方式呈现。电视叙事类节目和戏剧影视作品一样可以被看作一种时间的艺术，是通过一个物理时间段呈现一个事件的过程。在戏剧编导过程中，导演通过台词、灯光、置景、演员的舞台行动等艺术手段控制叙事、表演与心理感受这三个时空，不必"洒狗血"便可以让观众从结构层面获得比较富有戏剧性的心理感受。在影视作品里，表演构造的时空被放映时空替代，而叙事在影视手段的辅助下变得更加丰富而细腻，完全不需要"横生枝节"式的生硬搬弄。譬如，改编自纽约大

---

1 包磊：《影像与镜框——视像空间的叠加与消融》，《艺术广角》2021年第12期，第104页。

学学生短片作品*End of the Line*的《狙击电话亭》（*Phone Booth*），以81分钟的片长讲述了一个发生在纽约街头的虚构事件——由科林·法瑞尔（Colin Farrell）主演的普通广告推销员被迫躲在电话亭里与远处监控着事件发展的狙击枪手对峙。影片所展示的叙事时间并不长，但随着主人公与枪手之间的对白的深入，这位广告推销员相当长一段时间以来的经历被揭示，给观众带来的心理感受时间不但超出一部电影的放映时长，也远远超出事件本身缘起、发生、发展、高潮、尾声的时间，从而成为在三个时空的控制上拿捏得当、层次分明的代表作品。电视从诞生开始就在艺术上承袭了电影的基因，在蒙太奇手段以及画面语言等艺术表现手段上成为电影的"子艺术"，对于不同时空感受的运用也体现在电视节目的制作之中。在纪录片中，编导不仅进行持续记录，更通过自己对现实生活的理解和思考，从片子策划之初就开始以自身的判断与取舍对记录对象及其行动加以适当的选择，用恰当的电视表现手法对拍摄内容加以截取与重组，甚至用实景补拍或者动画模拟当时的情况，从而揭示矛盾，强化情节，产生戏剧性。

在反映中华儿女第一支空军部队以身殉国抗击日寇的文献纪录片《冲天》中，现代人的陈述与配上旁白的影音资料形成"今""昔"两个平行时空，造成一种"斯人应犹在"的并置感。导演张钊维用特效结合实战记录表现空战之惨烈，其中有高达30%的画面是通过动画辅以音效复现。恰到好处的动画诠释和音乐音效辅助赋予了导演广阔的表达空间，使得整部作品没有重复同类题材作品宏大叙事的创作惯性，而是借助时代背景中民族危急存亡之秋的巨大压力，从个体的角度出发跨越时间的隔阂，拨动了观众白发皓首送儿郎的"同理心"，再加上在后期制作中为能够凸显牺牲者年纪的青春留影以及书信加上字幕予以强化，取得了良好的艺术效果。在这部纪录片中，时空交错并置、虚拟实况演示、音乐音效煽情等艺术手法的运用不但没有削弱作品本身的真实性，反而在心理上让观众感觉它比那些拘泥于政论视角的同类型影片更可信、更感人。

在以海豚驯养师里克·奥巴瑞（Rick O'Barry）与日本太町地政府官员及渔民的斗争为讲述故事的纪录片《海豚湾》（*The Cove/The Rising*）中，里克·奥巴瑞既是"主演"也是制片人，他的团队把在好莱坞拍摄影片的制作经验应用到了取证的过程中，拍摄团队与屠杀海豚的渔民不可调和的认知矛盾和精彩的斗智斗勇超越了虚构故事的可看度，海豚以及拍摄者的命运牵动了观众的心。片中里克·奥巴瑞不时面对摄像机镜头祖露心声的"背供"与美剧《纸牌屋》中弗兰西斯·安德伍德（Francis Underwood）面对镜头进行"布莱希特式"的内心独白形式非常相似，只不过后者的做法不过是博人眼球的形式创新，前者是"剧情"的有机组成部分，在危险情境下的"自言自语"近乎临终留言，更显得真实而必要。在真人秀的主体叙事中，影像是在一种具有某种现场性的现在时态中行进的，而插入的追述对这个叙事内容的事后解释，就成了一种未来时态的叙事——现场追述的讲述人会突然脱离事件的时空，确实有点像戏剧中的背供。只是真人秀运用现场追述并非为了实现"间离"的美学效果，而是为实实在在的叙事目的。现场追述通过"插叙"或"倒叙"的方式，"虽然显得突兀武断，却在很大程度上弥合了真人秀在后期制作中纪实性或是戏剧性的不足，也补充了影像素材的不足，起到了补充叙事、强调细节、表达内心、解释情况、理顺情节、刻画人物等作用"[1]。相比之下，以里克·奥巴瑞为"真人"的《海豚湾》任务明确、人物真实、剧情跌宕起伏，在叙事结构方式和表现手法上与真人秀节目十分相似，超出了《楚门的世界》。事实上，在国内各家电视机构制作的真人秀节目中，"剧情"方面人为痕迹过重的大都不甚讨观众的欢心，因为太容易被看出来作假观众就失去了期待感，可谓事与愿违。

　　有别于影视戏剧的"非真实"表演，以及纪录片的大量案头准备与繁重的后期剪辑工作，真人秀的拍摄必须做好"场景"的布置以及故事线的拟定，如此才能实现拍摄过程参与人员的行动流畅与情节迭起，因此往往大量工作集中在准备阶段。以《英国达人秀》的"Bible"指导为例，仅仅在剧本工作的准备上就有脚本编辑、脚本助理、脚本录入人员、脚本顾问／读稿人，故事线设计、脚本协调、脚本／作者专题讨论会等冗杂的岗位及工作流程设定，而负责场景布置的人员也必须配备美工组跑腿、道具主管、道具主管助理、道具买手、画家、换景人员、工匠、建筑经理、木工、临时用工等人员和准备备用道具等准备项目。只有经过如此细腻而周全的准备与配合，节目才能够在最小干扰的状态下"真实"地完成录制。这种工作方式和准备流程，是营造"情境"的必由之路。

　　真人秀的戏剧性来自编剧思维下的情境设置，但呈现于

1　苗棣、王更新：《纪实话语与戏剧结构——电视真人秀的叙事特点》，《现代传播》2014年第11期，第82页。

真实人物和他们的行动过程中，节目制作在这一点上必须达到"纪实性"与"戏剧性"对立统一下的平衡。2020年11月27日，张艺谋拍摄的电影《一秒钟》在国内上映，影片讲述了"文革"时期由张译饰演的逃犯张九声为了看一眼上了新闻镜头的女儿的画面，穿越沙漠寻找电影盘片的"故事"。在这部电影里，有一个容易被忽略的史实——即使是在20世纪70年代中期，电影新闻纪录片已经不仅是新闻传播的载体，也是为数不多的能够从中勉强获得一点娱乐元素的媒介。以电影中出现的《新闻简报》为例，当时流行一个说法："阿尔巴尼亚电影莫名其妙，朝鲜电影哭哭笑笑，越南电影飞机大炮，罗马尼亚电影又搂又抱，中国电影新闻简报。"虽然这是"文革"时期电影观众对中国电影状况的笑谈，但是充分说明了新闻纪录片占据着当时的中国影坛。[1]此后，电影纪录片与电视纪录片合流，逐渐成为今天通俗意义上的"纪录片"。1993年是我国纪录片发展的高峰，这一年的2月，后来曾交出《德兴坊》《毛毛告状》《远去的村庄》《重逢的日子》等优秀作品的上海电视台品牌栏目《纪录片编辑室》开播；同年5月，标志着我国深度报道迈向全国的杂志型栏目《东方时空》开播，其中的《生活空间》在陈虻的坚持下打出了"讲述老百姓自己的故事"这个标志性口号，在民众间普及了纪录片的概念，也打开了电视平民化的一扇窗户。在这些节目的镜头下，百姓生活成为"主角"，电视节目主持与画外音的旁白用语开始变得通俗易懂"接地气"，与"高、大、亢"的"新闻联播式"的播报开始拉开区分

1　单万里：《中国纪录电影史》，中国电影出版社2005年版，第230页。

度，可谓是一个展示真实的"小人物"的时代的发端。从宏观的群体讲述到对于个体命运的关注，从个体化的视角细分为对具体诉求的追逐和记录，纪录片从"大时代"向"小"时代的故事化演变，为真人秀的崛起提供了艺术和人才储备的"培养皿"。

眼下，国内真人秀的发展已经呈现出一些与纪录片"趋同"的特征：在人物形态方面显示出即便是全明星嘉宾阵容也按"素人"的待遇一视同仁，甚至纯粹做成"素人"选秀的趋势；从节目形态来看，原先的"表演特定角色"和设定戏剧冲突向着记录"原生态自我展现"及日常生活的不确定冲突转变；在视听语言方面从传统的棚内特写、固定机位、配音配乐往野外全景、手持跟拍、使用不可控音效方向努力；在节目内涵上越来越多地从有故事性的叙事主题转向对平淡生活的展现。出现这种转变的原因不乏政策因素的导向，相比之下的高低优劣还要等待持续一段时期后的统计数据分析。可以确定的是，对于一个国家和社会来说，如果电视节目的策划与制作唯收视率"马首是瞻"，显然不是一件好事，但如果完全不管不顾大众的消费需求，也会对一个产业产生不良影响。毕竟在消费时代大众文化的主体是一种娱乐流行文化，而电视娱乐节目正是特定社会风貌和文化价值选择在这种文化中的映射。电视真人秀节目作为娱乐消费文化和大众媒介"联姻"的一种典型文本形式，天然地契合了消费时代的需求，具有消费文化所具有的符号化、复制化、快感化等属性。同时，电视真人秀节目作为一种文化产品，它秉持"收视率崇拜"的"眼球经济"规律，"以制造各种影像符号盛宴诱导大众消费为目标，从中寻求文化资本的利益最大化"[1]。只有制定完善的法律法规和行业规则，才能让生产人员规范"经营"，"安全"制作，不必战战兢兢从一个极端跳到另一个极端，或者因为个别参与者的私德造成重大的生产安全事件，尽量避免不可预测的不可抗力产生的风险，促进全行业的健康有序发展。

真人秀在诞生之初很容易被混淆为纪录片。这种状况犹如早期电影与纪录片之间的模糊化。电影在诞生之初只有极其简单的剧情，以至于学界至今对于路易斯·李·普林斯（Louis Le Prince）拍摄的只有两秒长度的《朗德海花园场景》（*Roundhay Garden Scene*），以及奥古斯塔·卢米埃尔（Auguste Lumière）、路易斯·卢米埃尔（Louis Lumière）兄弟拍摄的几分钟长度的《火车进站》《工厂大门》等生活片断是否可以算作电影诞生的代表作存在争议，认为这些"家庭生活录像式"的片子只能算作纪录片。

同样，早期真人秀与其他节目的区分度极小，特别是"VCR"使用的长短多寡，很容易造成对于节目类型界定上的不准确。这种情形与纪录片界在发现《北方的纳努克》（*Nanook of the North*）原来也是拍摄者罗伯特·弗拉哈迪为"情景再现"爱斯基摩人原生态生活而进行的摆拍而引起争议相类似。虽然这种摆拍对于电视文艺节目工作来说比较常见，但对于追求"真实"的纪录片拍摄来说毕竟有"作假"的嫌疑。真实性是纪录片的生命，用取悦观众的方式来呈现只是它的外部包装。鉴于近年来纪录片创作的戏剧化以及越来越多"纪录"形式的"电影"在影院上映的风潮，

---

1 欧阳友权、刘谭明：《真人秀节目之于生活文本的消费逻辑》，《求是学刊》2017年第5期，第135页。

"非虚构电影"可能是更适合纪录片的新称谓。与之相反，真人秀虽然和纪录片一样具有真实记录的外部特征，但其内里是"虚拟"，更注重的是通过人为设计而产生的"戏剧性"。由于人为设计的创作自由度更大，表面热闹的真人秀比要求冷静观察的纪录片更适合作为人性实验的解剖台，虽然制作者们的目标往往并不在于此。

　　也许是受到人为设计带来的强烈戏剧性效果的鼓舞，以1999年为界限，真人秀从原先小成本、低投入的"纪录"姿态转向了"快乐原则"下高成本、高投入的戏剧实验模式。这一节目模式以绵密繁复的规则设计和全程有限直播为特征，让既不甘心生活的平淡也厌倦了一些胡编乱造的"肥皂剧"的观众获得"八卦剧情"结合体育赛事直播般的收视体验。2000年5月，美国哥伦比亚广播公司（CBS）于每周四晚8—9点的"黄金时间"推出了大型野外生存类真人秀《幸存者》，令习惯于观看室内表演的观众们"眼前一亮"："现实版鲁滨逊"们与大自然恶劣条件的抗争所呈现的戏剧性跳出了传统节目里矛盾冲突局限于"人斗人"的窠臼。"这个节目从自愿报名的参与者中挑出16名选手，把他们置于荒无人烟之处，在39天里分成两队进行游戏竞赛，最后的'幸存者'将获得100万美元的大奖。"[1]节目的制作人是叫做马克·伯内特（Mark Burnett）的退役伞兵，他是一位来自英国的"新美国人"，他的父亲任职于福特汽车分公司，母亲任职于一家汽车电池生产厂，以当时如日中天的汽车业来看，是典型的"小康之家"。然而，充满惊险的从军生涯

---

[1]　阚乃庆、谢来：《最新欧美电视节目模式》，中国广播电视出版社2008年版，第172页。

充分激发了他喜爱探险、追求刺激的性格特征。"马克·伯内特将父母在汽车专业上的影响与自己爱冒险的兴趣爱好结合了起来，把过程足够漫长而且能够吸引猎奇者瞩目的体育竞赛项目——国际越野赛搬上了荧屏，制作了汽车越野节目《生态大挑战》，从而为后来居上的《幸存者》积累了丰富的制作经验。"[1]《幸存者》的摄制复杂而庞大，开播当年就创下美国夏季节目收视率的新高，这是美国哥伦比亚广播公司（CBS）在该播出时段13年来最好的收视纪录。这个节目的成功标志着电视真人秀进入全盛时期。与此同时，"为了解决巨大的制作预算缺口问题，马克·伯内特在筹备之初不得不主动联系了八家生活用品公司，以节目内出现的各种服装、物品作为广告宣传来换取经费，节目走红后广告商纷至沓来，竞相争夺赞助名额，也开了真人秀广告隐性植入的先河。《幸存者》的成功制作播出让哥伦比亚广播公司（CBS）打了个翻身仗，其收视率从美国四大电视网的最后一名，一跃坐上了头把交椅"[2]。

也许是从竞争对手的走红产品中嗅到了售卖隐私获利的巨大商机，2001年1月10日，美国福克斯电视网（FOX）推出了着眼于考验人类情感的真人秀《诱惑岛》。节目组每期挑选四对青年情侣，将其拆散后分别与有针对性匹配的多名单身异性在与世隔绝的加勒比海小岛上进行四轮循环约会，并协同完成潜水、骑马、探洞等规定项目，最后让"与他人同甘共苦"之后的情侣们重新选择恋爱对象。遗憾的

1 王建华：《一组"险"镜头，滚滚新商机——美国电视大片〈生存者〉制片人马克·伯内特妙赚"险"财三步曲》，《思维与智慧》2002年第6期，第36页。

2 谢耘耕、陈虹：《真人秀节目：理论、形态和创新》，复旦大学出版社2007年版，第13页。

是，参加节目前自认为"情比金坚"的小情侣们往往经受不住如何面对"更适合自己的人生伴侣"的诱惑，大多以劳燕分飞作为收场，这也是最为观众津津乐道的戏剧性结局。节目引发了极大的道德争议，受到了社会各界的猛烈抨击。

相比之下，法国电视六台于同年4月26日开播的《阁楼故事》则相对委婉。节目与其他交友节目的最大不同是把场景从野外的"生存空间"挪到了室内的"生活空间"，缩小了陌生男女之间的交流空间，创造出容易"有戏"的亲密距离。节目宣称"不到30岁，单身，寻找灵魂伴侣"的男男女女都可以报名，奖品是非常具有诱惑力的"一幢价值300万法郎的房子"。这个奖品并不容易获得，这些报名者要经过严格的筛选，"并且接受在同一间房屋待70天，在此期间，他们与外界完全隔绝。一男一女组成一组在室内进行各种活动，而电视台将对他们进行每天24小时不间断的播出"[1]。

2002年，美国福克斯电视网（FOX）于1月推出了完全不同风格的表演选秀类真人秀《美国偶像》。节目一开始就安排在每周二、周三晚上8—9点的收视"黄金时间"播出，决赛更延长到了晚上10点。主持人瑞安·希克莱斯特（Ryan Seacrest）每次在全场"We'll rock you"的狂欢声中说出那句脍炙人口的节目广告："每个人都有一个梦想，梦想登上这个舞台，成为世界上最有名的人之一，你能让这个梦想成为现实。"[2]由于节目给普通人提供了一个展示自己歌唱才能的舞台，推出之后立刻红遍全美。2004年，我国电视真人秀《超级女声》作为《美国偶像》的国内翻版，同样引发全

1　谢耘耕、陈虹：《真人秀节目：理论、形态和创新》，复旦大学出版社2007年版，第13页。

2　阚乃庆、谢来：《最新欧美电视节目模式》，中国广播电视出版社2008年版，第163页。

民"狂欢",成为现象级的节目,成为全国总冠军的选手李宇春也从名不见经传的四川音乐学院三年级的普通女生,一跃成为家喻户晓的明星,登上美国《时代周刊》亚洲版的封面。真人秀打破了观众与选手的界限——今天的观众也可以是明天的选手,它仿佛是一种"你方唱罢我登场"的人生舞台的游戏浓缩版,强化了人生奋斗道路上的关键点的重要性以及博彩心态,并通过电视这一强势媒体的传播放大了"一夜成名"的魅惑。从这个节目开始,我国的电视真人秀伴随着"普通人"实现自我价值的梦想遍地开花,轮流坐上收视率巅峰的宝座。

"真实"与"真实情境"是不同的概念。"真实情境"是对于"真实"的模仿,观众能够自觉分辨它们之间的区别。在电视新闻中,观众所面临的挑战和危险是客观真实存在,"作假"的节目不但会失去信任,造成自身生存层面的"社会性死亡",其制作者也会面临在从业资格上的怀疑和否定,付出惨痛的代价。然而电视综艺节目中的历险、竞争、冲突等,都是以游戏性质为前提的预设,是在参与者和观众均确认安全的前提下人为设置的所谓危险和挑战。尤其是建立在虚构基础上的真人秀节目,不但鼓励"作假",并且力图"以假求真",用"假"的设定来获得"真"的结果,从而具有了社会学意义上的实验性。

美籍加拿大人欧文·戈夫曼(Erving Goffman)原先主修化学专业,在加拿大电影公司工作期间对社会学产生了浓厚的兴趣,独特的学习和工作经历使他的视角能够摆脱传播与影视的苑囿,从社会学的角度审视非艺术表演在人类行为中的广泛运用。他发现,人们总是期望在展示自我的过程中，塑造心目中的理想角色，并在与他人的互动中获取对自我的评价，不断地调整自己的"表演"行为，从而变成一个理想中的自己。20世纪50年代，他将日常生活中的自我呈现比喻为一种"另类"的舞台表演，在社会生活这个"舞台"上，每一个个体通过自身的公开行为与表达，有意或者无意地给"观众"留下某种印象。日常生活中，人们在"舞台"的前台、后台切换，在不同的场合和环境中，将自己塑造为各类"角色"。[1]戈夫曼在"拟剧论"中提出了"前台"与"后台"这两种表演区域："前台"是表演者为了塑造角色，并达到观众预期而进行理想化表演的舞台，人们在"前台"会受到来自观众等多方面的压力，导致人的"前台"行为中往往含有理想化的包装和社会化的表演成分；而"后台"是人们为了保证"前台"的表演而做准备工作的场所，人们通常会在幕后流露出真实的自我。

但随着互联网媒体语境的逐步发展，越来越多的"后台"被搬上了"前台"。[2]事实上，在"快手""抖音""微信朋友圈""Facebook"等这些自媒体平台上，人们为了呈现真实的"自我"，吸引关注（吸粉），会刻意"祛魅"。譬如，将一种职业、场景、项目"揭秘"，揭示人们的工作方式和细节，以飨观者的好奇心，比较知名的案例如疫情期间方舱医院的建设直播；将明星的日常"曝光"，以增添他（她）的"亲民度"，博取拥趸的好感，更满足一些嗜私者的窥私欲。在这些揭秘、探班与直播中，原本"不足为外人道"的

1　[美] 欧文·戈夫曼：《日常生活中自我呈现》，冯钢译，北京大学出版社2016年版，第16页。

2　秦蓉：《从拟剧论角度分析观察类真人秀节目——以〈令人心动的Offer〉为例》，《新闻研究导刊》2020年第5期，第96页。

"后台"逐渐成了表演的主要区域，原本的"前台"反而成为叙事的背景和环境。在这种竭力脱去形式包装的"表演"里，解密与祛魅的过程便成为一种戏剧性叙事的承载。表演的结果显得不再举足轻重，"纪实"的过程成为一种能够产生期待感的戏剧化展示。

真人秀正是这样一种把"后台"置于观众面前的"非自媒体"形式节目。它裹挟着传统媒体经过长期"进化"打磨出来的成熟平台和现代工业化流程下严格的品质把控，融入了自媒体时代的"拟剧"观念，形成了对于不得不以"简陋"面貌出现的自媒体节目的"降维"竞争的态势，不啻于为电视业在自媒体时代的一次"抱团自救"。在真人秀的"表演"中，观众期待的并不是"真实"，而是"真实感"。真实的事物可能是"无感"的，节目要达到能够招徕看客的"秀"的目的，就要营造这种"真实感"。"真实"并不是真人秀的首要元素，"秀"才是。真实的生活一般充满了长时间的平庸和无趣的重复，"设计"出来的"生活"缩短了叙事的时间长度，提炼了"事件"的戏剧性元素：更加强烈的真实感和不确定性加剧了节目的可看性，满足了观众的窥私欲和猎奇心理，更有利于增加节目的收视率。

应该说，在真实性这个问题上，真人秀所通过游戏或者比赛设计获得的"真"是表面上的真实。与纪录片相比，二者虽然都采用电视作为载体，但诉求完全不同。真人秀的连续跟踪拍摄的目标是抓拍到"有戏剧性"的画面；纪录片中的"戏剧性画面"选择是"高片比"记录下的"有效场面"的筛选，而并非追求戏剧性的结果。因此，虽然前者在表面上运用了更长时间、更多摄像机的跟拍，但这种"记录式表演"时时刻刻受到节目组的"干涉",或修正情节发展走向,或加强戏剧矛盾冲突,目标就是为了"好看"。从这一点来看,真人秀在表演上与应用蒙太奇剪辑的影视剧差别比较大,与时空统一的话剧表演倒是有更多的相同之处。

2020年,导演何念在话剧《深渊》中全程应用了实时影像技术,通过在舞台上的实景内增加一位肩扛摄像机的摄像师将"室内"的实况投放到"居民楼"顶的大屏幕上。借助大屏幕的细节放大,观众可以如观赏电影一般看清楚演员的表情、动作的细部,改变了剧场观看过程中"定点"视角、视距的"痛点"。同时,舞台上摄像机的运用也拓展了单一的剧场空间,让舞台空间的叙事性变得丰富。即便是面对传统的镜框式舞台,观众也可以通过摄像机视角提供的主观镜头"参与"到剧情的发展中去。如果要说有什么瑕疵,只能说无时不在的摄像师对在舞台上人物的活动产生了比较强烈的间离效果,在摄像机近距离抓拍演员特写画面的时候,如果观众的注意力没有被导演带到大屏幕呈现的饱满的表演画面上,就容易停留在舞台上最吸引人的"表演者"——摄像师的身上,从而产生旁观影视剧拍摄现场的"路人感"。这一点相比德国柏林人民剧院的《赌徒》运用隐藏式的手持拍摄稍有缺憾。《深渊》放弃了一部分舞台假定性,以强势的影像取代了传统的剧场表演的观察者视角,具有一定的探索性,也呈现出了些许舞台剧"真人秀"的味道:只要具备"真实感",并具有商业意义上的"可看性",未来的真人秀可能脱离"电视"这个时代的产物,以网络传播为媒介,进入剧场、"VR"(Virtual Reality)、"元宇宙"(Metaverse)等多种形式的"秀场"。

康德认为："自然赋予人各种各样的秉性。人的最基本的秉性有两种：一种是利己主义或个人主义；一种是利他主义或集体主义。但人的本性的主导方面是利己主义或个人主义，人的本性是恶的。正是恶的本性驱使人们为自己的私利而奋斗，并从而推动历史的进步。但是，人的利他性又制约着利己主义的恶性发展。人的利己性和利他性的矛盾及其解决成了历史进步的动力。"[1]正如黑格尔所言："恶"是世界进步的动力。从神的角度看，人摆脱自然状态达到自我意识是"恶"。从精神的角度看，人为了满足自己的（自然）欲望是"恶"。这双重的"恶"推动了世界和人类社会的进步。[2]真人秀犹如电视节目进化到现代工业阶段的"鸦片"——它分工明确、策划缜密、投资巨大，如果应用得当，它能够弥补人们生活中的某些缺憾，如果任其逐利而行，它会将人类最私密的欲望赤裸裸地展示出来。

同样以"全程记录"的形式录制，纪录片的终极目标是"善"，真人秀的目标是"利"。在20世纪60年代的纪录片理论中，无论是美国的"直接电影"还是法国的"真实电影"，强调的都是纪录片的记录功能，这类理论要求拍摄者不要将主观的看法带入影片，不要去操纵、改变对象。然而20世纪八九十年代以来的纪录片，特别是历史人文类的纪录片，则在强调"所见"的基础上，更强调"所思"。[3]"纪录片无

1 赵家祥：《一种不可遗忘的历史动力——关于"恶"的历史作用》，《湖南科技大学学报（社会科学版）》2005年第6期，第45页。

2 张桂权：《知识、恶与"原罪"——黑格尔〈哲学全书·逻辑学〉对"原罪说"的解读》，《四川师范大学学报（社会科学版）》2012年第7期，第9页。

3 吴保和：《记录的力量：当代世界纪录片》，文汇出版社2012年版，第6页。

论叙事与拍摄手法如何，状态上是如一只'墙上的苍蝇'"[1]般的冷静旁观，目的是引起观众的思考。真人秀虽然以"规则"约束被记录者的行为，在效果上起到了观察人性与社会的作用，但在目标上是为了盈利。目标的不同造成过程与规则的不同，因此，即便纪录片记录的是炮火连天的杀戮镜头，我们从中往往可以汲取教训，牢记历史，改善规则；而真人秀节目即便是记录家庭生活的脉脉温情，它造成的结果也可能是妻离子散，劳燕分飞。纪录片以翔实的材料、多元的视角、深入浅出的叙述"求真"。真人秀节目以繁复的游戏规则、相对封闭的时空、富有诱惑力的奖励诱惑参与者完成任务并予以记录，追求的是"戏剧性"的观赏效果。并且，在电视真人秀节目中，有限的时空、游戏的设置、奖惩的设定都属于人为元素，这些看不到的元素和真实的游戏参与者一起，共同制造了一个对于观众来说看上去"真实的世界"。这个世界是"虚拟"的，而非"真实"。虽然每一位选手在参与过程中实实在在地展示了自己的选择和行动，但这些行动毕竟是在受到"规则"约束下展开，并不是随心所欲，也并非如实还原这些人在现实生活中的习惯和选择。在这个看上去与日常生活场景极其相似的世界里，选手们在游戏规则的制约下"扮演"一个"真我"，这个"自己"既不同于日常展示的外化人格，也不同于那个私密环境中不受约束的"本我"，而是一种难得示人的"自我"。这种感觉如同在阅读和游戏中进入小说、游戏所构建的世界，参与者本人成为一位不曾在自己身上真实发生的故事的"主角"。事实

1　阿尔伯特·梅索斯（Albert Maysles）的名言，意思是冷静客观而无打扰的观察。

上，真人秀只是表面上借用了纪录片的拍摄手法，从策划游戏环节到设置"剧情"，应用的"里子"是戏剧创作与游戏设计的糅合，目的是造成真实而有趣的假象，提供给观众具有"真实感"的文化消费品。以戏剧性思维套上"纪实"外衣的真人秀容易不受道德拘束，常常把人类在一个相对密闭的环境中的情感与行为完整地进行记录，不惮于以人性之"恶"吸引观众，节目中的矛盾冲突较之商业剧不惶多让。

　　2002年秋，美国广播公司（ABC）推出了一档叫做《遗嘱》（*Testament*）的真人秀，以真实的遗产争夺者为参与对象，竞争一份富翁的"遗嘱"，参加争夺的家庭成员和富翁生前的好友都有机会淘汰对方。这个节目真实再现了富有的美国家庭经常上演的夺产闹剧，撕下了现实生活中被小心翼翼遮掩的虚假外衣。1991年9月开播的美国亲子鉴定节目《莫里秀》（*The Maury Povich Show*）就更夸张了，以免费做亲子鉴定之名给嘉宾提供"戴绿帽"和"当众掀桌子"的机会，虽然节目体量小，让人难以判断它属于普通谈话节目还是真人秀，但几乎每期必然上演激烈的戏剧性冲突，吸引了大批"看热闹不嫌事大"的"吃瓜"观众。还有美国全国广播公司（NBC）旗下Bravo频道于2010年10月首播的《比弗利娇妻》（*The Real Housewives of Beverly Hills*），以几位贵妇人的奢侈炫富生活吸引观众，为"凡尔赛"[1]风气煽风点火。

　　近年来，国内一些知名的真人秀寻求在影院公映的机会，以"院线电影"的形式包装自己，但常常乏人问津，没有能够取得预期的成绩，这是因为混淆了"拟真节目"与虚

1　在自媒体上隐性炫耀的一种方式，一般表现为文案写作先抑后扬，自问自答，在貌似不经意的态度下达成想要炫耀的目的。

构作品之间的区别。"真人秀"即便看上去"跌宕起伏"，但出于传播媒体的职业操守的规定，不能违反公序良俗。所以真人秀中的阻力会控制在电视媒体可以接受的范围以内，而电影作为纯粹的艺术创作需要有泾渭分明并且势均力敌的对抗。真人秀中的人物是灰色的，他们的形象区分无非是深灰、中度灰、浅灰，或者是深到接近于黑，或是浅到无穷接近于白，以反映人的多样性，但就是不能是人性泯灭的"大反派"。电影则有所不同，需要"激励事件"推动下的极致对抗。电影《辛德勒的名单》（Schindler's List）中的反派阿蒙（Amon Goeth）虽然是一个有着极高音乐天赋的军官，但他在音乐演奏的同时屠杀集中营内犹太人没有眨一下眼睛；电影《老无所依》（No Country for Old Men）中的安东（Anton Chigurh）沉默寡言却"一诺千金"，杀人如麻却又厌恶鲜血；"蝙蝠侠"系列中比较成功的《黑暗骑士》（The Dark Knight）塑造了"小丑"这个反派形象，他不在乎名利，只要考验"正人君子"的人性，"揭露"哥谭市的道德楷模蝙蝠侠的虚伪面纱，让他手上沾血；《沉默的羔羊》（The Silence of the Lambs）中的汉尼拔（Hannibal Lecter），高智商、思维敏捷，却有着嗜食人肉的恐怖爱好。电影观众对于剧情、画面、思想深度的要求都超越电视观众，这不仅因为电影技术要求更高，更是由于叙事尺度与思想深度的差异。

第二节　"纪实性"与"戏剧性"的平衡

在电视真人秀节目中，"纪实性"与"戏剧性"是存在对立态势的两面：长于"纪实性"的节目平铺直叙，易于枯燥乏味；擅于"戏剧性"的节目不容易把握好分寸，动辄失真。无论是偏向"纪实"还是"戏剧化"，真人秀节目以普通人作为拍摄对象，长时间的"出镜"让他们"混"个脸熟，如果他们确实有一技之长，电视台成为最佳的展示平台，那么他们在节目内外都可以成为人生的"赢家"，这与当前影视产业的平民化和日常化潮流方向大致吻合。这种贴近现实、贴近民众生活的潮流与20世纪五六十年代兴起的"新浪潮电影"有相似之处，它们都用长时间的连续记录来叙事，并且与全社会的文化态势密不可分。如果说"新浪潮电影"的兴起是出于社会政治文化的巨大震荡，那么真人秀的崛起反映了社会经济大众化的趋势，彰显了普通人的社会化生存诉求和消费经济对于文化生产的主导地位，体现了平凡个体的生活诉求以及平民利益的被关注。

对于电视观众而言，真人秀节目的吸引力之一是在平凡人而不是只在成功人士和影视明星之中挑选参与者，这一举措代表着电视这一传媒科技产物从作为宣传工具高高在上的宣传教化的视角向作为大众娱乐工具的平视视角的转化。这种做法显而易见的好处是观众与参与者的心理距离比较小，有种"他就是我"的代入感，而且更容易挑选出自己的代表者，从而关注这些参与者的命运。因此，节目组在制作真人秀时，往往会注意参与者在性别、年龄、教育、职业、地域、性格等方面的广泛代表性，以便于让更多的观众在参与者中找到自己心理上认同的"代理人"，如果这个人（或者是这组人）被淘汰，节目组还得注意补充这个类型的"代理人"，以避免流失这部分人所代表的观众。这种观看心理的利用和制作流程把控不但是节目质量的保障，也强化了观众的"追剧"快感和参与意识。

如今，在电视真人秀节目领域出现了不少成功的案例，这些节目的制作单位往往曾经有过引入"外援"指点，或者自创节目失败的宝贵经验，在"纪实性"与"戏剧性"的把握上相对比较成熟，而大多数电视节目制作单位是不具备耗时耗力的真人秀节目的生产制作能力的。然而，在从众心理以及"偷懒思维"的驱使下，"拷贝不走样"在电视界四处横行，一档节目成功了，各家电视台就争相效仿，简单复制，不但浪费了资源，也引起了观众的审美疲劳和消费惰性。譬如相亲真人秀，一家电视台的节目成功了，盈月之间，同类节目遍地开花，打开电视机，全国人民都在相亲，蔚为壮观。节目同质化竞争如此严重，以至于有些节目铤而走险，剑走偏锋，试图用一些极端的手段来获得成功，导致这两年来，关于真人秀节目的负面新闻时而发生。有的节目刻意挑拨选手关系；有的节目对参与者营造"公审"的情境，即使在对方当场晕厥的情况下还要嘲讽"你是在演戏吗？"；有的节目角色扮演痕迹浓重，甚至出现了"角色扮演专业户"，据说收入不菲，养活了一批梦想混迹娱乐圈，却又无戏可演的演艺新人。有的新人不怕出恶名就怕不出名，在编导安排的剧本的基础上，自己还要"添油加醋"，说过头话，做过头事，以期吸引观众的注意力，达到"走红"的目的，以至出现了"宁愿坐在宝马车里哭，也不愿坐在自行车上笑"这样的"名言"。这些做法夸大了生活中的戏剧性，破坏了节目正常的叙事逻辑，并且容易在"公序良俗"层面引发观众的反感。任何一种原先行之有效的经验或技巧的过度强调和滥用都容易对真正的戏剧性的产生造成伤害。

　　那么，怎么样才能够取得"真实性"与"戏剧性"这两者的平衡呢？举例来说，我们在用镜头记录一只小鸡走向水塘边喝水的时候，镜头的角度如果正好把树丛里的恶狼带入画面，小鸡的行动过程就平添了惊险与悬念，这种戏剧元素的加入方式比较自然，就不会伤害节目的纪实性。因此，电视节目的戏剧性要符合电视的技术特点，也就是"自然而然的声画结合"。带有强制性加入的人为的旁白、图标、字幕、音响，都不适合作为戏剧突转与冲突发生的依据，而应该只作为在原有戏剧性元素基础上的一种强调。以"纪实"为核心诉求的纪录片作为电视片的一个类型，并不排斥戏剧性的艺术手法以及叙事上的"故事化"。"电视纪录片在美国兴起的背景在于，美国的电影和广播纪录片节目在电视发展的冲击下失去了大部分的市场，只能转而将电视作为新的平台，因此电视纪录片延续了电影新闻片的视觉传统和广播纪录片的叙事传统。与新闻的即时性和片段性不一样的是，电视纪录片的时长要求它具有故事性，从故事展开、发展到高潮需有清晰的脉络，而呈现在电视上时，又必须伴随相应的画面输出，这意味着纪录片同样必须对所收集的素材进行大量编辑甚至重组。"[1]虽然这是针对纪录片的创作而作的总结，但对于真人秀同样适用。从前面的"小鸡"与"恶狼"的比喻来说，"恶狼"的出现造成了"小鸡喝水"这件事的戏剧性，从而引起观众对于"狼何时吃掉鸡"悬念的好奇，延长了他们在座位上、电视机前期待结果的时间。这些做法在影视剧中早有成熟的运用，就像大卫·霍华德（David Howard）

1　吕琪：《真实的建构与消解——美国电视真人秀中的身体与社会》，四川大学出版社2016年版，第100页。

和爱德华·马布利（Edward Mabley）在他们的著作《基本剧作法》（*The Tools of Screenwriting*）中所主张的以下几点基本元素[1]：

一、故事讲述的人物与我们有情感共鸣。同样，参与真人秀的选手和被选为纪录片的拍摄对象的目标人物，无论在职业、年龄、性别等方面有何差异，必然有能够引起观众共鸣的"点"。这种共同的感受让观众在观看过程中不由自主地扪心自问，自己是否曾经有过同样的情感、遭遇、抉择，从而产生"共情"效应。

二、这个人物非常渴望完成某些事情。在纪录片的拍摄中，如果被拍摄者中途放弃，片子也就很难形成完整的故事，效果会打个折扣。因此，编导在选题阶段就要确定被拍摄对象具有轻易不会放弃的性格特征，然后自己也用锲而不舍的精神跟踪拍摄。在真人秀中，参与者同样需要对目标任务（譬如一份足以改变命运的工作或者一笔高额的奖金）有强烈的欲望，不会动辄退出角逐，这样才能吊起观众观赏肥皂剧般的"追剧"胃口，以求获得结局的答案。

三、这件事情很有难度，令人担忧可能无法实施、达到或完成。在纪录片中，拍摄对象未必是人，有时也会是动物，如《帝企鹅日记》（*La Marche de l'Empereur*），有时甚至是"物件"（字画、珠宝、古董、建筑等），如《园林》《故宫》《我在故宫修文物》《世界八十宝藏》（*Around the World in 80 Treasures*）、《蓝色星球》（*The Blue Planet*）、《地球脉动》（*Planet Earth*）等，片子全程讲述的就是被拍

1　[美] 希拉·克伦·伯纳德：《纪录片也要讲故事》，孙红云译，世界图书出版公司北京公司2011年版，第23页。

摄目标的修复、移动、遭遇劫难等有明显阻力的发展过程。在真人秀中，同样会遇到类似的状况，只不过抗衡的对象不再来自大自然和环境，而是节目组的刻意安排，如《终极焊将》（*Metal Shop Masters*）、《单挑荒野》（*Marooned with Ed Stafford*）、《潜行追踪》（*Hunted*）等，都是为了跟踪拍摄挑选的场地或者任务。

四、讲述这个故事是为了在观众观影过程中实现最大程度的情感碰撞以及激发观众的参与性。在这一点上，真人秀比纪录片更接近影视剧的做法，诚如"达人秀"系列节目的宗旨所言：达人秀是一个聚集了才艺技能参差不齐、却同样怀揣梦想的人们，以多元化表演来娱乐大众的真人秀节目。[1]节目的播出引起了虽然身怀"绝技"但长期碌碌无为的"草根达人"的注意，燃起了他们改变命运的希望，让他们认为自己终于能够一展身手，得偿所愿。无论成败，这部分人群既是潜在的参与者，更是实实在在的节目拥趸。

五、故事必须拥有一个令人满意的结局（这并不意味着故事必须有个幸福的结局）。正如本书前言所述，影视作品具有艺术补偿的功能，电视节目虽然大多不能被称为真正的"作品"，但补偿功能一点也不少，特别是在结局的设定上，同样煞费编导们的苦心。对于纪录片而言，由于所展示的事件大多处于发展过程之中，或者尚不能够盖棺定论，往往采取不容易引起争议的开放式结尾。真人秀则不同。游戏属性注定这种类型的节目必须有一个明确的终点，产生具有"眩晕"效应的结局，譬如改变了人生的获奖者，从而让观众对

---

1 引自《2011英国模式手册》。原文为"A variety show in the form of a talent competition bringing together the best and the worst of people with ambition to entertain"。

于这一季节目的结束感觉圆满，对下一季的推出充满期待。

可以说，正是人类对于欣赏"故事"的共同心理需求奠定了真人秀、影视剧和纪录片三者之间的上述共同点。无论东西方文化，人类对于以时间迁徙为叙事特征的艺术创作基本上都需要"讲故事"，这种趣味趋向也许出自我们这个物种潜意识中对于荏苒光阴的无奈和留恋。其中，电影以偷窥的心理感受和大幅高精度画面的"奇观"为辅助吸引观众；纪录片以超越个体认知维度的"全能视角"鞭辟入里"展示"或者"复盘"事件。真人秀既不能像电影那样拥有虚构世界的巨大创作空间，也无法效仿纪录片那样保持冷静与思考、专注吸引小众消费者，只能融合二者的优点，掩饰自身的"先天不足"，这也是一种"骑墙之术"，稍有不慎，容易引起"过火"的争议，譬如旅游风光真人秀中常用的"戏不够，景来凑"，才艺真人秀中广为诟病的"比谁的身世更惨"。

相对于纪录片，真人秀的优势就在于可以"游戏人生"，将真实电视所具有的虚拟性和非虚拟性融合并丰富、放大。有人将"真人秀"看成是"虚拟数字生活"全面来临之前人类技术与艺术的一种预演。在这个虚拟数字生活时代，人们不只希望看到真实，也希望看到一些有别于常态生活的东西——对于生活得不如意的人而言，可能更希望"离开"这个不开心的"世界"，进入一个理想中的"梦幻世界"，电影在面世之初被称为"梦工厂"正有此意。随着电影《头号玩家》（Ready Player One）热映，扎克伯格（Mark Elliot Zuckerberg）将Facebook公司更名为"Meta Platforms"（元宇宙平台），英伟达科技（NVIDIA Corporation）总裁黄仁勋（Jensen Huang）"曝光"个人生物特征为自家公司虚拟现实创作工具Omniverse"现身说法","虚拟世界"正在科技与文化产业的高度合作下成为未来的生命走向。越来越多的人相信真实与虚拟不再是绝对的二元对立，虚构与真实将一起构成人类的日常生活，甚至呈现出虚拟与真实重构、生活与游戏界限模糊的"中间态"。这种状态似乎在未来可以回答人类艺术的终极哲学思考：我们是谁，我们从哪里来，到哪里去？或许，正如电影《异次元骇客》所揭示的，人类社会的存在本身就是某种高维度文明的"真人秀"。

法兰克福学派学者赫伯特·马尔库塞（Herbert Marcuse）把现代社会中的人称为"单向度的人"，他认为生活在现代社会中的人出于压力普遍需要一种能够超越常规生活以解放自己的尝试，这种所谓的"解放"又不能是对既存秩序的真正颠覆，最好能够是犹如相应题材影视剧剧情所展示的那种"无伤害"的"极致放纵"。真人秀的真实记录与虚拟情境为这部分人群提供了一条有限尝试的途径。譬如，美国哥伦比亚广播公司（CBS）制作的《老大哥》，在"Big Brother House"这个"虚拟社会"里，通过47台摄像机和76支麦克风的全天候监视，真实地展示14名选手之间的钩心斗角、拉帮结派。他们其实都有一位朋友、亲戚、同事同组参加角逐，但为了获得胜利不得不隐藏这种亲密关系，以加大取得胜利的胜算。于是，各种"合纵连横""明修栈道""党同伐异"等现实社会的"生存之战"以及隐秘人性的展示一一曝光在现代媒介手段的记录之下，在一定程度上对应了人们在现实生活中的真实感受。同时，节目本身就是对现实的工业社会的一种反叛和颠覆。对于观众来说，无论是在视觉感受还是心理渴求上，都会产生一种虚拟和现实交融的满足与快感，这在真实生活中是无法得到真正满足的。

　　综上所述，真人秀的纪实性与戏剧性在艺术表现上是对立关系，但在节目构成上互为依托，相得益彰。作为纪实作品的纪录片也需要戏剧性的叙事技巧，而作为虚构作品的影视剧、话剧同样需要反映现实的题材和思考，二者在不同形态的艺术作品中，甚至在同一门类的艺术作品中，都可以占有不同的比例。总的来说，在电视节目的策划和制作中，戏剧元素运用得越充分，节目就越是跌宕起伏、引人入胜，电视作为娱乐工具的特性就表现得越是明显，而作为传播媒介"纪实"的属性在形式上会遭到破坏，但不用或者少用戏剧元素的电视节目并不一定能够保持纪实特性，二者之间的平衡发展应当依据叙事的合理需求，而不是门类划分的区别。为了减少"戏剧性元素"对"纪实性"的伤害，创作人员应该思考的不是要不要加入戏剧元素，而是如何恰到好处地运用它。

第五章

多学科构建电视真人秀的戏剧性

真人秀是人类社会发展到一定阶段的产物，它的表现内容是人类社会的相关"映像"。优秀的真人秀之所以引人入胜，源自让人欲罢不能的戏剧性，而这些戏剧性的发生和发展，离不开社会学、心理学、游戏学、政治学等多学科的构建与支撑。

　　如果说在"前真人秀时代"的电视综艺节目制作还是"摸着石头过河"的"手工作坊"，以碎片式的"点子"、万能的曲艺和不断改版求新的外包装来吸引受众，那么真人秀时代的电视节目就是文化产业流水线创作的商品，节目的卖点、对象、目标人群、应用理论、流程设计、投放平台、时间长度与周期等，无一不经过精心推演。其中，把脉社会需求，提供"对口"的文化产品是节目策划的重要环节。当社会的高节奏运转使男女青年无暇恋爱成家时，便设计"短、平、快"解决婚姻大事的《男才女貌》《转角遇到爱》《非诚勿扰》；当有人厌倦了"两点一线"或者"朝九晚五"的生活时，《粉雄救兵》《完美假期》《学徒》等创意便投其所好；当有人认为自己拥有独特的才艺，并想以此改变自己平庸的人生时，《中国达人秀》《超级女声》《中国好声音》等面向"草根"的舞台便应运而生。这些脍炙人口的真人秀创意几乎都能与其制作时期相应的社会热点问题一一对应，并通过娱乐的外部形式缓释压力，表现出强烈的艺术治疗与心理补偿效应。在这方面，早有影视剧珠玉在前，而真人秀胜在直接而形式多样。

相对于同样可以表现多学科知识的影视创作，真人秀的表现方式更加直白，不需要设计具备"起、承、转、合"的长篇故事，吸引观众的也并非叙事，而是依据这些学科所设计的竞争的比赛全过程，引起观众对于参与者"人物命运"的持续关注。影视剧特别是其中的"行业剧"涉及的学科知识为故事服务，而真人秀中的"故事"为"比赛"服务，这些"比赛"的理论支撑，正是蕴藏了各种现实问题的多学科理论。譬如，《幸存者》《老大哥》《阁楼故事》这些大型制作综合了政治社会学、组织社会学、人格心理学、意志心理学、变态心理学、犯罪社会学、游戏学；《换妻》《交换空间》《接受我婆婆》的设计运用了环境心理学和人格心理学、行为心理学、感知心理学、情感心理学、家庭伦理学；《诱惑岛》《非诚勿扰》等婚恋秀则用到了社会心理学、心理动力学、言语心理学、性心理学、游戏学。这些影视传播之外学科的恰当应用为观众提供了"喜闻乐见"的"实验素材"，使得他们在欣赏之中满足心理与感官的双重刺激，或者在娱乐之外获得"思考"的乐趣，不但为影视创作提供了丰富的素材，也为电视真人秀的选题与创作提供了巨大空间。在具体实践中，这也可被视为大众传媒发展到网络时代的一种自我拯救。

第一节　戏剧性的良性发展离不开多学科的理论支撑

艺术从来都是生活的反映。自电影技术成熟以来，影视业就不乏将哲学、社会学、心理学理论应用于剧本创作的尝试，其中出现了不少将原本晦涩枯燥的实验过程和科学理论转化、改编为富有戏剧性的话剧、电影、电视剧等艺术作品的成功案例。

2011年12月，英国电视4台开始播出科幻系列短剧《黑镜》(*Black Mirror*)，更以一系列可以直接作为社会学、人类学实验示范的小故事，让观众仿佛透过荧屏看到了普特南 (Hilary Whitehall Putnam)、萨特 (Jean-Paul Sartre) 等哲学家、社会学家的一个个学术案例，生动而令人不寒而栗。

譬如，在第一季的《1 500万里程的价值》(*Fifth Million Merits*) 这一集中，"所有人都穿着一样的服装生活在统一布置的房间里，生活单调而枯燥，黑魆魆的四壁就是随时可以开始放映的电视屏幕，这是他们唯一的娱乐方式，每个人的生产性劳动都简化为日复一日的踩单车，以赚取生活必需的消费点数。在这个世界里，每人都拥有一个代表自己的卡通虚拟形象，一般性的社交只需要给自己的卡通形象换装。除了以评委为代表的特殊阶层，人们的主要社会交往通过网络进行，所有的社会活动，包括为真人秀的选手投票都在虚拟空间进行，从培养皿里生产出来的水果是唯一能接触到的最接近自然的食物。人们所能改变命运的唯一方式是花1 500万高额点数参加一档真人秀娱乐节目，博取大众关注，赚足注意力，而是否改变则取决于评委的口味"[1]。

第二季中的《白熊》(*White bear*) 的故事在形式上与

---

1 刘燕：《〈黑镜子〉：异化的科技乌托邦》，《电影文学》2013年第2期，第33页。

电影《楚门的世界》非常相似，因为剧中主角都不自觉地长期出演了真人秀，它们共同揭示了新媒体时代社会生活所具有的仪式性特征，即媒介将演播厅扩展到整个社会，每个人既是演员也是观众，媒介制造着伪事件，而大众的参与又将其变成真实的事件，生活戏剧化，戏剧生活化，如此循环往复。两部影片所不同的是，《楚门的世界》中主人公身边的扮演者无论出于何种目的，都致力于善待这位可怜的"透明人"，而《白熊》中的女主角被全社会以"道德"之名"示众"，并且"示众"的方式比较奇特，是让她一次次地被追杀，她唯一能够信赖的人竟然是策划、指挥了整场"真人秀"的导演。每一次"演出"结束后，她又被强制洗去记忆，无法申辩，周而复始。"这是一种最残暴的人间悲剧，超过了鲁迅笔下吃人血馒头的冷漠人性。可以说，媒介仪式升华了暴力的内容，并赋予了作为暴力生产者（媒介）的特权，进一步强化了它的社会中心形象。剧中的猎手（即真人秀导演）对女犯的最后宣判或许象征了未来世界公共法庭的衰落，代之而起的是私刑的流行，他充满激情的判词彻底改写了干巴巴的法理诉讼，将大众的愤怒引向感官正义的汪洋大海。"[1]《白熊》令人最为动容之处并非它比《楚门的世界》的思考深入了一个层次：即便以正义之名实施的迫害行为是否还可以被称为"正义"，特别是当群体自以为处于"道德"的巅峰，无法意识到这种行为是否形成"迫害"的状况时。

这些富于哲学思考的小故事如同《伊索寓言》一般在引人入胜的同时发人深省。就像它的剧名所写，"黑镜"中的

1　袁瑾：《新媒体时代的偷窥、暴力与谎言——论〈黑镜〉中的数字化生存危机》，《文化研究》2016年第4期，第274页。

"镜"代表了随处可见的屏幕，它意味着高度镜像化和虚拟化的生活将统治人类未来，"黑"则象征了这种数字化生存的阴谋和危险。[1]如果不是事先写好的剧本，这些故事像极了真人秀的演出，只是真人秀很难跨越现实社会的法律、道德底线，容易引发社会争议，需要进行策划层面的妥善转化。这种"真人秀"题材的戏剧影视创作完全可以被看作真人秀彻底戏剧化的一种嬗变：它以丧失一部分"真实记录"的可信度为代价，比作为电视传媒必须兼顾"公序良俗"的真人秀"实验"尺度更大，戏剧性更强，戏剧结构更完整。

2020年9月开始播出的美国科幻电视剧《异星灾变》（*Raised by Wolves*）讲述了被称为"父亲"和"母亲"的两个机器人在地球毁灭之后，按照人类指令在一个神秘星球"开普勒22b"上抚育人类的后代，遇到了信仰、情感、交流等一系列问题的"成人童话"。随着故事的展开，影片引导着观众提出了一连串的思考：被造物与造物主是一种什么关系？是什么让我们成为人类？人造人是人类吗？是什么构成了一个家庭？我们如果有机会重新建立人类文明，能吸取教训做得更好吗？……与《异星灾变》同期上映的美国电影《信条》，也是跳出了善恶对决的俗套，将传统故事中"正反角色"的二元对立模糊化，利用科幻元素设立了一个"如果时光可以倒流我该怎么做"的主题启发观众的思考；电影《星际穿越》利用星际旅行中的"时间变化"，在末日情结的剧情以外，还营造出"天上三日人间千年"的人文思考；小成本电影《前目的地》（*Predestination*）则以悬疑惊悚的

1　袁瑾：《新媒体时代的偷窥、暴力与谎言——论〈黑镜〉中的数字化生存危机》，《文化研究》2016年第4期，第268页。

面目赤裸裸地展示了"祖父悖论"（Grandfather paradox）的现实故事。这些影视作品在文本与视像的转换中进行了更具亲和力的改编，使得原本为一小部分科学爱好者有限关注的《虚拟人》《人工智能的未来》《技术的本质》《脑机穿越》《从一到无穷大》《善恶之源》《人类的荣耀》等书籍及其理论，成为普罗大众所能够看懂、消化，并为之津津乐道的通俗佳作，功劳不小。

借助于多种社会科学的深挖思想性以增强作品魅力，也是电视真人秀从影视剧创作中汲取的成功经验。自从诞生开始，电视真人秀就与影视剧作在富于人文学科思考的题材选择上形成了互为借鉴的态势。真人秀节目的戏剧化赛程设计及其叙事迄今已十分完善，而影视业也不乏以真人秀为创作对象的优秀作品，如美国的《贫民窟的百万富翁》（*Slumdog Millionaire*）、《威龙猛将》（*The Running Man*）、《饥饿游戏》（*The Hunger Games*）等。以真人秀为题材的影视剧在分级制度的帮助下，可以突破大众传媒基于媒体道德带来的束缚，尽情运用戏剧规则的手段，把现实节目中"意犹未尽"的矛盾冲突尽情展示出来。

例如，早在1987年上映的《威龙猛将》虚构了一位反抗独裁政府的警察为获得自由参加电视台的"过关斩将"节目，经过艰苦惊险的搏斗，最终取得胜利的成人童话。2012年，影片《饥饿游戏》以24名从未来人类社会12个区中选出的代表参加"饥饿游戏"，以角逐巨额奖金再现了一个电影版的"杀戮真人秀"。影片详细交代了"饥饿游戏"这场真人秀的前因后果，包括故事背景、游戏规则和参与制度，并转播了全部"秀"的过程，但唯独在影片中，这场真人秀没有观众。影片中，12个区的民众都没有如约坐在观众席上。这当然不是影片安排的疏漏，电影中真人秀的观众缺失，就意味着这场秀的观众直接变成了该电影的观众，整部影片变成了一档真人秀节目，银幕外的观众比影片中的观众更加冷静客观，意识更加清醒，这更有利于抒发影片本身要传达的主要思想。"《饥饿游戏》演变成一场彻底的真人秀，在电影里淡化了真实的世界，而全部的世界都融入了游戏之中，同样的，这样的真人秀不再是一个被审视者，而成为一种文化。"[1]同年，意大利导演马提欧·加洛尼（Matteo Garrone）凭借剧情电影《真人秀》（*Reality*）获得第65届戛纳国际电影节评审团大奖。这部电影讲述了一位叫卢西诺（Luciano）的渔民参加当时风靡欧洲的真人秀《老大哥》改变了人生，并作出了出人意料的最后选择的故事。这部电影的获奖显然不可能是因为优美的风光、跌宕的情节，而是它代表了全社会对于真人秀节目的一种反思。作为电影，它利用自身可以"虚构""放大""进一步戏剧化"的优势，赢得了各阶层的赞誉。还有，2020年正式上映的《半路枪手》（*Guns Akimbo*）讲述了一个沉迷于网络死亡游戏"Skizm"的年轻人，不幸被双手钉上双枪，成为被直播追杀的逃亡者，最终成功反杀直播团伙的故事。与《威龙猛将》一样，电影中的收视率成为直观的杀人指数，影片通过这种直白的影像化语言指控了电视节目收视率是"万恶之源"的主题。与之前所有的真人秀电影不同的是，这部影片把真人秀游戏完全放在了网络空间，并加入了正当流行的"网络直播"元

1　曹旺儒：《美国真人秀电影的主要命题及观念嬗变》，《电影文学》2016年第3期，第49页。

素，迎合了时代的特色。

有意思的是，在真人秀最为炙手可热的2010—2016年（我国的真人秀黄金时期滞后欧美国家1—2年），出现了一些对真人秀这一社会现象作出反思的影视作品，其中剖析比较深刻的当属前文曾讲到的英国迷你电视剧《黑镜》。这部系列剧早在2011年就推出了与真人秀有关的独立故事《1 500万里程的价值》，讲述了一个原本正义善良的男子Bing为了拯救有着文艺天赋的女孩Abi，与真人秀节目方抗争，却最终成为真人秀舞台上新的"摇钱树"的悲剧。这几部真人秀题材的影视作品还在无意之间展示了人类社会中关于"变色龙效应"[1]"电车难题""谋杀的道德准则""理想国""理发师悖论""莱布尼兹的机器""图灵的模仿游戏""詹姆斯的松鼠""罗素的五分钟假设""莫利纽克斯的盲人"等心灵哲学、语言哲学、应用伦理学、认识论等方面的思想实验，不但没有因其间蕴含的学术理论思考带来枯燥感，反而增添了人物的行动悬念，加强了戏剧性。

一般来说，影视剧选材基本能够反映社会关注的热点问题。从《威龙猛将》到《饥饿游戏》的主题演变，让我们从这些真人秀题材的影视剧身上看到美国主流社会对于真人秀从愉快接受向产生警惕的态度转变。这种情况与人类在科技领域所面对的悖论有几分相似。每一项技术创新都必然引起社会范围内的双重矛盾，存在"科林格里奇困境"（the Collingridge Dilemma）："一项技术刚刚出现的时候弊端不明显，比较容易对它进行控制，一旦这种发展有了路径依赖

---

[1] 一种模仿他人的倾向。

和成本沉淀，就很难再进行控制。在进行科技伦理治理时，常见的立场有两种：一是主动性原则，即面对新兴科技，总是充分考虑到可能的好处，主动发起颠覆性的创新；二是预防性原则，即面对各种创新，总是最大限度地考量可能带来的风险，力求将风险降到最低。"[1]这种困境在真人秀的发展过程中同样得到了体现。

自2003年《超级女声》第一次风靡全国，2012年《中国好声音》达到电视娱乐产品的现象级高峰，真人秀在国内"野蛮"发展，凡是能够博人眼球的手段，无所不用其极。囿于从业人员的思想水平，这些手段基本在满足人们生理感官需求的低层级层面上"洒狗血"。经国家管理部门整顿之后，如今各家电视机构的节目策划又滑向谨小慎微，创意雷同，处处求"安全"，唯恐产生负面新闻的另一个极端。一度"失控"的电视真人秀正走在"回归客厅"的道路上，虽然褪尽了"腥膻色"和阴暗面，却失去了一些原本的活力和创造力。这也是国内电视节目生产缺乏原创力和本土化内核改造，缺乏多学科专业人才参与支撑的后果。即便是原汁原味引进的西方成功节目，最需要进行分析和学习的是它的"精神内核"和"策划原理"，而不仅是它的"制作圣经"，这与汽车产业的"以市场换技术"的失败极其相似。"一招鲜吃遍天"的时代已经过去，缺乏自己的核心原创能力，不学习先进企业的科研原理和思维动力，进行真正的"本土改造"，只能生产出"看上去很像"的"车壳"，错失时代给予的发展机遇。这个工业生产常识在文化工业生产方面同样适

1　周丽昀等：《人工智能与人类未来的跨学科对话——从"交叉"到"融合"》，《哲学分析》2021年第12期，第183页。

用。如果一味购买版权方"成品"，唯恐缺失了哪一点就画虎类犬，照单全收，就会将精华与糟粕一起保留，最重要的是失去了发展的机遇和原创的动力。因此，要真正解决这个问题，除了要在法律法规上保护、鼓励原创，更要在从业人员的知识结构与思考深度上予以引导、引进。只有掌握了原理和思想方法，才可以一生二，二生三，三生万物，根据自己的本土实情在形式上千变万化。

总之，真人秀创作追求戏剧性，不能只临摹"表面功夫"，要利用自身形态的优势，应用多学科理论来"降维"竞争。如此，观众才能够在未来看到更多在健康和"好看"之间取得平衡的优秀作品。

第二节　电视真人秀天然适合人文科学实验

电视真人秀自20世纪诞生以来不断引发收视高潮，这不仅展示了米歇尔·福柯（Michel Foucaurt）笔下文明的"疯癫"，也将人类社会变成一个巨大的实验场。当人们跳出自己身处的社会维度，以一种无所不知的"上帝视角"观看真人秀节目时，正符合实验室内研究者观察实验样本的姿态。这种视角与福柯、布尔迪厄、阿多诺等社会学者对于电视等大众媒体的"祛魅"和反思相契合，显示为一种科学研究的"观察态"。相对而言，人们在设计或参与这些真人秀时，则接近于一种工作及生活上的"游戏态"。以上二者共同完成了人类社会及行为可观察、可复现的拟态试验。可以说，作为文化工业产物的电视真人秀是人类社会生活的"镜像游戏"。

以"游戏"为主要形态的电视真人秀，无论是益智问答、才艺竞技、工艺制作、相亲交友还是旅游冒险、学徒养成等何种表象，不变的是优胜劣汰的实境真人游戏。荷兰学者约翰·赫伊津哈曾将游戏的表现形式概括为两个方面："首先，它是一种脱离常规生活的假定或假装行为；其次，这种假定性的活动所依据的规则是自规定性的，即由游戏共同体自己制定，无需得到他人认同。"[1]这与戏剧的假定性在真人秀中的应用又如出一辙：现代人有时愿意放弃一定的自由，是因为更多的自由伴随着更多的责任，而对于社会生活的虚拟让人可以逃避这些责任。其实，在现实生活中，相当部分的青年在学校毕业后选择终身职业时，会选择放弃经济回报丰厚但相对乏味的工作岗位，而从事演艺等相对自由但"朝不保夕"的工作，也多少出于对富有戏剧性人生的期待。在这种不必负责的"游戏态"下，长期生活在规则之下的人们获得了一种"自由"，并不用为之付出现实代价，即能产生一种快感和满足，消解现代社会中的压抑和单调。这种游戏态产生的效果与戏剧活动所带来的纾解压力、获得审美、引人思考十分接近。可以说，真人秀的参与者们所追求的不仅是丰厚的物质奖励，也有合法地"游戏人生"的诱惑。

事实上，每一种媒体的出现和普及都会带来大众文化形式的更新以及人类社会生活方式的变化。在纸媒时代，一个传统美国家庭的早晨往往从一份早报和牛奶、煎蛋开始；在广播时代，清晨的第一声播报开启普通中国家庭新一天的工作、生活；在电视时代，阖家其乐融融围坐在电视机前等

---

1 董华峰、余香凝：《电视真人秀节目：一种电视节目的形式乌托邦——基于节目生产者视角的真人秀节目形式分析》，《新闻界》2017年第5期，第83页。

候《春节联欢晚会》的开始，已经成为大多数中国家庭的节日必备事项；在网络时代，人与人最远的距离不是飞行的里程，而是面对面相对无言各自处理自己的社交信息。真人秀所带来的在真实时空中"游戏人生"的体验方式，是社会大众积极自我表达，尝试改变生活状态的一种努力，也是雅克·拉康笔下以游戏互动寻找"自我"的一种"镜像"。

　　以导演《极限挑战》闻名业界的严敏在接受《智族GQ》杂志的采访时曾提出，他理解的真人秀之所以被称为"国民综艺"，至少缘于三层含义：第一层，它是全体国民、全年龄段的人都可以欣赏消费的内容；第二层，它能真实反映国民在现实生活当中所遭遇的矛盾和困惑；第三层，始终和全体国民站在一起。这个"三层论"也可以总结为娱乐消费、反映生活和揭示生活三个层面。也就是说，当观众在观看或者参与优秀的真人秀节目的时候，首先吸引他们的是"有趣""好玩"这些浅层的娱乐性；让他们产生"欲罢不能"的感觉的，是戏剧性所带来的对于人物命运及事件发展的持续关注，并且多多少少会引起他们的思考——"To be or not to be"。但让观众真正产生认同感的，一定是节目对现实的映射和反思，而要产生这种效果，就离不开艺术以外学科的介入和应用。他认为："我们长久把它矮化为了第一层"。[1]"矮化"的原因，涉及编导人员的业务水准以及文化思想水平的局限。从戏剧的角度来看，电视节目由于其结局基本上为"皆大欢喜"，很容易成为一般意义上的"喜剧"。"对于不能免俗的真人秀而言，只有设置得当的游戏流

1　参见《智族GQ》杂志2021年电子版第10期。

程,才能在喜剧式的结局中使观众认识到娱乐表面之下的悲剧性。而悲剧往往具有强大的批判精神,因为在悲剧中,人的反抗总是以他的殉难或失败告终,这就对那些导致悲剧英雄毁灭或失败的根源构成强烈的怀疑和否定,从而达到批判效果。"[1]纪录片之所以易于为知识分子所接受,也部分地缘于它与生俱来的"忧患意识"。真人秀本身的戏剧性已经具备了通过人们喜闻乐见的方式反映社会现象的功能,在记录方式上又继承了纪录片的部分元素,如果停留在"逗人发笑"的层面上,便是一种创作上的"暴殄天物"了。正是在这种戏剧性设置必须依托社会科学层面的思考的基础上,形成了一种"认知的鸿沟",最终造成作品的内涵深浅不一。

然而,"虚构"是影视作品的一把双刃剑,既拓展了创作的自由度,也限制了作品的真实性。对于同样的题材和思考,具有纪录性和实验特征的真人秀更能够直击主题。美国著名政论家、新闻记者沃尔特·李普曼在1922年出版的《公众舆论》中第一次提出了"拟态环境"(Pseudo-environment)。他认为,在人们内心和现实社会的中间有一个媒介所创造的"拟态环境"。"真实的环境在总体上过于庞大、复杂,且总是转瞬即逝,令人难以对其深刻理解,我们实在没有能力对如此微妙、如此多元、拥有如此丰富可能性的外部世界应付自如。而且,尽管我们必须在真实环境中行动,但为了能够对其加以把握,就必须依照某个更加简单的模型对真实环境进行重建。"[2]可以说,真人秀的场景设置

1　周光凡:《传统与现代化的戏剧性冲突》,上海社会科学院出版社2007年版,第220页。

2　[美]沃尔特·李普曼:《舆论》,常江、肖寒译,北京大学出版社2018年版,第15页。

就等同于这种"拟态环境"的"实验室"布置，只要设置得当，它就如同一个人类行为与情感的"实验室"。相反，如果场景设置不符合"实验"要求，"自变量"失控，很可能发生因"变量参数"误差引起的实验数据失真，导致结果的不可信。譬如，我们在日常的工作生活中经常遇到"少数服从多数""服从集体""扎堆看热闹"等场景，在这些场景里，原本有不同的判断或选择的个别人很容易受到其他人的影响，这种同一个群体里大多数成员的选择对于少数个人的影响叫"阿希效应"（Asch effect），它显示了理性判断以外的安全感等元素在人类社会行为中的影响力，是从众（Conformity）的经典例证。这个由美国社会心理学家所罗门·阿希（Solomon Asch）最早提出来的理论发现，影响一个人是否会屈从于群体压力，有以下三个因素[1]：

一、多数人群的大小。也就是说，持相同选择的人数越多，对于这个持不同意见者产生的压力也就越大；

二、是否有一个人支持被试者的正确选择。当一个人被孤立的时候，他人的"支持"就显得格外重要，即使只有一个人支持被孤立者的观点，也会产生极大的鼓舞；

三、正确答案和多数人所持立场的差距。如果一个人是人群里孤立的一个，那么他所坚持的正确观点与其他人的错误观点差距越大，这种差异感对于他自身的压力也就越大。

如果把上述影响过程用话剧或者影视剧来表现，比较困难。这种影响潜伏在人的心理深处，是思想层面的挣扎和矛盾冲突，很难外化为可视的画面，而如果频繁地使用"单

1　［美］菲利普·津巴多、罗伯特·约翰逊、安·韦伯：《津巴多普通心理学》，王佳艺译，中国人民大学出版社2008年版，第518页。

白、独白"的形式又很容易让观众觉得乏味，因为这种纯粹应用声音作为信息传递媒介的艺术形式不适合电视观众期待的"读图快感"。古罗马诗人昆图斯·贺拉斯·弗拉库斯（Quintus Horatius Flaccus）曾经说"诗如画"，指出了文本与影像的紧密联系。在人类获取资讯的过程中，"读图"以其获取的便捷性产生直接影响。根据美国社会学家查尔斯·库利（Charles Cooley）的观点，"人们会通过与他人的相互作用形成自我"[1]。进入传媒社会后，这种心理随着媒介的发展逐渐表现出"镜中人"的特征，影像世界中的人物行为和互动反过来也会对现实生活中的人们产生行为和心理上的影响。事实上，"图像"对于人类行为的影响由来已久。从原始社会开始，人类就通过画图和读图的方式作为互相交流的补充手段，文字的产生是人类文明发展到一定阶段的里程碑事件，但增加了人际交流中的"编码"和"解码"的流程，虽然丰富了交流内容，但形式上增加了阻碍。影像技术的发展使人类重新获得了"面对面"交流的快感，但也延伸了互相干扰和作用的范畴。《电影的形式与文化》一书的作者罗伯特·考克尔（Robert Kolker）曾这样阐述："视觉景象使事物直接呈现在我们面前。这种对事物真实性的信服延展到了对事物影像的信服。凭借经验，影像与词语相比能够直接而迅速地被人接受和理解：在那里，完整，真实。"[2]因此，既要通过影像来让不同文化程度的观众都能够直观地"看见"，又要在"真实"形态下完成这种理论化内容的"可视化"，就必须找到一种介于"真实"与"理论阐述"的共

1　[美]乔恩·威特：《包罗万象的社会学》，王建民等译，人民邮电出版社2014年版，第62页。
2　[英]雷蒙·威廉斯：《漫长的革命》，倪伟译，上海人民出版社2013年版，第356—358页。

同媒介。真人秀通过设计适当的游戏，并记录它的真实过程，就自然而然能够产生戏剧性影像片断。因此，真人秀的形式天然适合人文科学的影像化呈现，它可以被称为一种经过视像艺术化处理的科学实验。

视觉呈现本来就是电视及网络视频的强项，这使得真人秀所进行的"观察实验"相对于以文献调查、田野调查、比较统计等其他研究方法有一个比较大的优势——可视性。在真人秀的制作过程中，为了抓拍到有"戏剧性"的段落，节目方动辄使用数十台摄像机、麦克风，进行不间断地拍摄，节目参与者的全部活动都被忠实地记录下来，形成完整的视听记录。在此基础上，编导人员往往还策划、预判可能出现的细节安排抓拍，并在后期以蒙太奇手法放大、复现，予以强调和凸显，从而孵化、强化这些细节的戏剧性。尤其是那些以人和人的关系导致的行为导向为主题的恋爱、社交、生存真人秀，几乎就是相关课题研究的理想案例。在这些真人秀"实验"中，完全可以应用观察研究法（Observation）、实验研究法（Experimental Research）等客观导向研究，不必依赖受访者的自我行为报告，具有很高的可信度和可视性，而其他一些"看不见"直观现象的学科研究就需要借助于能够"转化"的媒介手段进行"影像化"。

在"做游戏"等适合影像化记录的实验方法中，实验过程自然展示，实验结果可观察，与戏剧排练的过程及在舞台上"积极展开行动"的要求有相似之处。因此，善于构架科学实验流程的社会学家、心理学家往往也是策划相关领域真人秀游戏的理想人选。他们能够提供富有实验价值的游戏主题，或为其搭建构架，设计情境和规则，不但胜任将相关理论向实验设计的可行性转化，还是理想的节目嘉宾。譬如，美国社会心理学家菲利普·津巴多就曾于2002年应邀担任了英国真人秀《人类动物园》（*The Human Zoo*）的分析专家。美国国家科学院院士、麻省理工脑研究院院长罗伯特·戴西蒙（Robert Desimone）也曾来到我国，担任了江苏卫视制作的《最强大脑》的嘉宾。

在诸多社会人文学科中，除了戏剧影视学以外，社会学与心理学理论在真人秀制作中的应用最为广泛，以社会学实验中最早及最常用的观察法为例，有以下几种具体方法[1]：

一、观察是人类获取知识的基本方法之一。它分为常人方法论（ethnomethology）、参与观察法（participant observation）、非参与观察法（unobtrusive observation）、网络分析法（network analysis）、语言和非语言编码（verbal and nonverbal coding）五种。

（一）常人方法论是对社会规范和发生时间的客观性描述。通常采用个案分析的方法，也适用于公共关系活动研究。这种方式经常采用"破坏性实验"方法，打破人们用来维持日常行为的意义结构。真人秀经常在部分"后采"等个别访谈或补充说明中有所运用，分析普通人在社会关系中的自然态度和经验。譬如在湖南卫视《声临其境》的现场竞技之外，节目对担任评委的王晓鹰、刘婉玲、狄菲菲等业内人士进行额外的单独采访，请他们描述自己当时的判断和体会，解释评判的依据和选手技术的难点所在，让观众在获得娱乐享受的同时也学习到了知识点。

1　胡申生：《当代电视社会学》，上海大学出版社2006年版，第27页。

（二）在参与性观察活动中，研究者在不暴露自己身份的前提下兼具观察者和行动者的双重身份。譬如，在我国的《爸爸去哪儿》《真正男子汉》《奔跑吧，兄弟》《令人心动的offer》《乘风破浪的姐姐》等真人秀中，以"村长""何老师""黄小厨"等角色身份掌控节目进展的"隐形主持人"们，作为游戏参与者参与在节目之中，掌控节目进度，实际上也部分地起到了参与观察的作用。在2022年10月网飞（Netflix）首播的《谁是内鬼》（*The Mole*）中，则人人都成为观察者。在这部源自比利时同名节目的翻拍版中，12名玩家一起参加挑战：有一个人被秘密指定为"内鬼"，负责破坏游戏中的赚钱活动，选手们需要互相密切观察，揪出这个人。最后，一名玩家在竞争中胜出，并揭发内鬼，赢得101 500美元奖金。在每集结束时，选手们要回答与卧底身份有关的题目。有的选手并非"间谍"，但由于自己的失误被怀疑为"搞破坏"而引发同伴的怀疑，成为节目中最有趣的看点。

（三）非参与观察的研究者始终都保持旁观者的身份，防止被观察者产生道德方面的顾虑。社会学实验表明，被观察者在知悉自己的行为被观察和不知道自己被观察记录时会采取迥然不同的行为模式，因此，非参与观察的方式能够保持观察者的客观立场，但难以深入了解被观察对象的内心世界，容易被表征迷惑。这种状态与人们在观看节目时的个体观察和判断的行为方式相似，通常采用描述手段。在技能展示型的才艺选秀中，节目策划者一般都采取这种简单的方法，但这种方式比较冷静客观，工作中"记录"的占比较多，为了增加节目的"卖点"，真人秀往往会对选手的经历进行加工，以迎合观众的情感需求。

（四）网络分析法适用于研究大量人群的行为互动。这种方法容易厘清组织团体的内部状况，发现不同的人在群体中所扮演的角色，从而摸清社会结构。这种方法在电视节目制作中也不常用，因为以静态的调查为主，缺乏可见的人物行动，但在电视节目数据分析和样本采集等科研过程中需要使用这种方法。

（五）语言和非语言编码是一种系统地描述信息的应用研究计划，其目的在于确定被观察者们在互动过程中的行为模式。它广泛应用于交友节目中。譬如上海东方卫视从2015年开始播出的女性旅行真人秀《花样姐姐》，由于其参与者都是功成名就的女性，在她们的集体活动和私下交流中就会出现一些与大众不尽相同的笑点和尴尬，对于普通人来说很正常的一句话、一个行为，换成明星大腕儿来说、来做，就容易使观众产生过度解读甚至反面理解，令拍摄的旅途充满了喜剧色彩。湖南卫视制作的于2017年开始播出的《向往的生活》则从第四季开始逐渐走出早期设定的"锅台"，跟着嘉宾的脚步走入附近村民的生活，习惯于城市优渥生活条件的明星与相对闭塞的乡村生活产生了从语言到非语言的整个系统的编码、解码错位，产生了自然而然的戏剧感。

二、实验研究法分为实验室型（Laboratory Research）和非实验室型（Nonlaboratory or Rield Research）两大类。有时候，被观察对象离开他们的日常生活环境，或他们意识到自己正在被观察，可能导致结果失真。也就是说，在实验室的有违于生活常态的人工环境下，被观察者的沟通方式和行为方式都会发生针对环境变化的保护性修饰，因而产生失常和变形。可以说，一些真人秀节目把录制场地安排在荒无人烟的小岛、与世隔绝的别墅、废弃的工厂等不受打扰的自然形态的地点，是为了减少"失真"。这样做的坏处是容易"失控"——经常发生意外事件，这些意外事件一方面为节目增添了预料之外的戏剧性，另一方面也容易造成安全生产事故，给节目带来毁灭性的打击；而一些为数不多的真人秀节目把参与者"关进"专门为了节目任务设计的"游戏场"，就是为了以牺牲一些参与者适应环境的时间以换取更大的变量可控。对于节目而言，它并不像真正的社会学实验那样需要明确的研究目标和严谨的实验结果，只需要游戏过程的"好看"，能够产生戏剧性。因此，节目的设计与策划中会着重放在"实验方案"的完善上。沿用工业控制的分类，可以分为三种实验方案[1]：

（一）事前——事后控制组实验设计（Pretest-posttest control-group design）。这是一种最基本、最典型的实验设计。其基本原理是将参与测试者进行随机分组，设定实验组可以接受实验处理，而控制组不给予实验处理，两组均进行前测与后测。

（二）事后控制组实验设计（Posttest-only control-group design）。这也是一种基本的控制实验设计。其基本特征是随机选择被测试者并进行分组，接受实验处理的只有实验组，控制组不接受实验处理，两个组均只有后测。

（三）所罗门四组实验设计（Solomon four group design）。这是一种较为复杂的实验设计方式，是一种以最简

---

[1] 邢虹文：《电视与社会——电视社会学引论》，学林出版社2004年版，第62—64页。

单的形式把前面几种设计组合起来所得到的一种新的实验设计。实验分为两个实验组和两个控制组，可进行多种实验数据比较。

在这几个实验方案中，依稀可以看到《恋爱达人》(*Age of Love*)、《诱惑岛》(*Temptation Island*)、《钻石王老五》(*The Bachelor*)、《男才女貌》(*Beauty and the Geek*)、《终极减肥者》(*The Biggest Loser*) 等竞赛交友、体育锻炼等类型真人秀的影子。这些社会学的实验方案提供了切实可信的戏剧性行为发生的观测点，为真人秀的戏剧性结构形成打下了基础，编导们只需要在实验手册的指导下找到能够引起社会关注的主题，落实场地和人员，完善具体步骤和细节，最后形成的节目自然既有可看性，也具备一定的思想深度。可以说，优秀的电视真人秀就是一场难辨真假的科学实验。

心理学等人文科学同样能够通过人物设置、道具使用、事件制造等实验方法为真人秀的戏剧性产生做好铺垫。英国著名魔术师兼心理学家达伦·布朗（Derren Brown）曾经在网飞（Netflix）的《达伦·布朗：就范》(*Derren Brown: The Push*) 中尝试把性格温和的年轻白领"改造"成"杀人凶手"。他选择了四位性格懦弱、屈从性比较强的受试者分别参加一场"豪门慈善晚宴"。一开始，他通过现场的"嘉宾"不断对受试者进行干扰，以极富正义感和正确性的理由迫使他们一次次背离自己的原则开始"指鹿为马"，譬如为荤菜插上素食的标签，直到在"为了孩子"这种"政治正确"的口号下昧着良心隐瞒老人已经"去世"的真相。其后，还是在"正义"的理由的掩护下，测试方诱导受试者殴打尸体，形成伤痕，以制造老人在楼梯间坠亡的假象，并在老人"苏醒"之后以"崇高"的借口继续怂恿受试者将老人推下高楼，酿成"悲剧"。在这个实验记录影像中，只有一位叫做克里斯的小伙子最后拒绝将老人推下楼顶，显示出了人类理性的光芒。[1]在这个真人秀实验中，老人健康状况的变化是自变量，受试者的反应是因变量，慈善晚会的现场是一个能够阻隔受试者获取外界信息的完全封闭的理想实验环境，而实验开始所计划的借走受试者手机等细节进一步阻断了受试者从外界获得信息的可能，完善了封闭环境。因此，完全可以将其看作一个心理学实验。在这个典型的心理学实验中，节目采用的是戏剧的形式，全过程充满了戏剧性，结局充分显示出"情理之中，意料之外"的戏剧化特征。这种"真人秀"形式的实验或者说实验形式的"真人秀"，与其他电视节目和实验类型相比，能够更好地让普通人接受制作者的思想观点，也比大多数同样题材的电视剧更能让观众找到情感共鸣。因为对于观众来说，他们更希望在与他们相似的普通人身上看到那些可能发生的"戏剧性事件"。[2]

在"戏剧性"这层"糖衣"的包裹下，电视真人秀成为社会学等多学科的证明案例和"试错"展示，并将电视从大众传媒升级为多学科理论应用的研究平台，而不再满足于其作为电视工业生产的"复制"与"粘贴"。"电视在行使基本的商业功能时，通过播放有量化长度和规模的形象，并按照自身的文化坐标将时间社会化。"[3]虽然美国学者托尼·施瓦兹（Tony

---

1　程盟超：《从好人到杀人》，《中国青年报》2018年4月5日，第11版。

2　李建平：《舞台上的故事——"戏剧性事件"》，上海书店出版社2020年版，第64页。

3　［美］理查德·戴恩斯特：《形象/机器/形象：电视理论中的马克思与隐喻》，郭军译，载王逢振等编译《电视与权力》，天津社会科学院出版社2000年版，第81页。

Schwartz）以及加拿大学者哈罗德·英尼斯（Harold Adams Innis）、马歇尔·麦克卢汉（Marshall McLuhan）从大众传播的角度予以了充分肯定和充满美好前景的预言，但法兰克福学派的创始人马克斯·霍克海默（Max Horkheimer）与社会批判理论的奠基人西奥多·阿多诺（Theodor Wiesengrund Adorno），这两位德国学者在瓦尔特·本雅明（Walter Bendix Schoenflies Benjamin）质疑艺术品"工业化复制"的基础上针对电视所带来的"文化工业"威胁展开了更为激烈的批判。他们提出，法国社会学家皮埃尔·布尔迪厄（Pierre Bourdieu）研究背后的理念，就是要颠覆观察研究者与他研究的世界之间的自然关系，就是要使那些通俗常见的变得不同寻常，使那些不同寻常的变得通俗可见，以便明确地展示上面两种情况中都被认为理所当然的事物，并用实践的方式来证明，有可能彻底地将客体以及主体和客体的关系都作为社会学研究的对象，并将后者称之为"参与性对象化"。[1]这不但与贝尔托·布莱希特（Bertolt Brecht）在"史诗剧"中创造的"陌生化"努力有着异曲同工之妙，也为设计者、参与者和观看者共同开启了一个建立在时空叙事艺术基础上的"镜像宇宙"，从而获得一种"实验性"。

最后，科技的进步使电视真人秀成为"元宇宙时代"的提前预演。这种预演包括了人类现有伦理规则在虚拟世界中的延续和改变。电视的影像化呈现使得它背后所涵盖的繁复理论变得通俗易懂。"古罗马诗人贺拉斯（Quintus Horatius Flaccus）曾提出'诗如画'，建立了图像与文本的亲密关

1　周宪：《文化工业/公共领域/收视率——从阿多诺到布尔迪厄的媒体批判理论》，《新闻与传播研究》1998年第4期，第68页。

系。荷兰语言学家约翰·赫伊津哈（Johan Huizinga）、德国历史学家德罗伊森（J. G. Droysen）、瑞士文化史家布克哈特（Jacob Christopher Burckhardt）、英国艺术史家哈斯克尔（Francis Haskell）家等文化历史学者也曾表示他们的思想和著作曾经从图像中获得了营养和启示。"[1]人类对于读图的依赖和思考从文字传播时代便已经开始。进入电子媒介信息时代以后，人与人之间沟通和交流的方式产生了革命性的变化，看似海量的信息大多成为冗余内容，原本由行走、交谈、聚会等外部行动产生的戏剧性场面越来越多地发生于指尖、镜前。"虚拟交流"成为不只是停留在表演训练层面的技能，而是变成一种在电子影像时代越来越重要的生存方式。在以英伟达为代表的科技公司勠力打破"虚构"与"现实"界限的同时，"人机交流"技术上的"图灵奇点"在科学界的努力下也即将到来。20世纪80年代早期，约翰·霍普金斯大学的神经生物学家阿波斯托洛斯·乔尔戈普洛斯（Apostolos Georgopoulos）与他的学生，也就是匹兹堡大学神经生物学家安德鲁·斯瓦兹（Andrew Schwartz），提出并完善了利用脑机接口的治疗方案，随后，华盛顿大学神经外科的埃里克·特莱恩哈特（Eric Leuthardt）发展了这种神经修复技术。有趣的是，"这位医生在工作之余还创作了两部小说，其中一部《红魔4》（*RedDevil 4*）描述的就是未来人类通过人机对接完成足不出户的生活的故事"[2]。

1　冯炜：《游戏与图像——略论赫伊津哈的两个命题》，《湖北社会科学》2012年第6期，第135页。

2　人类的"下一次进化"藏在癫痫病人大脑中？一名神经外科医生用18年来寻找造脑机接口终极答案：https://www.sohu.com/a/208369540_354973。

2020年8月29日，科技富豪埃隆·马斯克（Elon Musk）旗下的"脑机接口"公司（Neuralink）找来"三只小猪"向全世界展示了可实际运作的脑机接口芯片和自动植入手术设备[1]，将这种科技的实践技术运用活生生地展示在了全世界的面前。在"虚拟生活"与"意念交流"这两项科技面临破冰之际，"虚拟交流"不再仅仅存在于戏剧与游戏活动之中，而是真实应用于人类的生产生活场景，人类社会也不再拥有"潜台词""内心独白"等可以拒绝窥探的思想领域，进入在思想上"意念交流"、在生命上"灵魂复制"的时代，从而对未来社会的结构模式和人类学意义上的"何去何从"产生重大的影响。与前三次科技革命改变的是人类使用的工具、能源以及人类与世界的连接方式不同，以新智能技术、新生物技术、新材料技术为代表的第四次科技革命将要改变"人类自身"。"尤其以人工智能技术为代表的信息技术、大数据技术对生命科学、认知科学、哲学乃至于所有的理论和实践提出了巨大的挑战。"[2]在这个人类文明发展的十字路口，真人秀的设计与展示无疑具有一定的影像前瞻性，便于突破广播电视传播与制作工艺的苑围，综合传播学、戏剧学、社会学、美学、游戏学、心理学等多门学科，成为技术革新领域、艺术创新风口以及社会结构研究中的又"一只小猪"。

1　参见 https://baijiahao.baidu.com/s?id=1676615652816342932&wfr=spider&for=pc。

2　周丽昀等：《人工智能与人类未来的跨学科对话——从"交叉"到"融合"》，《哲学分析》2021年第12期，第181页。

结 论

由科技进步所带来的传媒平台迭代给普通人带来了个体展示的时代机遇。无论是一个人的个人直播"真人秀",还是一群人的"电视真人秀节目",推动这些普通人"露脸"的动力来自自我意识的觉醒。这种"个体意识"随着人类社会消费主义的推进,以及人们对于工业化生产所带来的压迫感增强而不断得到强化和拓展。每个"秀自己"的参与者在张扬个性、展示技能、出售隐私的"游戏人生"之余,也满足了观众的"窥私欲"和"陪伴心理",更为社会学、心理学等学科提供了绝佳的实验样本,而这种功能又反过来增添了展示过程的戏剧性。他们的心情与行为特征或许可以用2005年张含韵为《超级女声》演唱的那曲《想唱就唱》中的歌词来概括:"想唱就唱要唱得响亮,就算没有人为我鼓掌,至少我还能够勇敢地自我欣赏,想唱就唱要唱得漂亮,就算这舞台多空旷。"可以说,这首歌唱出了普通人的时代心声,它表达出来的主题正是"网络"得以战胜电视等其他平台的肯綮所在。

电视真人秀节目正是契合了这种"人生的戏剧""戏剧的人生"的感慨,提供了一个以戏剧化的视角观察生活与人生的机会,它的形式和内容来自社会、人生的"虚拟实验",而多学科理论与实验的"故事化"又为其中戏剧性的发生、发展夯实了基础。可以说，从人文科学的思想理论高度熟练掌握这种戏剧化叙事的主题深化、规则设定、人员选择和细节雕琢，决定了这类节目的立意高低与收视成败。因此，无论"审美"还是"审丑"，无论游戏还是竞技，电视真人秀的成功绝非"纪实"与"戏剧性"简单结合的形式之胜，而是"戏剧性"与社会科学实验结合后所体现出来的"人性"之胜。观众所见的，并不仅仅是一群人的"狂欢"，而是"镜中的自己"。

一、本书核心观点

自20世纪末到21世纪初，随着市场经济的深入发展，消费市场和消费社会在我国悄然形成。在文化领域，主流政治文化在全民社会生活中的绝对主导地位逐渐松动，与之长期若即若离的精英文化逐步偏离大众视角，被迫把注意力主导权让位给了草根文化。在这个过程中，大众文化在觉醒后的个体意识的推波助澜下对严肃文化进行了碎片化、通俗化、娱乐化的解构和重读，以宣泄和释放为目的的享乐主义观念开始渗透到文化的创造和传播过程中。长期以主流精英文化为圭臬，习惯于从事简单宣传与教化的电视在迎接商业主义的"整形"过程中出现"阵痛"与"水土不服"。

电视真人秀节目的诞生一方面缘于影视传媒技术的进步，特别是电视文化工业流程的完善与成熟，另一方面来自人类社会个体意识的觉醒及"窥私"等欲念的泛滥。它的崛起给在网络媒体冲击下濒临破产的电视业注入了一针强心剂，使其得以在多学科的支撑下展开戏剧化的人文游戏，较好地完成了实验戏剧向商业主义和消费主义的嫁接和移植。它力图通过一种有限度的戏剧化虚构来满足人们的这种似乎矛盾的需求。具体表现为，其一，虽然也力图展示它的"真"，但与新闻类节目的求"真"目标不同，它以"真实的呈现"追求富有"戏剧性"的效果；其二，虽然竭力追求娱乐效果，但它以"虚拟人生"的姿态让观众体验其中的"真实"。落实到创作上来说，这类节目的设计核心是遵循"旁观原则"，通过利用人性深处的欲望，在参与者主动或被动的"表演"中观察并创造戏剧性的情节与场面。

在形式上，真人秀借鉴了纪录片的"真实"模式，同时将"真"包装成一种供人消费的商业元素。在内容上，真人秀亦着眼于注重个体感受的消费主义，营造实现自由与个人价值实现的假象。这种"真假结合"的节目制作方式为心理学、社会学、传播学、戏剧学等学科提供了极佳的实验平台，而这些学科的理论与实验方法也为真人秀节目生产提供了源源不断的理论支持和案例示范。与此同时，真人秀在内容和制作上与"情节化"的纪录片，以及"直播化"的肥皂剧分别形成"互哺"生态，互相借鉴，互通有无，成为一种"纪录肥皂剧"。

事实上，真人秀中相当部分的戏剧性来自社会学等多学科的映射与支撑。具有戏剧性的真人秀也是一种社会生活游戏化的产物。在急遽变化的发展过程和竞争激烈的市场环境中，它结合了非虚构电影的影像特征以及社会学实验的"游戏性"，以"戏剧性"或标榜所谓的"反戏剧性"作为卖点，来满足观众的"窥私欲"和"猎奇心理"，求得生存。相当部分的真人秀节目其实就是充斥着戏剧性的"游戏秀"，节目本身的规则和规定情境就是一种经过适应影像化处理后的游戏规则。各种打着"快乐"旗号的真人秀节目通过游戏的方式将人类的情感、行为、思想状态包装成《非诚勿扰》《全城热恋》《心理访谈》等商品，兜售给热衷于扎堆、猎奇、窥私的观众，让他们看到如同球赛直播般充满戏剧性的真实版"游戏人生"，而这种人生中的"游戏"正是"戏剧"的一种非仪式化表现形式。这种形式如此适合人文科学的影像化呈现，以至于不妨把它看作一种经过视像艺术化处理的科学实验。当人们跳出自己身处的社会维度，以一种无所不知的"上帝视角"观赏真人秀节目时，正符合实验室内研究者观察实验样本的姿态，这与布尔迪厄、阿多诺等社会学者对于电视等大众媒体的"祛魅"视角高度契合，也更接近于一种学术研究及生活娱乐上的"游戏态"。

可以说，真人秀也是后工业时代文化草根化的传媒体现；是消费经济与文化产业融合、妥协之后的产物；是社会学、心理学、传播学等社会科学与戏剧学结合的一种娱乐化呈现；是"真实戏剧"在大众传媒载体上的一种"变身"：这种"真实戏剧"与大多数戏剧一样追求"戏剧性"，但由于它从"现实"和"虚拟"两个方面汲取养分，成为能够综合"日常生活"中自然展示的戏剧性，以及通过人为计算、精心设置产生的戏剧性的艺术载体。

二、尚待进一步思考的问题

近20年来，由于网络媒体的分流，能够不时掀起全民关注并成为话题的现象级电视节目并不多，真人秀节目占据了其中的绝大多数。结合前文所述，笔者倾向于跳出传统基于节目策划与制作范畴的研究，将这种现象看作一种建立在现代传媒技术基础上的，以自我激励和个体解放为特征的"新自由主义"的呈现。[1]

　　结合人类社会发展的时间线来看，电视真人秀的成功既是游戏产业在电视业的延伸，也是文化工业日趋成熟的标志，更是以"自由主义"为表象的大众文化的"狂欢"。这种大众文化的强势兴起引起了精英阶层的担忧。德国法兰克福社会研究所的马克斯·霍克海默教授认为，大众文化不过是工业社会的快感文化，他在《现代艺术和大众文化》中表达了他对于此类大众文化泛滥的观点。他认为："艺术作为超越现实世界的精神产品，具有一种乌托邦性质，它能够唤起人对自由的回忆，而使流行的标准显得偏狭和粗俗。"[2]北京大学新闻与传播学院副院长吴靖教授认为："电视真人秀所呈现出来的这种'新自由主义'，预示了个体与所有社会劳动关系间的契约化，劳动者开始认可流动性以及不稳定的工作；民众开始以资本和市场的需求为标准不断主动进行自我改造，甚至有人开始将婚姻、家庭理解为一种投资行为；新的文化培养了民众自我包装、自我营销的文化惯习；资本通过媒体将日常生活裹挟到市场机制中，曾经的'受众'通过消费获得身份认同和自我实现；新自由主义人格在真人秀节目上表现为竞争性个人主义、成功至上、自我管理、消费主义等。"[3]

1　Turner G. *Ordinary PeoPle and the Media: the Demotic Turn.* London: Sage Publications Ltd, 2010: 34-35.

2　陆扬、王毅：《大众文化与传媒》，上海三联书店2000年版，第49页。

3　吴靖：《吴靖教授谈〈电视屏幕中的乾坤——新自由主义人格的塑造和不满〉》，《国际新闻界》2016年第2期，第162—163页。

娱乐也是"自由主义"在社会生活中的一种衍射。电视作为曾经的"新媒体",以其可视性、娱乐性、官方性的优势获得长足发展。然而,在网络媒体的打压之下,电视似乎已成为明日黄花,收视率直线跌落,收视人群萎缩,被戏称为"老年媒体"。业界人才与传统观众向网站等"新媒体"流失的情况日益严重。我国多家尚存实力的电视机构在新闻传播时效性与便捷性上不如广播电台,在内容深度上无法与平面媒体相抗衡,原本倚重视听感受又被网络媒体超越的情况下,以"壮士断腕"的紧迫感和决断力加强电视内容制作播出的特色与优势,突出"娱乐化"以力图摆脱被淘汰的命运,是"电视"这个电子工业时代的产物在数字工业时代勤力求生的可获理解的方案。在这种时代变迁下的"求生欲"的指引下,即使是一直强调"客观、公正"的电视新闻节目,也早已在政策法规所允许的前提下悄悄地进行叙事手法改革。

自1993年5月1日中央电视台第一个新闻杂志型节目《东方时空》开播以来,我国的新闻节目呈现出深度化、连续化、风格化的趋势。与此同时,各地电视台也涌现出了越来越多的具有可看性的电视新闻节目。五花八门实验性的新闻深度报道脱下了矜持的外衣,走进生活,贴近百姓,关注民生,比以往任何时候都要注重"讲故事""怎样讲故事""怎样精彩地讲故事""怎么样精彩地讲一个好故事"。打开各地电视节目的收视排名榜,这类"民生新闻"往往拔得头筹。除了新闻节目以外,社会教育、纪录片、生活资讯等类型的节目也越来越多地设置了"起承转合"式的戏剧性手法。譬如,各地的"110"节目都在竭尽娱乐大众之所能地告诉大家，坏人是如何作案，警方又是如何破案的，不但有监控影像、情景再现、动画演示以及专家的现身说法，还经常自问自答，制造悬疑。体育节目更是早已视"直播"为生命，以直播中持续的强烈戏剧性吸引观众。然而，这股"泛戏剧化"的浪潮中也出现了由于专业能力的良莠不齐所带来的"哗众取宠""泛娱乐化"等不良现象。局限于"娱乐"，显然并非电视业走出低谷的"对症之药"，"娱乐"表面之下的戏剧性元素以及其支撑学科所潜藏的人类内心的"刚需"，才是观众回归荧屏的"永动机"。相对于由于"婆婆"众多而显得"惯性"强大掉头不易的电视台，"轻装上阵"的网络平台的相对宽松迎来了这种"刚需"的"爆发"。

真人秀还是社会大众追求心理陪伴与补偿的文化产品。"1996年，美国大学生珍妮使用廉价数码摄像头，将24小时的私人生活放在个人网站上直播、讨论并盈利，日点击率达500万，足以对抗美国有线网的商业化娱乐电视。"[1]1998年11月17日、18日，当时上海最大的中文网站"上海热线"实况直播狮子座流星雨爆发，自17日下午五点到第二天凌晨，访问人数以每小时一万人次的规模递增。[2]2017年，四川绵阳女孩李佳佳注册了"李子柒"品牌，三年后，这个品牌的YouTube平台粉丝数突破1 000万，对于我国传统文化的国际宣传影响力甚至超过了新华社等官方媒体，赢得了共青团中央、人民日报社、新华社、中央电视台等官方机构与媒体的肯定和表彰。[3]2021年，辽宁营口大龄单身男青

1　韩程：《新自由主义视角下的英美Reality TV》，《浙江传媒学院学报》2013年第2期，第115页。

2　参见https://www.8684.cn/today_13995。

3　参见https://baike.baidu.com/item/%E6%9D%8E%E5%AD%90%E6%9F%92/22373329。

年"张同学"以细节真实到毫无矫饰的"抖音"视频，记录了朴实无华的东北农村日常生活碎片，在视频问世后不到一个月的时间内涨粉300万，成为个人媒体时代继"李子柒"之后的又一现象级"大V"[1]。如果说早期的"真人秀"承载的是现代人对于"共同体验"和"情感陪伴"的渴求——计算机程序员编程等长时间孤身工作以及孤身生活的人群需要有观众旁观的陪伴感，那么由移动媒体的兴起所带来的"抖音""TikTok"等软件正是影视作品"洗尽铅华"并压缩删节之后的"极简版"，只不过，它们的秀场太小，以至于简化到只容得下交代一个带有戏剧性的结果。

这些"微叙事"的真人秀所讲述的大多是快递员、保洁阿姨、保安大哥、环卫工人等社会底层人物的"段子"，热衷于为弱者安排一个出人意料的戏剧性结尾，以弥补生活中的缺憾和无力感，譬如身份上的"突转"——"弱者"原来是装"弱"；或者是情节上的"反转"，"恃强凌弱"者自讨苦吃；即便是以画面唯美和展示"国粹"为目标的"李子柒"，在"采桑、养蚕、择菜"这些生活化的"慢叙事"之余，也要尽量赋予过程和结尾有一点"出人意料"的元素，譬如，她在一集视频中砍了许多的竹子，然后不厌其烦地削枝劈篾，观众猜不到她究竟要干什么，就带着一丝狐疑看她做事，直到她搭出架子，榫合竹片，才恍然她原来是要做美观又结实的竹制椅榻。年轻貌美的女孩子与复杂而略带危险的传统技艺之间形成了戏剧矛盾：姣好的面容与竹林砍伐的体力消耗形成反差；初谙世事的年纪以及她那双芊芊柔黄与

---

1 在网络媒体平台经过官方认证，拥有较多粉丝量的用户。

复杂的编制过程让观众形成心理期待；竹子的去节、分层、刮平、划丝、抽匀等复杂过程与容易让人受伤的竹刺让人担忧。虽然这些反差、期待、担忧并不强烈，但观众所期待的正是这些能够补偿无趣、压抑的繁琐日常的那么一点点"戏剧性"，为大多数人平静而平凡的生活点缀了那么一些算得上赏心悦目的戏剧性效果。

"电视文化就其本质来说，是人类创造性的选择活动中人类主体价值理想及其历史与现实在电视媒体中的一种呈现方式，是人类文化成果的结晶。"[1]在我国，以影像为主要媒介的电视节目虽然也常被称作"电视艺术"，注重的还是宣传教育、资讯传播，而非艺术性。大部分类型的电视节目通常用"老百姓喜闻乐见"的形式来吸引宣传教育的目标群体，艺术性太强的内容大多曲高和寡，收视不佳。即便如此，那些承载着心理疏导、艺术补偿等社会性功能的科教、综艺等节目还是通过不同的包装形式、播出时间、发布频道多多少少得以保留，并在一定的内外机缘下获得出人意料的发展，真人秀便是其中翘楚。它作为电视综艺节目发展到工业化生产阶段的标志性产物，以其戏剧性的元素承担着民众娱乐解压与社会心理补偿的功能，有其积极意义和明显缺憾。

从"快餐文化"的标签下转身，把原本打在身上"浅"（主题肤浅）、"俗"（内容庸俗）、"快"（快餐式生产）的烙印丢给新兴的"抖音""快手"等网络视频媒体，依托其他学科的优势走向"深度"，迎接网络"中长视频"的产业风

1　刘炘：《电视重构论——转型期中国电视的文化选择》，中国广播电视出版社1999年版，第8页。

口，是电视业未来的重要发展方向。回首这将近20年来的电视产业，曾经风光无限的电视台被个体化、碎片化、多维化、移动化、直播化的网络媒体打压得濒临破产，依靠新闻业务的半官方背景维持着一丝尊严苟延残喘。在这种"大势"之下，依托电视台传统的长视频制作技术优势和"国家队"垄断性播出平台优势的电视真人秀的崛起，为各大电视机构注入了一针强心剂，把已经远离电视屏幕的中青年观众吸引回到久违的电视屏幕前。究竟是什么元素使得这种节目形式成为"爆款"，在它"走红"的表面之下是否有着超出节目本身的深层缘由，这种缘由是否已经超出了一个行业在专业层面的技术进步或技巧改良的范畴，需要从思想与人性的深处以及跳出学科束缚的角度来重新思考，这成为本书探究的重点。

囿于学识及从欧美国家获取相关资料渠道的闭仄，本书并未能更进一步以国际行业发展为蓝本，亦未能更深一步剖析社会学、心理学、管理学、工业控制理论等如何具体地对参与者和观赏者产生影响，更没有能够阐明戏剧性与这些理论的结合机制，只是提出了一个跳出传统研究视角的可能性，是一个极大的遗憾。

反观那些电视文化产业领先的国家，于电影、电视剧、电视节目之中完美体现出科学理论已经是常态。譬如，电视剧有《实习医生格蕾》（医疗）、《纸牌屋》（政治）、《广告狂人》（广告）、《投行风云》（投资）、《犯罪心理》（刑侦）等；真人秀节目《潜行追踪》（刑侦）、《天桥骄子》（服装设计）、《幸存者》（野外生存）、《学徒》（经商）、《为奥兹而战》（乐队）等。这些作品未必都具有思想层面的思考和理论高度的融合，但都是对于一个行业或者技能的完整展示，这种展示本身就承载了人类的智慧与思考，成为一种极具观赏"成就感"的"娱乐"形式。笔者相信，现代戏剧影视作品的优秀制作，必然不能依赖于创作者的"灵光乍现"或者综合了所谓"编剧技巧"的"AI"智能，它只能来源于艺术工作者对于专业技能技巧的牢固掌握以及对于人类社会一般性规律呈现的深度认知。

此外，按照戏剧创作的规律，一部作品的戏剧性结果应该至少在矛盾冲突发生一段时间之后才能形成，而这些年来风头强劲的"抖音""快手""TikTok"们只需要几秒钟就可以完成一个戏剧性的情节，与复杂细致的电视真人秀节目制作形成鲜明的对比。这种让人欲罢不能的"微型真人秀"如果在电视平台上播放是否还能具有同样的艺术感染力（"李子柒"等公众号拍摄的中长视频完全适合电视荧屏播放），它们如何应用戏剧创作技巧，是否具有播放平台所带来的特殊性，同样有待于进一步的思考研究。

参考文献

专著：

［ 1 ］鲍黔明、廖向红、丁如如、姜涛：《导演学基础教程》，文化艺术出版社2007年版。

［ 2 ］陈刚：《大众文化与当代乌托邦》，作家出版社1996年版。

［ 3 ］陈虹等：《电视节目形态：创新的观点》，复旦大学出版社2018年版。

［ 4 ］陈京生：《电视播音与主持》，中国传媒大学出版社2000年版。

［ 5 ］戴平：《戏剧美学教程》，上海书店出版社2011年版。

［ 6 ］单万里：《中国纪录电影史》，中国电影出版社2005年版。

［ 7 ］董健：《戏剧与时代》，人民文学出版社2004年版。

［ 8 ］段鹏：《社会化的狂欢——台湾电视娱乐节目研究》，中国传媒大学出版社2013年版。

［ 9 ］顾仲彝：《编剧理论与技巧》，上海人民出版社2016年版。

［10］郭镇之：《电视传播史》，北京师范大学出版社2000年版。

［11］何丹：《电视文艺》，中国广播电视出版社2001年版。

[12] 胡导:《戏剧导演技巧学》，中国戏剧出版社2005年版。

[13] 胡申生:《当代电视社会学》，上海大学出版社2006年版。

[14] 胡适:《胡适文集》，北京大学出版社1998年版。

[15] 胡正荣、朱虹:《外国电视名牌栏目》，红旗出版社2011年版。

[16] 胡智锋:《电视节目策划学》，复旦大学出版社2009年版。

[17] 黄学建:《中国电视娱乐文化批评》，中国传媒大学出版社2010年版。

[18] 阚乃庆、谢来:《最新欧美电视节目模式》，中国广播电视出版社2008年版。

[19] 郎艳怀:《博弈论及其应用》，上海财经大学出版社2015年版。

[20] 李建平:《舞台上的故事——"戏剧性事件"》，上海书店出版社2020年版。

[21] 李建平:《戏剧导演别论》，上海书店出版社2011年版。

[22] 刘炘:《电视重构论——转型期中国电视的文化选择》，中国广播电视出版社1999年版。

[23] 陆军:《编剧理论与技法》，上海人民出版社2015年版。

[24] 陆扬、王毅:《大众文化与传媒》，上海三联书店出版社2000年版。

[25] 吕琪:《真实的建构与消解——美国电视真人秀中的身

体与社会》，四川大学出版社2016年版。

[26] 吕新雨:《学术、传媒与公共性》，华东师范大学出版社2016年版。

[27] 毛寿龙:《政治社会学》，中国社会科学出版社2001年版。

[28] 苗棣、毕啸南:《解密真人秀——规则、模式与创作技巧》，中国广播影视出版社2015年版。

[29] 苗棣、范钟离:《电视文化学》，北京广播学院出版社1997年版。

[30] 明卫红:《隐私与偷窥的文化研究》，南京大学出版社2014年版。

[31] 欧阳康:《大众媒介通论》，中山大学出版社1991年版。

[32] 庞树奇:《普通社会学理论》，上海大学出版社2002年版。

[33] 秦俊香:《电视剧的戏剧冲突艺术》，北京广播学院出版社1997年版。

[34] 曲庆彪:《社会科学基础》，高等教育出版社2004年版。

[35] 施旭升:《电视叙事文化学》，光明日报出版社2020年版。

[36] 石长顺:《电视栏目解析》，华中科技大学出版2003年版。

[37] 史学东:《电视大片的真相——解码〈中国好声音〉&〈中国达人秀〉》，东方出版中心2013年版。

[38] 孙本文:《社会学原理》，商务印书馆1945年版。

[39] 孙惠柱 :《戏剧的结构与解构》，上海人民出版社2015年版。

[40] 孙祖平 :《戏剧小品剧作教程》，上海人民出版社2015年版。

[41] 谭霈生 :《论戏剧性》，北京大学出版社2009年版。

[42] 谭霈生 :《论戏剧性》，北京大学出版社1981年版。

[43] 唐世鼎、黎斌 :《世界电视节目荟萃》，中国传媒大学出版社2005年版。

[44] 田汉 :《田汉论创作》，上海文艺出版社1983年版。

[45] 汪天云等 :《电视社会学研究》，上海三联书店1988年版。

[46] 王逢振 :《电视与权力》，天津社会科学出版社2000年版。

[47] 王天思 :《悖论问题的认识论研究》，上海人民出版社2012年版。

[48] 王伟国 :《电视剧策划艺术论》，中国传媒大学出版2006年版。

[49] 王心语 :《影视导演基础》，中国传媒大学出版社2009年版。

[50] 王云 :《欲采蘋花不自由》，上海百家出版社2009年版。

[51] 王云 :《艺术正义及相关问题》，上海书店出版社2013年版。

[52] 吴保和 :《电视文艺节目策划与创作》，中国戏剧出版2019年版。

[53] 吴保和 :《记录的力量 : 当代世界纪录片》，文汇出版

社2012年版。

[54] 谢耘耕、陈虹:《真人秀节目:理论、形态和创新》,复旦大学出版社2007年版。

[55] 邢虹文:《电视与社会——电视社会学引论》,学林出版社2004年版。

[56] 徐瑞青:《电视文化形态论兼议消费社会的文化逻辑》,中国社会科学出版社2007年版。

[57] 叶长海:《戏剧学》,文化艺术出版社2014年版。

[58] 叶长海、张福海:《中国戏剧史》,上海古籍出版社2004年版。

[59] 殷乐:《电视娱乐:传播形态及社会影响研究》,中国社会科学出版社2011年版。

[60] 尹鸿:《娱乐旋风——认识电视真人秀》,中国广播电视出版社2006年版。

[61] 余秋雨:《戏剧审美心理学》,四川人民出版社1985年版。

[62] 袁方:《社会研究方法教程》,北京大学出版社1997年版。

[63] 袁亚愚:《普通社会学教程》,四川大学出版社1997年版。

[64] 曾庆瑞:《中国电视剧艺术学学科论》,中国传媒大学出版社2008年版。

[65] 张丽燕:《场域理论视角下网络公共意见建构》,浙江工商大学出版社2018年版。

[66] 张联:《电视节目策划技巧》,中国广播出版社2002年版。

［67］ 张贞贞 :《互为与互动的镜像 —— 中国电视真人秀研究》，中国文联出版社2018年版。

［68］ 张仲年 :《戏剧导演》，中国戏剧出版社2010年版。

［69］ 浙江传媒学院受众满意度研究团队 :《中国影视产品网络满意度研究》，中国社会科学出版社2018年版。

［70］ 郑欣 :《平民偶像崇拜》，中国传媒大学出版社2008年版。

［71］ 周端木 :《戏剧结构论》，上海人民出版社2015年版。

［72］ 周光凡 :《传统与现代化的戏剧性冲突》，上海社会科学院出版社2007年版。

［73］ 周靖波 :《中国现代戏剧论》北京广播学院出版社2002年版。

［74］ 朱国宏 :《经济社会学》，复旦大学出版社2003年版。

［75］ 朱羽君、殷乐 :《生命的对话 : 电视传播的人本化》，中国电影出版社2002年版。

［76］ 宗匠 :《电视娱乐节目理念、设计与制作》，中国广播电视出版社2003年版。

［77］［法］阿芒·马特拉 :《世界传播与文化霸权》，陈卫星译，中央编译出版社2005年版。

［78］［美］艾尔伯特·杰伊·诺克多 :《余人的回忆》，亓光译，江西人民出版社2012年版。

［79］［法］埃米尔·涂尔干 :《社会分工论》，渠敬东译，生活·读书·新知三联书店出版社2002年版。

［80］［英］安德鲁·古德温、加里·惠内尔 :《电视的真相》，魏礼庆、王丽丽译，中央编译出版社2001年版。

［81］［英］安东尼·吉登斯 :《现代性的后果》，田禾译，译

林出版社 1999 年版。

[82] [美] 保罗·罗伯茨:《冲动的社会》,鲁冬旭、任思思等译,中信出版集团 2017 年版。

[83] [美] 保罗·福塞尔:《恶俗:或现代文明的种种愚蠢》,何纵译,北京联合出版公司 2017 年版。

[84] [美] 彼德·布劳:《社会生活中的交换与权力》,孙非、张黎勤译,华夏出版社 1988 年版。

[85] [英] 戴维·巴勒特:《媒介社会学》,赵伯英、孟春译,社会科学文献出版社 1989 年版。

[86] [法] 德尼·狄德罗:《狄德罗美学论文选》,张冠尧等译,人民文学出版社 1984 年版。

[87] [美] 菲利普·津巴多:《路西法效应:好人是如何变成恶魔的》,孙佩妏、陈雅馨译,生活·读书·新知三联书店出版社 2010 年版。

[88] [美] 菲利普·津巴多、罗伯特·约翰逊、安·韦伯:《津巴多普通心理学》,王佳艺译,中国人民大学出版社 2008 年版。

[89] [英] 弗里德里希·奥古斯特·冯·哈耶克:《致命的自负》,冯克利、胡晋华等译,中国社会科学出版社 2000 年版。

[90] [荷] 约翰·赫伊津哈:《游戏的人——文化的游戏要素研究》,傅存良译,北京大学出版社 2014 年版。

[91] [美] 克利福德·格尔茨:《文化的解释》,韩莉译,上海译林出版社 2014 年版。

[92] [德] 克里斯托夫·武尔夫:《人的图像:想象、表演与文化》,陈红燕译,华东师范大学出版社 2018 年版。

［93］［德］吕迪格尔·萨弗兰斯基:《恶，或自由的戏剧》，卫茂平译，生活·读书·新知三联书店出版社2018年版。

［94］［英］雷蒙·威廉斯:《漫长的革命》，倪伟译，上海人民出版社2013年版。

［95］［美］理查德·戴恩斯特:《形象/机器/形象：电视理论中的马克思与隐喻》，郭军译，载王逢振等编译《电视与权力》，天津社会科学院出版社2000年版。

［96］［美］理查德·M.维沃:《思想的后果》，王珀译，江西人民出版社2015年版。

［97］［德］马克思·舍勒:《哲学人类学》，魏育青、罗悌伦译，北京师范大学出版社2014年版。

［98］［美］米德:《心灵、自我与社会》，赵月瑟译，上海译文出版社2018年版。

［99］［法］米歇尔·福柯:《疯癫与文明》，刘北成、杨远婴译，生活·读书·新知三联出版社1999年版。

［100］［美］欧文·戈夫曼:《日常生活中的自我呈现》，冯钢译，北京大学出版社2008年版。

［101］［美］乔恩·威特:《包罗万象的社会学》，王建民等译，人民邮电出版社2014年版。

［102］［法］让·鲍德里亚:《象征交换与死亡》，车槿山译，译林出版社2006年版。

［103］［美］斯坦利·米尔格拉姆:《对权威的服从》，赵萍萍、王利群译，新华出版社2015年版。

［104］［美］沃尔特·李普曼:《公众舆论》，阎克文、江红译，上海人民出版社2006年版。

[105] ［美］希拉·克伦·伯纳德:《纪录片也要讲故事》，孙红云译，世界图书出版公司北京公司2011年版。

[106] ［美］小威廉·法兰克·巴克利:《耶鲁的上帝与人》，林毅译，江西人民出版社2015年版。

[107] ［法］约瑟夫·德·迈斯特:《信仰与传统：迈斯特文集》，冯克利译，江西人民出版社2015年版。

[108] ［苏］K.C.斯坦尼斯拉夫斯基:《演员的自我修养》，杨衍春、石文、何丽娟译，广西师范大学出版社2013年版。

[109] Howard Blake. "The worst program in TV history, in Judy Fireman (ed.)", *TV Book: the ultimate television book*. New York: Workman Publishing Company. 1977.

[110] Plato. *The Republic*, Book 2.80-370BCE. G. A. Grube, trans. Indianapolis: Hackett, 1974, As printed in *Moral Philosophy: Selected Readings*. George Sher, ed. San Diego: Harcourt Brace Jovanovich. 1987.

[111] Robert J. Vogel. *To Teach and to Please: Reality TV as an Agent of Societal Change*. Boston College Electronic Thesis or Dissertation. 2012.

[112] Turner G. *Ordinary People and the Media: the Demotic Turn*. London: SAGE. 2010.

[113] Xavier L'Hoiry. *Love Island, Social Media, and Sousveillance: New Pathways of Challenging Realism in Reality TV*. Department of Sociological

Studies, University of Sheffield, Sheffield, United Kingdom. 2019.

论文：

［1］包磊：《戏剧化元素在电视真人秀中的嫁接》，《戏剧艺术》2013年第3期。

［2］包磊：《影像与镜框——视像空间的叠加与消融》，《艺术广角》2021年第12期。

［3］鲍玉珩：《性文化学研究——性与媒体》，《中国性科学》2016年第2期。

［4］卞轶男：《时间化的空间　空间化的时间——谈戏剧的时空意义及其相互关系》，《四川戏剧》2008年第2期。

［5］曹洪军、叶贵梅：《论马克思自由观的共同体向度及其时代价值》，《马克思主义与现实》2021年第5期。

［6］蔡亮：《真人秀为何如此精彩？——从戈夫曼的"戏剧论"一窥门径》，《电视指南》2018年第4期。

［7］曹旺儒：《美国真人秀电影的主要命题及观念嬗变》，《电影文学》2016年第3期。

［8］程盟超：《从好人到杀人》，《中国青年报》2018年4月25日。

［9］单江东：《君子人格与儒家政治情怀——从苏轼策论看文人政治要素》，《文化中国》2020年第12期。

［10］董华峰、余香凝：《电视真人秀节目：一种电视节目的形式乌托邦——基于节目生产者视角的真人秀节目形式分析》，《新闻界》2017年第5期。

［11］董健：《戏剧性简论》，《戏剧艺术》2003年第6期。

[12] 杜婵:《全景直播真人秀节目〈完美假期〉的反思——基于文化批评视角》,《现代视听》2016年第5期。

[13] 杜翠敏:《神话中偷窥主题的比较——以希腊神话〈阿克泰翁〉和中国神话〈牛郎织女〉为例》,《温州大学学报(社会科学版)》2008年第5期。

[14] 杜晓红:《电视文化中的"快感"问题研究》,苏州大学博士学位论文,2011年。

[15] 杜紫薇:《电视批判与思考——读布尔迪厄〈关于电视〉》,《新闻研究导刊》2018年第9期。

[16] 方方:《解析国内的真人秀——兼评〈生存大挑战〉节目》,《中国广播电视学刊》2004年第3期。

[17] 冯炜:《游戏与图像——略论赫伊津哈的两个命题》,《湖北社会科学》2012年第6期。

[18] 高赟:《美国肥皂剧的历史》,《戏剧之家》2014年第3期。

[19] 韩程:《新自由主义视角下的英美Reality TV》,《浙江传媒学院学报》2013年第2期。

[20] 胡文杰:《论英国纪实性肥皂剧的三个核心问题》,《浙江传媒学院学报》2009年第3期。

[21] 李春利、赵宇:《"过度娱乐化"亟须匡正》,《光明日报》2011年8月8日。

[22] 李建平:《导演教学的"不变"与"变"》,《戏剧艺术》2016年第4期。

[23] 刘景怡:《浅析电视娱乐节目的草根化倾向》,《新闻研究导刊》2016年第3期。

[24] 刘燕:《〈黑镜子〉:异化的科技乌托邦》,《电影文学》

2013 年第 2 期。

[25] 罗永雄:《情境限制下的个体认知颠覆与沉默螺旋的扩散——从"洞中个体"的沉默到优势意见的加强》,《东南传播》2009 年第 5 期。

[26] 马相彬:《权威理论视野下"威权媒体"的媒介属性与权威特性》,《西部学刊》2016 年第 7 期。

[27] 马一弘:《大型情感节目中呈现的两性亲密关系冲突的自我归因与冲突过程——以〈爱情保卫战〉为例》,中国青年政治学院硕士学位论文,2018 年。

[28] 苗棣、常佩昳:《真人秀与"现场追述"》,《现代传播》2008 年第 6 期。

[29] 苗棣、王更新:《纪实话语与戏剧结构——电视真人秀的叙事特点》,《现代传播》2014 年第 11 期。

[30] 欧阳友权、刘谭明:《真人秀节目之于生活文本的消费逻辑》,《求是学刊》2017 年第 5 期。

[31] 濮波:《对戏剧性的再认识》,《文化艺术研究》2009 年第 2 期。

[32] 濮波:《简论戏剧性在当代的演绎和嬗变》,《剧作家》2010 年第 1 期。

[33] 秦蓉:《从拟剧论角度分析观察类真人秀节目——以〈令人心动的 Offer〉为例》,《新闻研究导刊》2020 年第 5 期。

[34] 史文利、李华:《大众媒介时代的祛魅话语——布尔迪厄场域理论视角下的大众媒介》,《山西高等学校社会科学学报》2011 年第 1 期。

[35] 孙祖平:《试论戏剧冲突的形态和方式》,《戏剧艺术》

1981年第4期。

[36] 覃榕、覃信刚:《新中国70年广播电视发展理念的演进历程与主要特征》,《中国广播电视学刊》2019年第10期。

[37] 谭天、覃晴:《"新闻立台":回归与选择》,《新闻与写作》2010年第2期。

[38] 唐涤非、沈婉、吕玮妍:《吸引力法则在电视综艺节目中的应用——以湖南卫视〈声入人心〉为例》,《传媒》2019年第16期。

[39] 汪凯:《网络草根文化:文本生成特征与文化生产权力之转移》,《浙江传媒学院学报》2015年第5期。

[40] 王海云:《彼得·布鲁克的艺术风格和他的三版〈哈姆雷特〉》,《文艺报》2021年4月2日。

[41] 王建华:《一组"险"镜头,滚滚新商机——美国电视大片〈生存者〉制片人马克·伯内特妙赚"险"财三步曲》,《思维与智慧》2002年第6期。

[42] 王裙:《走下镜框式舞台的戏剧——媒介进化视域下的戏剧传播》,《南大戏剧论丛》2014年第10期。

[43] 王飓濛:《数字化生存时代的集体偷窥与隐私消费》,《传媒观察》2020年第7期。

[44] 王馨、时春风:《电视"真人秀"路在何方——以CBS〈幸存者〉节目为视角分析》,《电影评介》2008年第1期。

[45] 王梓瑜:《电视真人秀节目发展现状及文化价值观探讨》,《三峡大学学报(人文社会科学版)》2017年第6期。

［46］吴畅畅:《镜花水月：当前中国电视真人秀发展现状》，
《上海评论》2015年第1期。

［47］吴畅畅:《浅议当前普通群众参与的（电视）真人秀节目的生存现状与发展趋势》，《新闻大学》2016年第4期，转自［英］斯特拉·布鲁兹著:《新纪录：批判性导论》，吴畅畅译，复旦大学出版社2013年版。

［48］吴靖:《吴靖教授谈〈电视屏幕中的乾坤——新自由主义人格的塑造和不满〉》，《国际新闻界》2016年第2期。

［49］晏凌、田昊:《规避、挑战、还是超脱——从戏剧冲突看电视"真人秀"节目本土化发展》，《中国电视》2004年第9期。

［50］杨瑾瑜:《电视真人秀研究述评》，《兰州学刊》2013年第10期。

［51］杨磊:《真人秀节目游戏规则的快感生产研究》，南京师范大学硕士学位论文，2019年。

［52］尹鸿、陆虹、冉儒学:《电视真人秀的节目元素分析》，《现代传播》2005年第5期。

［53］袁瑾:《新媒体时代的偷窥、暴力与谎言——论〈黑镜〉中的数字化生存危机》，《文化研究》2016年第4期。

［54］张桂权:《知识、恶与"原罪"——黑格尔〈哲学全书·逻辑学〉对"原罪说"的解读》，《四川师范大学学报（社会科学版）》2012年第6期。

［55］张国涛、孟雪:《弱情节：真人秀的另一个方向》，《现代传播》2018年第12期。

［56］张合营、王结发:《论马克思自由观的基本蕴涵》，《理论界》2017年第7期。

[57] 张立峰:《论电视节目模板的法律保护机制》,《九江学院学报(社会科学版)》2018年第3期。

[58] 张廉:《草根群体在短视频中的自我呈现——以快手用户为例》,西北大学硕士学位论文,2018年。

[59] 张雪刺:《借鉴〈幸存者〉浅析我国真人秀节目的发展现状》,《大众文艺》2016年第6期。

[60] 张亚东、杜瑶瑶:《梁启超文学研究的"观察法"》,《文艺评论》2016年第6期。

[61] 赵家祥:《一种不可遗忘的历史动力——关于"恶"的历史作用》,《湖南科技大学学报(社会科学版)》2005年第6期。

[62] 赵英晖:《也论"戏剧性"——与董健先生、谭霈生先生商榷》,《戏剧艺术》2019年第4期。

[63] 支运波:《〈机械复制时代的艺术作品〉中的三重身体及其美学》,《文艺争鸣》2017年第2期。

[64] 周建军、陈一:《电视真人秀节目的价值批判》,《苏州大学学报(哲学社会科学版)》2007年第9期。

[65] 周丽昀等:《人工智能与人类未来的跨学科对话——从"交叉"到"融合"》,《哲学分析》2021年第12期。

[66] 周宪:《文化工业/公共领域/收视率——从阿多诺到布尔迪厄的媒体批判理论》,《新闻与传播研究》1998年第4期。

[67] Georganne Scheiner. "Would You Like to be Queen for a Day?: finding a working class voice in American television of the 1950s", *Historical Journal of Film, Radio and Television*, Vol.23, No.4,

2003. GEORGANNE SCHEINER, Arizona State University.

[68] Dale Jamieson and Tom Regan. "On the Ethics of the Use of Animals in Science". In *And Justice for All: New Introduction Essays in Ethics and Public Policy*. Tom Regan and Donald Van Deveer, eds. Totowa, NJ: Rowman & Allanheld, 1982: 169–196, 180.

[69] John Locke. *An Essay Concerning Human Understanding*. Book 2, Chapter 21, Section 10. 1690. As collaterd and annotated by Alexander Campbell Fraser. NewYork: Dover, 1958. Volume1: 317.

后记

在进行选题的酝酿过程中，我深感关于电视节目中戏剧性手法应用的理论著作较少，浅显而易于模仿的技能阐述和经验总结较多，而关于节目中戏剧性元素的理论探索尤其匮乏。并且，这些著述大抵是从影视剧编写的角度出发来分析戏剧性元素的节目化应用，存在视野受到局限、理论升华不足等缺憾。同时，我发现学术界不少"跨界""跨媒介"研究的踪迹。譬如，从经历上看，中国艺术研究院的赵卫防教授从"北航"的工科专业毕业后从事了多年的军工产品研制，转向电影理论研究，取得斐然成果，是一位跨界典型；美国文化学者亨利·詹金斯（Henry Jenkins）也提出一种"参与者文化"概念，及其"半学者、半粉丝"（aca-fan，也可译作"学者粉"）的研究立场[1]，正暗合当前文化传媒领域的研究态势；而美国管理学家切斯特·巴纳德（Chester I. Barnard）从人性的角度出发，总结出一整套完全超越职业经理人管理经验总结的管理学理论著作《经理人员的职能》，具有超越时代和学科的普适性，是理论跨界的典范；南京大学的周宪教授则曾经提出，"跨媒介性强调的是媒介之间的交互关系，简单地说是一种比较或参照的视角，就是突破某门艺术的单一媒介局限而进入一个更大的视域，采取

1　孙绍谊：《电影理论和电影批评：文化转型与知识分子的角色问题》，《上海大学学报》2008年第3期，第33页。

总体性的方法来思考艺术，所探究的问题一定是超越单一媒介的艺术中带有普适性和共通性的问题"[1]。

再从研究对象来看，跨越众多节目形态的电视真人秀包罗万象，用一位业界导演的话来说，"以真人秀的名义，万物皆可表达"，蕴含了一部社会思潮的变迁史，似乎是一座有待进一步发掘的"金矿"。它实在太像是一处娱乐化的科学实验场，为社会学、心理学等各门人文学科提供了可观察的"窗口"。

于是，我产生了一个念头，倘若跳出戏剧影视艺术的狭隘范畴，拓宽为人类生活和社会现实的视阈，进行"跨界视角"的戏剧性元素分析，可能会有新的收获。令人振奋的是，在切斯特·巴纳德、菲利普·津巴多、欧文·戈夫曼等人的书中所提出的视角，似乎为我提供了一种全新的思考方向。其中，切斯特·巴纳德在他的《经理人员的职能》一书中总结道，个人之所以接受命令（承认命令对他是有权威的），必须同时具备以下四个条件：理解所传达的命令；认为该命令同组织目标一致；认为该命令与其个人利益相一致；心理及客观实际方面均符合该命令的要求。权威的有无，须以下属是否遵从来判断。只有当人们理解命令的内容，认为命令与组织目标、个人利益相一致，并且认为自身条件能够满足执行命令的要求时，命令才具有权威意义。[2]这一理论的适用范畴显然已经超越了一位电话公司经理的预想，至少在电视节目制作领域揭示了真人秀游戏规则制订中的深层依据。以今天大众传媒的发展趋势来看，真人秀的兴

---

1 周宪:《作为艺术理论方法论的跨媒介性》,《江海学刊》2020年第2期, 第203页。

2 张莉:《巴纳德权威接受论的借鉴价值评析》,《管理观察》2018年第27期, 第60页。

起表面上是依托于科技的进步，内部的驱动无疑是个体意识的觉醒。真人秀发展初期的那一声"想唱就唱，要唱得响亮"，无疑就是这种观点的最佳注脚。

回首电视发展的历程，它是科技与文化发展到一定阶段的产物，但并不是人类娱乐与交流的终极手段。作为信息传输终端的电视接收器（电视机），它为千万个家庭提供了大量的谈资和娱乐，却长期难以建立起"屏幕两边"平等对话的系统。在施拉姆"枪弹论"式的沟通模式下，受众的自我表达欲望在最大程度上被抑制。直到网络技术的成熟，特别是网络视频技术的普及形成全新的沟通场景。在这个场景里，参与者通过"评论""点赞""弹幕""送礼物"等形式表现出与官方媒体舆论场迥然不同的行为特征。这种放弃大屏转向小屏，摒弃"高端"拥抱"粗糙"的"倒退"引发了业界的恐慌，因为他们不知道自己究竟做错了什么。

事实上，根据保罗·莱文森（Paul Levinson）的"补偿性媒介理论"，任何一种后继媒介的出现都是一种补救措施，都是对以往媒介的某种先天不足的功能的补救和补偿。[1]这些网络短视频和直播作为对严肃节目生态的补充和颠覆，极大地满足了尚未踏入精英文化生活圈层人群的娱乐欲望。在这个"去中心化"的虚拟社区里，人们有了更大的自我表达的自由和权利，他们不再是听上去比较严肃的"读者"或者丧失个体标签的"听众"，也不是传播学意义上被动接受的"受众"（audience）而是拥有了一个新的称谓——"网民"（netizens）。这个名词最早是由米切尔·霍本

1　贾文颖、黄佩：《从快手App看小镇青年的精神文化诉求与扩大的数字鸿沟》，《东南传播》2019年第12期，第39页。

（Michael Hauben）所创造，他认为网络上的人们的行为与传统大众传媒的单方向接受有所不同，他们与传播方拥有平等参与和自主发布的权利，这种权利所带来的意义远非网络使用者（net user）这种名词可以涵盖。在绝大多数的网络公共空间中，追求娱乐化与自由化的网民占到多数，他们以扎根于"技术民主主义"的平权意识，排斥威权主义，解构威权文化，显示出高度的后现代主义特征。有人把这种现象称作"草根文化"。草根文化是一种从属阶级的文化。"草根"一词源于英文"grass roots"，意为像草根一样弱势却又具有顽强生命力的社会底层。战国时《韩非子·说难》中就有"虑事广肆，则曰草野而倨侮"的说法。[1]可见，它具有"去精英化"和"强生命力"的特征，与主流文化极易形成二元对立。由此，互联网文化，特别是其中基于贴吧、BBS、论坛、微博等社交网站的草根文化生产，成为非常典型的葛兰西意义上的文化争霸的场所，或者说霸权不断被质疑、消解和重构的场域。[2]显然，真人秀是这种"草根文化"的"电视版"，它是现代情感需求在传统媒体中的生存体现。

由此，我又不禁想起此前参与的一档真人秀——江苏卫视制作的弥合母子情感的观察真人秀《老妈驾到》。这档并非大制作，也并不如何惊艳的节目是众多真人秀中的普通成员。这个节目每期在对一位报名竞赛者进行跟踪记录的同时，请来他（她）的老母亲乔装改扮"潜伏"在各个场景，

---

1 张廉：《草根群体在短视频中的自我呈现——以快手用户为例》，西北大学硕士学位论文，2018年，第2页。

2 汪凯：《网络草根文化：文本生成特征与文化生产权力之转移》，《浙江传媒学院学报》2015年第5期，第63页。

近距离观察自己的孩子，而编导们的首要任务就是设置障碍，不能让老人提前曝光，同时针对这位素人一路"作梗"。在其中的一期节目中，我的任务是"扮演"一位舞台剧导演，对来自我所在单位的一位年轻教师进行"业务考核"。从马路边、小摊前到进入摄影棚，憨厚的小伙子不知道自己的老母亲一直陪伴在自己的身旁，他的娘亲也只能眼睁睁地看着我这个"导演"在舞台上反复"刁难"自己的孩子，从而对自己孩子的辛苦也多了一分理解和支持。直到节目最后母子相见的那一瞬间，双方往日的隔阂一扫而空，澎湃的亲情倾泻而出，给现场的十多台摄像机镜头带来了真实而动人的画面，不但感染了观察室内作为"老妈帮帮团"的主持人和明星，也让屏幕前的观众唏嘘不已。两年后，这个节目荣获了第25届电视文艺"星光奖"，可以看作国家层面对它的肯定。生于娱乐的真人秀对于人类社会的正向推动，有时会超越看上去严肃而认真的新闻类节目。这个节目坚定了我继续完成当初选题的信心，还让我莫名地想起了1993年推出的中央电视台杂志型新闻节目《东方时空》，它有个叫做《生活空间》的子栏目，里面有句标版语叫"讲述老百姓自己的故事"，让人耳熟能详，这是国内第一次在节目中摆明了说"人"不说"事"，说"小百姓"不说"大人物"，体现了对于"平凡人"的尊重，对于习惯了被俯视的观众而言，震撼自在人心。《生活空间》正是一种纪录片的栏目版，它的视角迁徙并不是一次灵光乍现的机巧，而是社会变革的媒体化展示。在它诞生的半年前，上海电视台的"纪录片编辑室"已经拍摄了《德兴坊》等数部关注民生的纪录片，以镜头为笔记录历史，口碑斐然。

　　真人秀在我国的发端与这种电视界的人文启蒙几乎同步，它以反"宏大"的"个体叙事"为开端，以自媒体时代的"秀自己"为阶段性成果，体现的是对人的价值的重塑和文化关怀。令人遗憾的是，在唯经济效益的指挥棒下，从业者们完全放弃了对节目精神价值的追求，陷入消费主义陷阱。在真人秀发展的巅峰期，一部走红节目的国外版权引进费为千万元，甚至上亿。即便如此，交易会上那些最热门的节目还需要"秒杀"，如果不马上付个订金，可能转眼就被竞争对手抢走。一些"明星"参加这种电视节目的收入远远高于辛苦拍戏的酬劳，以至于许多人乐此不疲。大多数真人秀从策划到摄制的全过程，充满了商业诱导以及或明或暗的广告植入，公序良俗的尺度不断受到冲击。只要"好看"，创作者可以模糊真人秀与影视剧的界限——事实上，他们也着手套拍节目的电影院线版，创造出了"真人秀大电影"这种影视艺术的怪胎，目标并不是将"真人秀"发扬光大，而是榨干所邀请明星的最后一滴商业价值。就在本书付梓之时，网络上有人公开某位已故知名歌手的三段录音，控诉她生前参加某著名真人秀时被导演强迫作假，由于她不愿配合，并为选手争取公平待遇，因而受到节目组明里暗里的种种欺凌。录音很快引发歌迷、网友乃至众多文艺界人士的强烈谴责，广告商也纷纷撤资，并导致该节目母公司的市值在一日内蒸发百亿港元。无论是令人声声泣下的录音内容，还是曾经的现象级节目走到穷途末路，都让人不由得扼腕叹息。

　　其实，这种畸形发展在网络媒体表现得更为淋漓尽致。基于网络科技的"抖音""快手""小红书"们仿佛具体而微的小型真人秀,以碎片化的知识传授、零星式的自我曝露、片段化的文艺表演博人眼球,主要凸显的是娱乐功能,却极少继承它的"真"。面对苦难,这些"微真人秀"不但习惯于选择视而不见,还往往消费苦难——即便记录下抗洪、救火、车祸的短暂瞬间,大多只是纯粹为了"吸粉"。这也难怪,科技的迭代并不总是带来文明的进步:核能的裂变与聚变尚未解决人类的能源危机,已经作为武器毁灭了两座中等规模城市;AI智能的"服务"还来不及惠及千家万户的厨房、客厅,垃圾信息已经精准投放到每一台开放权限的手机。科技的天堂有时也会给"人性之恶"带来撒欢的空间。

回顾刚刚过去的这三年,绵亘的疫情把影视剧中的"生化危机"情节带入了现实。这仿佛是一段"镜中"与"镜外"错位的体验:生活中每一季的严防死守与荧屏剧集里的歌舞升平仿佛调换了剧本,现实的波诡云谲令任何艺术化虚构的"剧情"黯然失色。倘若在人类之外有看客旁观,这无疑是一场"只许成功,不能失败"、以性命相搏的"生存真人秀"。"病毒流调"也在无意间彻底曝露了荧屏中光鲜靓丽的娱乐假象所粉饰下的民生百态,这些都是最鲜活的"真人秀"。人类社会,永远是一个巨大的充满戏剧性的舞台,更是让人束手就困的秀场。

星燧贸迁,晷刻渐移。本书的写作从起心动念到堪堪完成耗时多年,历经了真人秀在电视平台上由盛而衰,却在移动竖屏遍地开花的全过程。在此期间,这种节目从形式到内容都受到外部环境极大的影响,整个产业变化巨大,这对写作造成了很大阻碍。尤其是对于真人秀这种形式在新媒体中的焕新及其戏剧性元素的畸变,尚待进一步的观察、研究。

感谢我的导师李建平教授，以及王云教授、申伟国教授、刘明厚教授、赵韫颖教授、孙祖平教授、黄意明教授、王伯男教授、韩雪松教授、肖英教授、杨硕教授、张慨教授、徐爱华教授、吴保和教授、张金娣教授、董蓓教授、郭甜老师、尹晓葳女士、章郦先生、周慧女士等师长、朋友、同窗以及各位评审专家对我的批评、鼓励和指导，也感谢我的学生张冉、毛雨紫薇、苗宸韬等人在校对方面给予我的帮助。

图书在版编目（CIP）数据

"玻璃屋"里的纷争：电视真人秀中的戏剧性／包
磊著. —— 上海：上海书店出版社，2023.9
ISBN 978-7-5458-2311-0

Ⅰ.①玻… Ⅱ.①包… Ⅲ.①文娱活动–电视节目–
研究–中国 Ⅳ.①G222.3

中国国家版本馆CIP数据核字（2023）第146261号

责任编辑　张　冉　胡美娟
封面设计　汪　昊

"玻璃屋"里的纷争
——电视真人秀中的戏剧性
包　磊　著

出　　版　上海书店出版社
　　　　　（201101　上海市闵行区号景路159弄C座）
发　　行　上海人民出版社发行中心
印　　刷　上海新华印刷有限公司
开　　本　710×1000　1/16
印　　张　17.25
版　　次　2023年9月第1版
印　　次　2023年9月第1次印刷
ISBN 978-7-5458-2311-0/G·189
定　　价　58.00元